传统体育理论与实践

主　编　唐　亮　王合霞　朱　静　王　勇

中国石化出版社

图书在版编目(CIP)数据

传统体育理论与实践 / 唐亮等主编.—北京:中国石化出版社,2023.5
ISBN 978-7-5114-7004-1

Ⅰ.①传… Ⅱ.①唐… Ⅲ.①民族形式体育-研究-中国 Ⅳ.①G852.9

中国国家版本馆 CIP 数据核字(2023)第 059582 号

中国石化出版社出版发行
地址:北京市东城区安定门外大街 58 号
邮编:100011　电话:(010)57512500
发行部电话:(010)57512575
http://www.sinopec-press.com
E-mail:press@sinopec.com
北京柏力行彩印有限公司印刷
全国各地新华书店经销
*
787×1092 毫米 16 开本 13 印张 313 千字
2023 年 5 月第 1 版　2023 年 5 月第 1 次印刷
定价:48.00 元

《传统体育理论与实践》编委会

主　编▶

唐　亮　中国石油大学(北京)
王合霞　中国石油大学(北京)
朱　静　中国石油大学(北京)
王　勇　中国石油大学(北京)

副主编▶

郑茗齐　中国石油大学(北京)
尹　彦　中国石油大学(北京)
张　旭　中国石油大学(北京)
彭永胜　北京市育英学校

前　言

体育课程教材建设是在整个高校教育改革中的核心问题之一，为贯彻“健康第一”的指导思想，满足新时代高等学校体育教育教学的实际需求，我们以“健康第一”的思想为指导，以《全国普通高等学校体育课程教学指导纲要》为依据，编写出创新内容、提高质量、适用性强的高级教材，深化普通高等学校体育教学改革。

传统体育运动是我国历史文化瑰宝，继承和发扬民族传统文化，是我们体育工作者义不容辞的责任。

本教材分为理论篇和实践篇，具有以下几个功能：

1. 在“健康第一”的思想指导下，介绍传统体育中的健康理论方法和传统文化气息，注重体现传统文化特征，挖掘传统体育独有的内涵和魅力。

2. 传统体育是人类文化的一个重要方面，本教材完善了体育的文化内容，包括国外体育文化、国内体育文化、校园体育文化等，能使大学生受到很好的体育文化熏陶。

3. 在内容的选择上力求贴合大学生的实际需求，都是高校开设的喜闻乐见的课程，不同的运动项目满足大学生不同体育运动水平的需要。

4. 本教材删繁就简，编写力求通俗易懂，图文并茂，理论联系实践，方便教与学，方便学生自学，为学生的第二课堂提供正确便捷的指导，使学生在学习中收获知识。

目　录

理论篇

理论篇

第一章　传统体育概述

第一节　传统体育的起源

我国是一个拥有着五千年文明史、五十六个民族的文明古国。中华民族传统体育是由中华民族世代实践、产生、发展并流传至今的体育，这些丰富多彩的传统体育项目是中华民族宝贵的文化遗产。现代运动方式大多起源于各民族的传统体育活动，因此多数的研究者认为其起源与体育的起源相类似，在劳动生产、古代军事活动及民族风俗习惯的演变、满足文体娱乐的需要、纪念祖先或民族英雄等方面取得比较一致的认识。

一、生产劳动

生产劳动从逻辑意义上说，是人类为了满足自身生成的第一活动。例如，在原始社会狩猎是原始人劳动的主要方式，除与野兽搏斗的踢、打、摔、拿外，在狩猎工具中有用藤条缠住石球的飞石索、弓箭等。

二、军事战争

战争与体育有着密切的联系，特别是冷兵器时代，军事战争对士兵和将领的身体素质及武器使用有其特殊的要求。前者是以战争毁灭和死亡为代价，而后者是在和平条件下的对抗及规则限制下的竞争。由于战争和体育在身体素质、使用工具的技能以及某些战术方面的高度雷同性，不少民族体育项目就是从军事和战争中孕育而生的。

三、教育传承

教育是人类传承自身生活经验从而提高后代认识和实践能力的最主要方式。教育不仅提高自身的智慧，而且要从根本上强健自身的体魄，以保证后代的身心健康。

四、健身娱乐

出于各种各样的健身和娱乐目的，各民族人民也创造出不少对健康和身心有益的体育活动，如踢毽子、赛马、丢花包、拔河、网鱼、放风筝、跳绳等，这也是人们从事体育活动的最基本的直接的价值追求。

第二节　传统体育的概念

近年来，国内学术界从实用主义视角评析中国体育的历史与现实，重点放在当代中国体育与西方体育的融合、中华民族传统体育的历史挖掘以及文化建设上，而在理论上对"民族体育""传统体育""民族传统体育""少数民族传统体育"等概念未能给予明确界定，致使目前对中华民族传统体育概念认识模糊，经常出现诸多概念混用的现象。

有人将民族体育的概念表述为："与世界范围内规范传播的现代体育竞技活动相对的民间传统体育活动。"随着民族及民族文化的发展，体育也经历了形成、传播、融合等文化发展模式，部分体育项目始终为个别民族所实践，部分体育项目则扩散传播到更多的民族。某些体育的文化形式在其形成、发展过程中被赋予的文化内涵又是不同的。例如，许多民族都有自己独特的武术，其文化形态是各不相同的。

民族体育与在全世界范围内普遍流行的世界体育有着极大的差异，具有古朴、自然、和谐及生活气息浓厚、娱乐色彩浓郁等特点，是当今体育不可缺少的组成部分。

1997 年，国务院学位委员会和原国家教委在一级学科体育学下设 4 科，民族传统体育名列其中。从这时开始，"民族传统体育"这一称谓，作为国家认定的学科被正式认定下来。

我们中华民族是一个由众多民族组成的大家庭。各民族的传统体育活动和古老文明的中华民族一样，有着悠久的历史传统和丰富多彩的运动形式和项目，为各族人民群众所深深喜爱。各民族的体育，包括汉族以及 55 个少数民族在内的所有体育运动，共同组成了中华民族的传统体育。因此，可以给民族传统体育下这样的定义：民族传统体育是指各民族发明创造的、在一定范围内广泛开展的、历史悠久的、具有浓郁的民族特色和地方特色的传统体育活动。

第三节　传统体育的特性

我国民族传统体育绚丽多彩，具有鲜明、浓郁的民族特色，是我国各民族人民在漫长的生产劳动和社会实践中发明创造和发展起来的，在世界体育文化中独树一帜。我国民族传统体育所具有的鲜明的民族性、历史性、传统性、传承性、健身性、养生性、保健性、防身性、竞技性、娱乐性、大众性、共同性、经济性及因人、因地、因时、因事而异所蕴含的丰富的民族文化内涵，决定了其具有巨大的社会、文化、教育及军事等多种价值，它对人的锻炼是系统、全面的，对人的发展和影响是全方位的，早已深深地扎根在各族人民之中，是任何西方体育都无法完全代替的。

一、民族性

民族性是指民族传统体育体现在特定的民族文化类型中，并作为其基本内核而存在的民族文化心理素质的特征，是对于特定的文化类型的最高层次的概括，它具有沟通特定民族中全体成员心灵的普遍性。传统武术讲究"内外合一，神形兼备"，追求阴阳平衡、和谐统一。例如：藏族"那达慕"的骑马射箭，赫哲族"乌日贡"的游泳、拔河，白族"三月街"的斗牛、赛马，彝族"火把节"的摔跤、跳绳，苗族"龙舟节"的抢花炮、上刀梯，布依族"三月三"的丢花包、踢毽子等，都具有鲜明的民族特性和丰富的文化内涵，突出表现了民族特色、民族心理和民族意识。

二、历史性

历史性是指民族传统体育文化经过长时间形成并传承下来，它包括历史上存在的、现在仍完整地保留着的民族传统体育文化。随着历史的变迁、社会的发展和人们生活方式的不断改变，许多古老而内容丰富的民族传统体育资源如今已濒临灭绝，所剩无几。但部分项目如武术、摔跤、秋千、风筝、龙舟、赛马等因深受人民喜爱而具有生命活力并得到积淀传承。

三、传统性

传统性是指具有重要价值和生命活力并得以积淀、传承下来的民族传统体育文化(始终保留传统特点)。

四、传承性

传承性是指民族体育文化在时间上流传的连接性，即历史的纵向延续性，同时也是民族传统体育的一种传递方式。

第四节　民族传统体育的特点

我国民族传统体育绚丽多彩，具有鲜明、浓郁的民族特色，是我国各民族人民在漫长的生产劳动和社会实践中发明创造与发展起来的，在世界体育文化中独树一帜，它既是民族传统文化的继承和衍生，又大多经历了时代的变迁和各种新文化的洗礼。所蕴含的丰富的民族文化内涵，决定了其具有巨大的社会、文化、教育及军事等多种价值，它对人的锻炼是系统、全面的，对人的发展和影响是全方位的。

(1) 民族传统体育的产生和发展，受到民族地区政治、经济的制约。在历史长河中，民族传统体育如同民族文化、民族风俗一样与民族地区人民生活息息相关，它同样受到政治、经济的制约。多年来的历史证明，哪一时期社会稳定、经济振兴，那么这一时期的民族文化、民族传统体育就得到发展，反之就受到制约。

(2) 民族传统体育集文化、娱乐、体育于一体。民族传统体育与现代竞技体育不同，它的活动内容涵盖着本民族的传统文化和风俗，这些体育活动多在喜庆节日或丰收农闲、恋爱社交、宗教祭祀中进行，因此民族传统体育具有多方面特点。

(3) 民族传统体育古朴粗犷、独具特色，深受各族人民的喜爱。民族传统体育产生于生活，来自民间，在长期历史进程中不断交流、传承并逐步发展，它反映了生活，锻炼了身体，得到了保留。

(4) 民族传统体育简便易学，对器材场地要求不高。场地就在田间地头、房前屋后，随手拿起农具或生活用具即可加入活动行列中。可见其简便易学，易于开展。

第五节　民族传统体育的分类

民族传统体育主要是从活动内容与形式来划分类型。以歌舞伴乐为形式的称为娱乐类，以对抗竞争为形式的则称为竞技类。

(1) 娱乐类。包括土家族的摆手舞、板凳龙，苗族的跳芦笙，壮族的舞龙舞狮，黎族的跳竹竿等。

(2) 竞技类。有蒙古族的摔跤，藏族的骑射，回族的武术，傣族的划龙舟，侗族的抢花炮，朝鲜族的秋千，傈僳族的射弩，高山族的竿球，土家族的跷旱船、拔腰带等。

由此可见，民族性是传统体育发展的基本内核，历史性是传统体育发展的必然，传统性是传统体育发展的延续，传承性是传统体育发展的内在规律。这些民族传统体育特性构成了民族传统体育的内涵和外延，有效地推动了民族传统体育的发展。

第二章　体育文化概述

第一节　体育文化的产生与发展

一、体育文化起源

在人类悠久文明的历史长河中，体育作为一种文化现象随着人类历史的发展而逐渐发展，是人类文化的重要组成部分。19 世纪中叶，特别是 20 世纪中叶以来，人类才真正感受到了体育文化对人类社会的生存和发展的影响，随着文明社会的向前发展，体育文化的内涵更加丰富了。人们在谋求生存的基础上，更多的是在谋发展中培养体能。体育文化中的理论不断丰富，并且不断同外来文化相融合，形成自己新的文化理论。体育文化中的技术、方法也是多种多样的，既满足了人们对体能培养的需要，也使人们享受到了快乐。

现代体育中发展成为国际化运动形式的已有 100 多种，而繁多的民族体育项目更是不可胜数。我国目前开展的国际化运动项目有数十种之多。以武术为代表的中华民族传统体育已逐渐为世界所接受。武术在国外被称为中国功夫。站在现代人的立场，用辩证唯物主义或历史唯物主义的观点去审视、考察体育运动形式或运动项目的形成和发展，大体上有两条基本途径。一条是从人类生产及其他实践活动中直接筛选出某些身体活动形式，使之作为体育运动形式的“原材料”，然后逐渐根据体育特定的目的、要求进行加工、改造、整理，并做出某些规定，使之成为规范化、专门化的运动项目。这些原始的实践活动已不再是对原有形式的简单继承和再现，而是作为素材积淀其中，如跑、跳、投掷、射箭、击剑、赛马等项目。另一条是按照体育目的、要求，由人设计创造的运动项目和形式。这些运动形式不是对原始实践活动的简单移植、继承，而是“嫁接”“复合”和创造的结果，如体操、技巧运动、花样滑冰、冰上舞蹈、水上芭蕾等。从这个意义上说，人类在古代社会中求生存、谋发展所形成的体育文化同现代体育文化是不同的。现代体育文化是对古代体育文化的继承和发展。

综上所述，体育文化的产生是在人类从动物野性变为人性的过程中上述因素相互综合演化的结果。也就是说，体育文化是人类在改造自身的过程中，由动物本能改变成自觉行为人性时，原始的野性、进攻性通过劳动和游戏、教育以及合理的竞争方式逐步形成的人类社会特有的文化现象。

体育文化是人类在体育生活和体育实践中创造出来的，反映在有形的身体形态、动作技能、运动器材、物质，以及无形的与社会属性相关的意志、观念、时代精神等方面。由此可见，人类的生存和发展的需要是体育文化产生和发展的根基，而体育文化又推动着人类社会的繁荣和发展。

二、体育文化的概念

对于文化的理解，狭义是指人类社会意识形态及与之相适应的制度和设施；广义是指人类所创造的物质财富和精神财富的总和。严格地说，“文化”一词是一个发展变化的历史概念。在我国古籍中，文化是文和化的复合词。文的本意是指各色交错的纹理，后引申为包括语言文字在内的各种象征性符号，进而具体为文物典籍、礼乐制度等含义。化的本意为发生、变化、教化等，与武功相对应。在西方，文化一词源于拉丁文，最早是指耕作、培养、教育、发展、尊重之意，后来又指人的身体与精神的发展和培养，是与自然存在的事物相对而言的。文化一般具有传递性、复合性、象征性、超生理性、超个人性和变迁性等特点。

人类的文化，具有历史性和连续性。对文化的继承过程，也就是文化的积累过程。自 1760 年体育一词出现以来，各国学术界对体育概念的讨论就一直没有停止过。有研究学者通过对中、日、美、英、俄罗斯等国家体育概念的比较分析，提出了体育作为自己身体和精神的有目的、有意思的培养或改造活动，其结果要落实到身体上。毫无疑问，体育也是一种对人自身的人化，一开始就是超越本能和自然的实践活动；体育自身也在创造一种健康文化，推动人类社会进步；等等。世界各国也都把体育看作是教育和文化的一个组成部分，进一步论证了体育文化的底蕴。

根据上述对文化的认识，可以肯定地说，体育无愧为人类文化的一个重要方面，并一直伴随着人类社会的发展而不断演进。因为首先，体育是人类也只有人类才能创造出来的一种社会活动。动物各种肢体活动和嬉戏来自它们的本能活动，不具备任何文化意义，而人类创造的体育是后天习得的。其次，体育具备文化的各种特征。最后，体育运动不仅有它外在的身体活动形式以及设施、器材等物态体系，而且具有内在的价值观念、意识形态和行为规范等。

综上所述，体育文化的主体是人类，体育文化是人类特有的社会文化现象和文明的成果，泛指人类在增进健康、提高生活质量的过程中所创造的体育运动物质财富和精神财富的总和，包括与之相适应的社会组织以及规范体育活动的各种思想、制度、伦理道德、真理观念，还包括达成目标的各种改革举措以及相应的成果。

三、体育文化的含义

从学术界对体育文化概念的讨论中可以看出，当今体育文化包含体育精神文化、体育制度文化、体育物质文化。也就是说，体育文化由心理、行为、物质三个方面的要素构成。其中，体育文化的心理要素，就是精神、观念层面，即体育精神文化和体育物质文化。

第二节 中国传统体育文化

中国五千年传统文化给当代留下了深厚的文化积淀。传统体育文化是以博大精深、源远流长的中华文化为源流发展起来的，是东方体育文化的典型代表，它所蕴含的伦理精神、艺术精神、生命精神都体现了个体、社会、自然协调发展的和谐统一思想，有着丰富的内涵及特征。在新时期，我们有责任继承它并使之发扬光大。所以我们完全有必要重新认识传统体育文化的价值，在充分继承和有条件创新的基础上继续保持中华民族传统体育文化的优秀之处，以特色鲜明的中国体育文化吸引世人的关注。

中国传统体育文化的内涵解读。文化是指人类历史实践过程中所创造的物质财富和精神财富的总和，是指社会意识形态以及与之相适应的制度和组织机构，是一定时期社会政治和经济的反映。而中国传统文化一般是指中华民族世代相传的精神财富，其内容非常丰富深邃，它包括自然科学和社会科学的各个门类以及人们的理念、信仰、风俗等。中国传统体育文化是以群为本位，以伦理为中心，特别强调整体性、和谐性和统一性，淡化竞争性的一种体育文化。

中国体育文化的特点集中到一点，可以概括为以修炼内功为主，讲求身心养生，不尚外力，不尚竞技。中国体育文化特点的形成，是有多种多样的条件和原因的，大体上可以概括为以下几点。

第一，从自然地理环境来看，中国是内陆型大国，北、西、南三面与外国陆路交通不便，东濒海洋，水路更难通往外国，而国内幅员辽阔，大有发展余地。这种自然条件使中国成为一个内向型、内省型民族。

第二，从经济发展来看，几千年以农立国，重农抑商，对外封闭，自然经济占绝对统治地位，工商业难以繁荣，少有商品市场经济的竞争。

第三，从政治体制来看，几千年来一直盛行君主专制统治，缺少民主政治。在西周成康之治五十多年间形成的名为“礼射”的每年全国性体育运动盛会，到春秋战国时期“礼崩乐坏”，因小国林立、纷争不断而废止。公元前221年秦始皇统一中国后，更加强了中央高度集权的君主专制统治，迫使大多数民众甘当臣民、顺民，这不免影响了体育的发展。

第四，从军事斗争来看，中国国土广阔，长期注重治军防御外族入侵，多与邻国和睦相处，少有对外发动战争，这也制约了军事体育和民间体育的发展。

第五，从民族文化心理来看，华夏民族在上述自然和社会环境中代代繁衍生息，逐步形成了顺应自然与社会，自强不息，厚德载物，善于吃苦耐劳，自力更生，有很强的承受能力，不求对外争夺的民族性格。

第六，从世界观、社会观来看，中国从《周易》起就强调世界万物和合相杂，“和实生物”“天人合一”，变化无穷，衍生不息，含有朴素的唯物论辩证法思想。随后儒家思想更突出“和而不同”，讲求“中庸”之道，不走极端，“天人合一”，人要与自然、社会和谐相处，体育要达到身心平衡。

第七，从生命观、养生观来看，我国古人以元气学说来解释人的生命，认为人的生命是天地、父母、阴阳二气和谐结合的产物。从西周起体育运动就有“导引”，后来发展为气功，力求通过动静结合达到阴阳二气平衡、精气神形四者统一，这样才能健康长寿。起源于隋唐时期的少林寺武功和起源于明末清初的太极拳，也很重视运气和内功。

第八，从道德观、伦理观来看，我国自西周起就重“礼”，即重礼仪、讲礼让，言谈举止要以德、仁作为道德标准，以“己所不欲，勿施与人”作为伦理规范，倡导“不为人先”“不与人争”，告诫“争则乱，乱则穷”，鄙视争强好胜，止足为教，强调家族、宗族集体荣誉和侠义柔肠。

第九，从教育观、审美观来看，中国古人把体育作为个人修身养性、强身养生之举，没有把德、智、体三育并列为学校教育的三个重点。汉朝以来教育文武分家，学校中通常学文者不学武，视习武为少数武人的专业训练。

第三节　民族传统体育文化

一、我国民族传统体育文化的特点

可以说，强调整体性是我国传统体育文化的最大特点。因为中国人自古代起就习惯于从整体方面来认识事物，把人、自然和社会看成是一个不可分割的有机整体，把世界看作是由两种对应的事物(阴阳)构成的统一体，并由这两种对应事物的矛盾运动推动事物的发生发展。

(一) 追求与自然的统一

武术是我国传统体育的典型代表，虽然它的拳种流派很多，但一般都要求根据季节、地理环境的变化采取不同的练习方法，如形意拳锻炼时应与四时相配，要符合四季发展的规律，即春发、夏放、秋收、冬藏。流行广东的“少林八卦五行功”则要求练功者根据不同的季节，进行卧功、坐功、站功和走功的练习。

(二) 追求神与形的统一

神是指人体的精神思维活动，包括意识、心理等活动。形是指形体，包括人体的皮肉、筋骨、脉络、脏腑及充盈其间的精血，它是人体生命活动的物质外壳。在对待形与神的关系上，我国传统观点历来主张形神为相互联系的有机体，并有“精神内伤，身心败”之说(引自《黄帝内经》)。

我国传统体育主张以动养形，以静养神，形神共养。针对人体之形体喜静不喜动、人之精喜动不喜静的特点，汉代名医华佗说“动摇则谷气得消，血脉流通，病不得生，譬如户枢是也”，从而创编了运动强身法“五禽戏”。在中国古人主张动以养形的同时，对静亦养神也给予了高度重视，创编了无数以静养神的方法，即以“气功”称之的各种功法。

我国传统体育强调动中有静、静中有动、动静结合。例如，气功中的静功是指练功时躯体在空间保持不动的一类功法，虽从外形上看是没有意识的肢体运动，但气血却要在意念的支配下形成有意识的运动状态，这是动静结合的一种形式。另外一种形式动功是指练功时躯体在空间的位置不断地发生变化的一类功法，此时人体外形在有意识地运动，而精神却要求保持专一宁静，从而做到了动静结合。在传统武术练习中，流传有“内练一口气，外练筋骨皮”的说法。

（三）追求培养人与社会相和谐的意识

人与社会相和谐的特征反映在我国传统体育上，即中国武术的武德文化。中国武术众多的流派几乎无一例外地重视对习武者武德操行的培养和教育，从而制定了许多戒约、规定。如《昆吾剑箴言》中就规定了“人品不端者不传；不忠不孝者不传；文武不就者不传；借此求财者不传；俗气入骨者不传；市井人不传；拳脚行不传；宁可失传也不轻传”。

我国传统体育这种追求培养人与社会相和谐的意识的特点，充分体现了我国传统体育的整体性特点。

二、我国民族传统体育文化的功能

（一）我国民族传统体育文化成为我国传统社会的标志

在不同的国家、民族或群众之间，文化所表现的区别要比人类的肤色或任何其他生理现象所表现的区别深刻得多。地域、疆界只能划出两个国家、民族形式上的区别，只有文化才能表现其在本质上的区别。作为我国传统文化组成部分的民族传统体育文化也不例外。只要一说到武术、气功或体育文化的整体性特征，人们马上会想到是我国民族传统体育文化的东西；而一说到奥林匹克运动会，人们也会意识到那属于西方体育文化的范畴。

（二）我国民族传统体育文化使我国传统社会有了系统的行为规范

通常来说，有了文化，人们便有了行为标准。文化也使人们相互间的行为功能协调和配合。文化使得一个社会的规范、观念更为系统化，文化集合解释着一个社会的全部价值观规范体系。同样，我国传统体育文化也使得我国传统体育社会的各种规范和观念更为系统，包括诸如习武者的所属门派、饮食、穿着、庆贺的要求和方式、拜师的仪式等。

（三）我国民族传统体育文化使我国传统社会的团结有了重要基础

我国传统文化中的观念文化、制度文化和器物文化等都从不同侧面维持着我国传统体育社会团结。体育观念文化如武德文化，从思想上驯化着我国传统体育社会的成员；制度文化如各种戒约规定，约束着体育社会成员的行为，发挥着控制作用；器物文化，如各门派所传授的各种功法、拳法、器械操作要求等，都使得各门派的师徒产生认同和友谊。

（四）我国民族传统体育文化塑造了我国传统社会中的每一个成员

社会学认为，人刚生下来时还只是一个生物的人，没有思想和知识。从一个生物人演变成社会人，主要是一步步接受了文化的影响和熏陶。我国传统社会中的每一位成员正是一步步接受我国传统文化的熏陶后，才能称为一名合格的体育社会成员，称为一名具有我国传统体育文化特点的社会成员。

三、新时期中国传统体育文化的发展总趋势瞻望

传统文化如何在现代社会中生存和发展，是当前世界文化的一个很值得研究的课题，体育文化也是如此。目前来看，现代体育文化的基本发展态势是大众体育与竞技体育并重，传统体育与国际性体育活动相结合，在充分挖掘本土传统体育活动的基础上，寻求和提炼人类体育文化的共同价值，这也是我国传统体育文化发展的必由之路。当前，西方奥林匹克竞争文化的传入不仅丰富了我国传统体育文化的内涵与外延，同时对社会的进步、经济的繁荣以及现代人意识观念及价值观念的改变都有着巨大的促进作用；大众体育文化的兴起，是产业化过程中的技术、经济结构和社会变迁共同作用于体育而形成的艺术化的过程。全民健身计划的实施使得大众体育运动被纳入社会的教育体系中，必将提高整个国民的身体素质和民族素质，最终使得体育成为民众生活的一部分，成为一种自发的、自觉的公众活动。

因此，中国传统体育应该顺应世界一体化的体育文化发展趋势，避免独自发展；要继续发挥传统体育健身性、民俗性的优势，充分考虑我国国情，因地、因时、因人制宜开展传统体育活动；要运用竞赛机制培养传统体育活动专门人才来推动传统体育的发展。另外，传统体育应走开拓型、外向型、多元化的发展道路，进行全方位的开发工作，把弘扬民族体育与学习借鉴结合起来，把民族性和国际性融合起来，为世界体育文化做出中华民族应有的贡献，向世界展示中华民族传统体育文化特有的内涵和特性。

第四节　东西方体育文化

一、东方体育文化

“在东方大多数民族的体育中，卫生保健术占有重要的地位。这是由于大河流域的民族世世代代生息在可以自给自足的以小农经济为基础的社会环境中，已习惯了和谐、宁静以及相对稳定的生活方式，因此素以个人的修身养性为主。”这一方面促进了那种采用控制呼吸等方法以获得超自然体验的特殊活动形式（印度的瑜伽、中国的气功等）的顺利发生、发展，另一方面又在一定程度上压抑着竞技性运动的正常开展。

东方社会对等级地位、精神道德的侧重，也对体育运动的审美标准产生了很大影响。这种审美标准导致了东方体育文化把体育运动被赋予的伦理道德视为重点，而忽

视身体的外在美。

东方体育文化，特别是中国体育文化，具有较强的仿生性，其体育动作繁复，多采用简练准确、生动鲜明、便于理解和流传的仿生性命名。

二、西方体育文化

西方体育文化是源于古希腊、古罗马的西欧文化，它是经过文艺复兴和工业革命，在工业生产、市场竞争的社会条件下，以城市为中心而发展起来的，是以竞技运动项目的竞赛为特征的一种体育文化。到了近现代，由于资本主义的扩张、殖民主义的侵略，这种体育文化逐渐传播到世界各个角落。在奥林匹克运动重新勃兴后，这种体育文化便具有了世界意义，成为当代世界体育文化的主干。西方的体育文化明显带有资本主义文明的烙印，源于资本主义早期发展过程中。对西方世界产生广泛而深远影响的文化思潮，主要体现在以下三个方面。

（一）新宗教信仰原则的确立

15 世纪，新兴资产阶级为使宗教适应资本主义经济发展的需要，进行了大刀阔斧的宗教改革，其结果是产生了加尔文教、英国国教、路德教等新教派。它们的仪式比原来天主教的仪式简捷易行，但这并不是宗教改革的主旨，其主要目的在于打破天主教的精神独裁，树立宗教信仰自由的原则。而在此后几百年里所进行的大大小小的宗教战争，也可以说是两种宗教理念的冲突，在这种冲突中，宗教信仰自由逐渐深入人心。

（二）政治思想的启蒙

在西方历史上，启蒙运动被称为第二次思想解放。启蒙思想家号召以理性的阳光驱散蒙昧的黑暗。依靠“天赋人权”“自由平等”“社会契约论”等学说，卸下统治者“君权神授”的伪装，以“君主立宪”“三权分立”替代封建君主专制。这场运动引起了美国独立战争，同时把法国大革命一次次地推向高潮。启蒙思想是人类思想中的一次突破和飞跃，作为西方政治文化的精髓，被较好地继承和发展。可以说，没有启蒙思想，就没有西方的民主政治，也没有当今西方资本主义世界相对稳定的政治格局。

（三）文艺复兴以来艺术的长足发展

文艺复兴，顾名思义是指文艺得以解放，获得新生。要强调的是，复兴不是重复，并非原有文化简单的翻版，而是已被打上资本主义的烙印。在此期间涌现了“美术三杰”（拉斐尔、达·芬奇、米开朗琪罗），他们及其作品一直被西方人津津乐道。在跨入 21 世纪的今天，西方学术界还不时地为《最后的晚餐》引发些争论；意大利首都罗马能成为世界文化名城，不仅在于它那个残破的竞技场，更在于其拥有大量文艺复兴时期的建筑。时至今日，它们已被人们从各个不同的角度加以观察、揣摩。可以说，西方资本主义初期的文化在很大程度上决定了之后文化的发展。资本主义的文明，无论是工业文明、科技文明还是方兴未艾的信息文明，都继承和发展了初期文化的精髓。在本质上可以找出诸多文化的连接点。资本主义发展初期的西方体育文化与现在西方体育文化之间有着一脉相传的关系。

必须指出的是，西方体育文化正在不断地吸收融合东方体育文化中的精粹部分。表现在以下几个方面。

1. 对东方体育文化中所表达的伦理道德观念的追求

西方一些知识分子和青年对资本主义文化失望因而倒向东方文化精神，致力于东方体育文化精神的研究，试图从东方的处世之道和养生方法中寻求解脱者不乏其人。

2. 受到具有东方特色的运动项目的冲击

如相扑、气功、武术、围棋、中国象棋、龙舟竞渡、踏青等，开始向西方移植，打破了西方竞技一统天下的局面。

3. 东方传统养生思想为西方所接受

东方的传统生命观、健康观和与此相适应的保健体育，蕴含着有关人体科学的丰富内容，如注重身心统一、内外协调、动静配合等许多辩证思想，对指导人类当今的保健活动仍具有重要的意义。因此，在世界大众体育大潮中，西方体育界再次掀起研究东方哲学和养生文化的热潮，绝非偶然现象。

总之，我们应掌握马克思主义文化学的观念，正确看待东、西方体育文化的优劣和两种体育文化交流的现象，为丰富世界体育文化和弘扬中国体育文化贡献力量。

第五节　校园体育文化

一、校园体育文化的含义

校园体育文化是校园文化和体育文化两种体系交汇产生的，两者互相影响、融合、渗透、促进和发展，有着密不可分的关系。校园体育文化是指校园内所呈现的一种特定的体育文化氛围，它是学校的师生员工在体育教学、健身运动、体育竞赛、体育讲座等活动中形成和拥有的所有的物质及精神财富。其中，校园体育文化节是近年来比较盛行的一种校园体育文化活动，可谓目前校园文化的亮点之一，它是以学生为主体、以课外体育文化活动为主要内容、以校园精神为主要特征的一种群体文化。它和校园德育、智育、美育等文化一起构成了校园文化群，又与竞技运动文化、大众体育文化组成了广义的体育文化群，它以自身独特的风格吸引着全校师生来参与体育活动，起到了活跃校园生活的作用。

二、校园体育文化的特点

校园体育文化是在长期的体育教学实践中逐步形成的，是一种文化的历史积淀。它在社会文化环境和学校本身发展的合力作用下形成，尽管不排除人为的主观努力，但其总体上是客观的、独立的。教育界有种共识：凡是育人工作有特色、对外声誉好的学校，一般都有优良的、健康向上的校园文化，更有丰富多彩、生动活泼的校园体育文化。校园体育文化作为一种客观存在，会对学校的发展产生积极的作用。

（一）延续性和继承性

校园体育文化和其他文化一样，同样具有历史延续性，是可以形成传统和风气的。学校体育传统和风气是指一个学校在体育活动方面形成并进行的带有普遍性、重复出现和相对稳定的一种集体行为风尚，是学校教育的一种氛围与环境，是师生员工共同创造的校园体育文化，是校风的有机组成部分。这种传统和风气作为一种社会文化现象，不是在短时间内可以形成的，需要长期的积累和沉淀。

（二）新颖性

校园体育文化的最大特色就在于它的新颖性。例如，学校运动会上推出新颖的团体操、健美操、武术表演以及趣味性游戏等内容，体育社团在公共场合组织的一些表演、训练、竞赛等，以及校运动队优秀运动员在训练、竞赛中带给大家的新奇与惊喜。

（三）闭合性

学校是一个大组织，其内部由一个个小组织构成，因此具有组织层次分明、组织单位集中的特点。这使得校园体育文化一方面在内容上向开放方面发展，但另一方面存在形态上的相对闭合，从而形成一个个“体育文化圈”，如院校里的专业、年级以及自发组成的专项体育协会等。这些群体组织形成的相对闭合的体育文化圈，成了相对独立的集体、相对固定的群体。可以这样讲，校园体育文化环境就是由一个个的体育文化圈组成的，没有体育文化圈，就没有校园体育文化。

（四）动态性

校园体育文化形成的主体是在校学生，他们大多天生好动，不习惯长期静坐和沉默。一般而言，校园课堂的教学活动是一种静态的教育形式，长期“三点一线”式的学习生活，往往使许多学生感到枯燥无味。因此，学生在学习之余更加钟情既能调剂校园生活，又能瞬息万变、充满激烈动感的校园体育文化。在紧张的学习之余，参加一些体育赛事和体育活动，能够调节学习生活节奏、娱悦身心、陶冶情操，使校园师生“动”起来。

三、校园体育文化建设

（一）加强媒体宣传力度

运用标语、图展、广播等媒体形式，进行体育文化的渗透，使师生员工真正认识到强健身体的重要性，培养他们对体育的兴趣，提高其参与程度，使大家都了解体育、参与体育、享受体育带来的乐趣。

（二）深化体育教学改革

确立以学生的学习锻炼为中心，培养学生树立体育意识、养成锻炼习惯、提高锻炼能力的指导思想。体育课程发展上注意体育文化、卫生保健知识的传授，使学生具有全面体育文化的修养。体育课程教材的选择应更具科学性、时效性和趣味性。改革体育成绩的评价方法，提高学生锻炼的积极性。

（三）丰富师生员工的体育活动

师生们闲暇之余的体育活动是校园体育文化的一个重要方面，课外体育活动是开展体育文化活动的主要途径，是对学生体育兴趣、体育能力和体育观念的培养，它既要完成体育锻炼的任务，又要活跃学生的课余文化生活，从而对师生体育文化素养非常有利。学校可通过运动会、体育节和各种小型多样、生动活泼、师生喜闻乐见的体育活动来丰富大家的课余生活。课外体育活动对提高学生锻炼意识和积极性有着很好的促进作用，在建设校园体育文化过程中，我们应充分发挥它的作用。

（四）重视校园体育组织机构的建设

建立健全全校体育运动委员会的组织机构，支持学工处、校团委、学生和教工等成立各种体育社团并为他们的体育活动提供指导和创造条件，制定学校体育活动的各项规章制度，使学校体育工作更加规范化、制度化。

（五）发挥学校体育传统，形成特色

体育文化的传统和特色，指的是一个学校在体育方面形成并延续着的，带有普遍性、重复出现的相对稳定的一种独具特色的文化形态，表现出自觉、经常的基本特征，并具有教育、导向、规范、凝聚和激励的力量。由于各个学校的类型、规模、办学条件、师生构成等不同，加上学校所处的地区、环境、地理气候等的差异，决定了建设校园体育文化的具体思路不尽相同。因此，在建设校园体育文化的过程中，各个学校应该根据自己的具体情况发展校园体育文化，最终形成自己的体育特色。

（六）加强校园体育文化物质的建设

校园里的体育建筑、雕塑，加上设施、场地等，它们本身就是一种文化现象。同时，它们又成为意识文化的载体，凝聚和展示着人类的知识、思想与智慧，体现着人们的情操、意志、价值观念等多种文化特质。这些特质会折射人们的心灵，对人们起到一种潜移默化的陶冶作用。此外，体育建筑、场地、设施等，作为一种依托，又承受着师生们体育锻炼的实践。因此，要努力创造条件加强体育物质文化建设，包括建造体育场馆、添置设施和精心合理地使用已有的场地设施及器材。

第三章 体育运动与健康

第一节 健康的定义及标准

健康就是没有疾病，有病就不健康。而现代医学健康观告诉我们，健康已不再仅仅是四肢健全、无病痛或虚弱，除身体健康外，还要求精神上有个完好的状态。由于人的精神、心理状态和行为对自己和他人甚至对社会都有影响，因此，更深层次的健康观还包括人的心理健康。世界卫生组织给健康所下的正式定义是："健康是指生理、心理及社会适应三个方面全部良好的一种健康，是人类生存发展的基本条件，也是创造社会物质文明和精神文明的基础。"世界卫生组织据此制定了健康的10条标准。

（1）充沛的精力，能从容不迫地担负日常生活及繁重的工作而不感到过分紧张和疲劳。

（2）处世乐观，态度积极，乐于承担责任，事无大小，不挑剔。

（3）善于休息，睡眠好。

（4）应变能力强，能适应外界环境中的各种变化。

（5）能够抵御一般感冒和传染病。

（6）体重适当、身体匀称，站立时头、肩位置协调。

（7）眼睛明亮，反应敏捷，眼睑不发炎。

（8）牙齿清洁，无龋齿，不疼痛，牙龈颜色正常，无出血现象。

（9）头发有光泽，无头屑。

（10）肌肉丰满，皮肤有弹性。

1989年，世界卫生组织对健康的概念进行了重新定义，提出健康应包括躯体健康、心理健康、社会适应良好和道德健康，这就是所谓的四维健康观念。美国大学的国家健康中心提出了一个与其类似的健康定义，即健康是人对环境适应后所达到的一种生命质量，个体只有在身体、情绪、智力、精神和社会各方面达到完美状态才称得上真正的健康，这种健康观又称健康五要素。健康五要素的内涵主要如下。

（1）身体健康：不仅包括无病，而且包括体能。体能是一种能满足生活需要和有足够能量完成各种活动的能力，具备这种能力就可以预防疾病，提高生活质量。

(2) 情绪健康：情绪涉及我们对自己和他人的感受，情绪健康主要标志是情绪的稳定性。所谓稳定，是指个体应对日常生活中人际关系和环境压力的能力。

(3) 智力健康：是指在长期的学习生活中，大脑始终保持活跃状态。

(4) 精神健康：是指理解生活基本目的的能力，以及关心和尊重所有生命的能力。对于不同宗教、文化和国家的人来说，精神健康的内容也有所不同。

(5) 社会健康：是指个体与他人及社会环境相互作用形成的和谐的人际关系及社会角色的能力。此能力将使人们在人际交往中充满自信和安全感，进而避免烦恼，保持心情愉快。

健康五要素相互联系，相互影响，例如身体不健康会导致情绪不健康，心理不健康会导致身体、情绪和智力的不健康。因此，只有每一个健康要素平衡发展，人们才能真正健康，才能幸福地生活。

第二节 心理健康的含义

英国心理学家英格里认为："心理健康是一种持续的心理状况，并能充分发挥其身心潜能。"麦灵格尔认为："心理健康是指人们对环境及其相互间具有最高效率及快乐的适应情况。"而日本的松田岩男则认为："心理健康是以预防疾病和各种心理不健康以及维护和增进心理健康为目的的实际与理论。"由此可见，心理健康包含着人的正常认识活动、情感活动、意志活动、适当行为、和谐的人际关系和良好的个性。

健康不但是没有身体缺陷和疾病，还要有完整的生理、心理状态和社会适应能力。从这一点看，我们应把健康理解为身体健康和心理健康双重含义，即身心健康。中国科学院心理所王极盛教授历时多年，对北京 500 多个班、两万多名学生进行测试所得出的结果表明：当今中学生，3 个人中就有 1 个人存在心理问题。有资料表明，当前引起各种疾病的原因中有百分之七八十与心理因素有关。其中主要由心理因素特别是情绪因素引起的身心疾病患者已占总人口的 1/10，这些人易患的疾病包括高血压、冠心病、胃和十二指肠溃疡、某些皮肤病等。由此可见，不良心理因素对健康的危害不亚于病菌，而良好心理因素对健康的作用则胜过保健品。

第三节 健康指标

一、医学模式标准

医学模式就是从总体上认识健康和疾病以及相互转化的哲学观点，即用什么样的理论观点看待健康和疾病的关系，如何维护和促进健康，健康在什么条件下转化为疾病，疾病又在什么条件下康复。

二、身体健康指标

身体素质也称为体质，是指人体活动的能力，是反映人在运动、劳动、生活中所表现的力量、速度、耐力、灵敏性、柔韧性等方面的能力，同时还反映人体血液循环和新陈代谢的状况。

三、常用的生理指标

体温：正常体温为 36～37℃，高于此为发烧，低于此为低体温。一天的体温略有波动，但不应超过 1℃。低体温一般常见于高龄体弱老人，或者长期营养不良患者，也可见于甲状腺机能减退者；高体温一般常见于月经期或者妊娠期的妇女，以及婴幼儿。发热可按体温的高低分为以下几种：37.4～38℃ 为低热；38.1～39℃ 为中等热度；39.1～41℃为高热；41℃以上为超高热。

脉搏：成人脉搏安静状态下为 60～100 次/分；成人男性为 60～80 次/分；成人女性为 70～90 次/分；初生婴儿为 140 次/分；运动后、饭后、精神兴奋时脉搏可大于 100 次/分。如加速、过缓、间歇强弱不定、快慢不等为心脏不健康的表现。我们在上体育课时，脉搏可以到 120～140 次/分，高强度大运动量可以到 180 次/分以上。

呼吸：健康成年人呼吸平稳、有规律，每分钟 15 次左右(小孩的呼吸频率会高些)，呼吸与脉搏比例为 1∶4，即呼吸一次心跳 4 次。呼吸频率如超过 24 次/分为呼吸过速，多见于强体力活动、发热、疼痛、贫血、甲状腺功能亢进、心力衰竭等。呼吸频率低于 12 次/分称为呼吸过缓。如发现呼吸深度、频率、节律异常，有胸闷、憋气感受，则为不正常，应及时就医。

血压：血压是指血液对动脉血管壁的压力。一般在右上臂测量血压，要测收缩压(高压)和舒张压(低压)，以 mmHg(毫米汞柱)表示。按国际标准，18 岁以上成年人分为以下等级。

理想血压：收缩压<120mmHg，舒张压<80mmHg。

正常血压：收缩压<130mmHg，舒张压<85mmHg。

正常偏高血压：收缩压 130～139mmHg，舒张压 85～89mmHg。

高血压：收缩压>140mmHg，舒张压>90mmHg。

体重：正常的标准体重=身高厘米数-105(千克)。长期稳定的体重是健康的标志之一，短时间内的消瘦常见于糖尿病、甲亢、癌症、肠胃疾病等病症；而短时间内体重快速增加，可能是高血脂、(三高症)糖尿病、甲状腺等疾病导致的。

成人体重指数(BMI)法规定：体重指数=体重(kg)÷身高(M)的平方。正常体重指数为 18～25；超重指数为 25～30；轻度肥胖指数>30；中度肥胖指数>35；重度肥胖指数>40。

饮食：不要暴饮暴食，成年人主食量不超过 500 克，老年人不超过 250 克，短期内多饮多食，应考虑是否患糖尿病、甲亢；丧失食欲达半月以上，就得考虑是否有潜在疾病，例如癌症等，必须及时就医。

排便：健康人每日或者隔日排便一次，两天以上的为便秘。

睡眠：成年人每日睡眠应为6~8小时。

第四节　体育运动对生理健康的影响

运动有益健康，在紧张的工作、学习之余经常进行体育运动，不仅能够改善肌肉、心血管、呼吸系统功能，提高神经、内分泌免疫能力，而且还可以降低因运动不足带来的慢性疾病的危险性，提高生活质量和学习效率。

人们都知道自己应该多做些运动和锻炼，可不知道自己适合哪种锻炼方法。也就是说，选择正确的运动方式是非常重要的，否则可能达不到健身效果。举例来说，游泳、太极拳、养生功、瑜伽、骑自行车、慢跑等运动方式，既可以增加肌肉弹性，保持健康的体魄，同时又有助于提高思维能力，改善机体的灵活性和协调性。

一、体育运动能够增强呼吸系统功能

人体的一切活动都需要消耗一定的能量，能量来源于人体内的能源物质。把这些物质变成能量，需要一个氧化过程。人体在新陈代谢过程中，不断地从空气中摄取氧气并排除二氧化碳。经常锻炼，呼吸机能增强，呼吸肌得到锻炼，呼吸肌的力量增强，胸廓运动的幅度也随之增大，表现在胸围和呼吸差的增大(胸围和呼吸差能反映胸廓发育的状况和呼吸器官的机能)。呼吸机能的变化，表现在肺活量的增大和呼吸深度的增加，肺活量的大小代表着呼吸器官的工作能力。一般中学生的肺活量是：男生2500~4000毫升，女生2000~3000毫升。经常进行体育锻炼的人，肺的弹性好，呼吸肌的力量增强，肺活量比一般人大1000毫升左右。适量运动可以增加肺组织的弹性，增加呼吸肌的力量和耐力，使呼吸频率减慢、呼吸深度增加。经常参加体育运动的人，其呼吸显得平稳、深沉、匀和、频率较慢。

二、体育运动能够增强消化系统功能

长期有规律地坚持体育锻炼，能够增强胃肠消化功能，促进消化液的分泌，增强消化道蠕动，改善胃肠和血液循环，使食物的消化及营养物质的吸收更加充分和顺利。

三、体育运动能降低心血管病的发病率，预防心血管病变

循环系统是人体非常重要的组织机构，它是由心脏和血管组成的。它的作用是使血液把氧气和营养物质运送给各组织、细胞，同时，把组织、细胞在新陈代谢中产生的二氧化碳和废物运送到肺、肾等处排出体外。体育锻炼对循环系统发展的影响是非常显著的，它对增强心血管的机能、提高血液循环质量起着积极作用。经常参加体育运动可以使心肌强壮，有效改善心率。心脏的工作能力和储备能力提高，能够降低血压、血脂和控制血糖。

四、体育运动能够改善神经系统功能

体育锻炼对身体的良好作用，也是通过神经系统的影响来实现的。经常进行体育锻炼的人，大脑皮质神经细胞的兴奋性、灵活性和耐久力都会得到提高，灵活性提高了，反应也就更快了。从人体活动上看，表现出机灵、敏捷，它自然反映着大脑本体的敏锐、灵活，使学习和工作都处于最佳状态，并能坚持较长时间。经常进行体育锻炼的人，更能忍受寒冷和炎热的刺激，从而提高对环境变化的适应能力和对疾病的抵抗能力。人的活动是在神经系统支配下的协调活动，坚持锻炼的人(特别是老年人)，常表现为耳聪目明、精力充沛。因此，经常参加体育活动可以促进神经系统的生长发育，增加脑的重量和皮层厚度，增加大脑皮层表面积，加快脑细胞的新陈代谢，对提高脑细胞的功能、工作效率有着良好的作用。体育锻炼对于改善神经系统的调节机能，对于人们工作、学习能力的提高，以及工作效率的提高，都起着积极作用。比如学生学习累了，到户外活动一会再回来学习，学习效率肯定会提高。这也是学校安排课间十分钟的原因。

五、体育运动能够增加肌肉和骨骼的机能

经常进行体育锻炼，人体新陈代谢旺盛，肌肉中的毛细血管开放数量增多，血流量增大，使肌体内血液供应良好，蛋白质等营养物质的吸收与贮存能力增强，肌纤维增粗，肌肉体积增大。因此，肌肉也就变得更加粗壮、结实、发达而有力。另外，由于肌肉结构的变化，酶的活性增强，以及神经调节的改进，导致机能的提高，表现为肌肉收缩力量大、速度快、弹性好、耐力强。

体育锻炼可促进骨质增强，提高骨骼的性能。经常进行体育锻炼，可使新陈代谢得到改善，使骨骼的结构和性能发生变化，表现在骨密质增厚，使骨变粗；还可使少年骨长径生长速度加快，对身高的增长有着积极促进作用。经常进行体育锻炼的学生比不经常参加锻炼的学生的身高要高6~12厘米，这在许多科学实践中已得到证实。经常进行体育锻炼，可增强关节周围的肌肉和韧带的力量与柔韧性，从而加固关节，提高关节的柔韧性，减少各种外伤和关节方面的损伤。

体育运动可以促进血液流向肌肉，帮助肌肉消耗能量，增强肌肉和骨骼的强度与密度、硬度、弹性和韧性。长期参加体育锻炼，可使骨骼变得粗壮、坚固，就可承受更大的负荷，预防骨质疏松，延缓衰老过程。

六、体育运动可控制体重，保持良好体态

体育运动可增加能量消耗，促进体内脂肪代谢，从而减掉身体多余脂肪。运动是最自然、最健康、最有效的美容塑身方式之一。体育运动还能促进皮肤的血液循环，改善皮肤的营养，提高皮肤的抗皱能力，延缓皮肤衰老。

第五节 体育运动与心理健康——大学生篇

一、大学生的心理特点

进入大学后，大学生的独立意向迅速发展，他们希望能在各方面独立，希望摆脱学校、家庭、父母、老师的管教和约束，自主地处理一切问题。然而，由于缺乏经验、能力有限，遇到事情有时会感到心中无数、无从把握，而且经济上又几乎完全依赖于家庭，尽管渴望独立而事实上却不能完全独立。现代大学生处于生理、心理、社会等方面从未成熟到成熟、从未定型到定型的急剧变化时期。在整个人生的发展过程中，大学时期是心理变化最为剧烈的时期之一。

他们的内心常常充满着矛盾，与外界也常常充满冲突，处于不稳定状态。大学生正处在生理、心理均趋向成熟的关键阶段，此时大学生的大脑处于高兴奋期。从心理角度来看，思想活跃，思维能力、理性探索能力不断增强，因而勇于探索，追求美好的未来。随着独立感的增强，大学生自尊自信的意识也在不断提高，开始形成一定的信仰，期望能实现人生的价值。大学生热情奔放，情感也特别丰富，追求异性，渴望友谊与爱情。尤其是性格的发展，亦到了关键时期，并逐步趋向于稳定阶段。大学生这种丰富而又复杂的情感世界和中学生相比较，在情感的体验和情绪上可以有更长的延续性，甚至外显的形式和内隐的体验有时完全不一致，和成人相比显得动荡多变，具有不稳定性。在这样的时期，大学生心理上又特别容易出现各种矛盾冲突，引发各类心理障碍或疾病，这是值得注意的。

二、大学生心理健康标准

心理是人脑对客观现实的主观反映。健康的心理是通过健全的脑机能来实现的。各国的心理学家根据调查总结出不同时期心理健康的标准，著名的美国心理学家马斯洛等人提出了10条心理健康的标准：

(1) 有充分的安全感；(2)充分了解自己并对自己的能力做出恰当的估计；(3)生活目标、理想切合实际；(4)与现实环境保持接触；(5)能保持个性的完整和谐；(6)具有从经验中学习的能力；(7)能保持良好的人际关系；(8)适度的情绪控制和表达；(9)在不违背集体利益的前提下，有限度地发展个性；(10)在不违背道德规范的情况下，适当满足个人的基本需要。

复旦大学的心理学专家经过研究，认为大学生心理健康标准为：

(1) 能保持对学习较浓厚的兴趣和求知欲望。(2)能保持正确的自我意识，接纳自我。自我意识是人格的核心，指人对自己与周围世界关系的认识和体验。(3)能协调与控制情绪，保持良好的心境。心理健康者经常能保持愉快、自信、满足的心情，善于从行动中寻求乐趣，对生活充满希望，情绪稳定性好。(4)能保持和谐的人际关系，乐于交往。(5)能保持完整统一的人格品质。心理健康的最终目标是保持人格的完整性，培养健全人格。人格完整是指人格构成的气质、能力、性格和理想、信念、人生观等各方面平衡发展。(6)能保持良好的环境适应能力，包括正确认识环境及处理个人和环境的关系。(7)心理行为符合年龄特征。一个人的心理行为如果严重地偏离自己的年龄特征，那这通常都是心理不健康的表现。

心理学研究指出，衡量和判断一个人的心理是否正常，必须满足三个条件：(1)具有统计学上处于中间范围意义；(2)不具有心理疾病的异常表现；(3)行为表现符合社会规范。大学生的普遍年龄一般在 18～25 岁，从心理学观点来看，正处于青年中期。作为一个特殊群体，大学生的心理具有青年中期的许多特点，但又不能完全等同于社会上的青年。心理健康标准随着时代的变迁、社会的进步而变化，根据我国大学生的实际情况，大学生的心理健康标准应满足以下几个标准。

(一) 智力正常

智力是人的观察力、注意力、记忆力、想象力、思维力、创造力、实践能力等的综合，包括在经验中学习或理解的能力、获得和保持知识的能力、对新事物做出正确的反应和处理的能力等，这是大学生学习、生活与工作的基本心理条件，也是适应周围环境变化所必需的心理保证。因此，衡量大学生的智力是否正常，关键在于其能否保持对学习较浓厚的兴趣和求知欲望，能否积极参与学习活动。

(二) 情绪健康

情绪健康标志着情绪稳定和心情愉快，包括乐观开朗、富有朝气、愉快情绪多于负面情绪，对生活学习充满希望；善于控制与调节自己的情绪，情绪较稳定，在不同的时间和场合既能控制又能合理地宣泄自己的情绪，情绪的反应能与社会相适应。

(三) 人格健全

人格健全就是指有健全统一的人格。人格完善包括人格结构的各要素统一完整，不存在明显的缺陷与偏差；有积极进取的人生观；具有正确的自我意识，并以此为中心把自己的需要、目标和行动统一起来。

(四) 人际关系和谐

良好的人际关系，是事业成功与生活幸福的前提，也是健康心理的表现，又是获得健康心理的重要途径之一。其表现为：乐于与人交往，在交往中保持独立而完整的人格；既有广泛和深厚的人际关系，又有知心朋友；积极交往的态度多于消极态度，交往动机端正。

(五) 良好的适应能力

个体应与客观环境保持良好秩序，要进行客观观察以取得正确认识，以有效的办法应付环境中的各种困难，改造自我适应环境。通常认为，良好的适应能力主要表现为：能适应各种自然环境，能处理和应付家庭、学校、社会、生活等问题。

(六) 心理行为符合大学生的年龄特征

大学生是刚刚脱离父母进入高校处于特定年龄阶段的特殊群体，大学生应具有年龄与角色相适应的心理行为特征。

大学生心理健康的标准是一把理想的尺子，它一方面为大学生提供了衡量心理是否健康的标准，同时也为大学生提出了提高心理健康的努力方向。

三、大学生常见的心理疾病

大学生一般都远离家乡和父母，在心理上又经历了一次新的“断乳期”。随着新环境的变化、社会的大变革，就会出现各种问题和矛盾，对大学生的心理状态产生巨大的冲击。加上大学生们正处在生理、心理和思想发展变化时期，心理调节能力及对社会的发展变革缺乏必要的心理准备。在现实生活中，往往遇到挫折和冲突，就表现出焦虑、苦闷、抑郁、悲观等情绪障碍，严重者可能出现心理疾病。因此，大学生的心理健康状况令人担忧。大学生中有一定比例的人存在着不同类型、不同程度的精神疾病，从而给大学生们的学习、生活和心理健康发展带来了严重影响。

(一) 神经症

神经症是指一组有大脑功能轻度障碍的疾病总称，属于心理障碍的范畴。其特征为持久的心理冲突，病人因觉察到这种冲突以致精神上十分痛苦，但没有任何可证实的器质性病变作为基础。神经症不是某一种特定的疾病，而是几种疾病的统称。通常，神经症可以分为神经衰弱、焦虑症、强迫症、恐怖症、癔症、抑郁症、疑病症等。

神经症含有四个要素。第一，持久性，神经症是一种持久性精神障碍。第二，心理冲突，心理冲突是指病人觉察到它处于一种无力自拔的自相矛盾的心理状态。第三，精神痛苦，神经症是一种痛苦的精神障碍。如果没有精神痛苦，就不会有神经症。第四，没有脑器质性病变作为基础，也没有足以造成脑功能障碍的躯体疾病。同时，尽管患者有各种躯体不适的感觉，却没有相应的器质性损害。

1. 神经衰弱

神经衰弱又称为神经衰弱性神经症，是指排除各种躯体疾病以及其他各种神经症和抑郁症，在神经症中程度最轻的一种抑制性的神经病。神经衰弱是大学生中常见的一种神经症，被列为导致大学生休学的四大疾病之一，常表现为全身乏力、睡眠不良、头痛、健忘、情绪低落等。

2. 焦虑症

焦虑症是一种以焦虑症状为主的神经症。焦虑是一种没有明确对象或内容的恐惧，它是指由于精神持续的高度紧张而产生的净空发作状态，在焦虑反应的同时伴有明显的植物神经功能系统紊乱，如头晕、剧烈的心跳、口干、胸闷、呼吸困难、尿频、尿急、多汗、恶心、有昏倒甚至虚脱的感觉等。焦虑症患者不仅对特殊的事情或环境产生焦虑情绪反应，而且在任何场合下都可产生这种反应，并且说不出理由，也难以自控。这种现象在重大的考试、比赛中容易看到。

3. 强迫性神经症

强迫性神经症又称强迫症，是一种以强迫症状为主的神经症，就是主观上感觉到有某种不可抗拒，不能自行控制和克服的观念、情绪、意向行为的存在。如强迫性回忆(对刚做过和早已过去的事情进行反复回忆)，虽然不愿意或认为没必要，但不能控制，从而导致严重的内心冲突并伴有强烈的焦虑和恐惧。

4. 恐怖症

恐怖症也叫恐怖性神经症，它是指对某些特殊环境或事物所产生的强烈恐惧或紧张不安的、持久的、特殊的、不合理的强烈的恐惧感，并出现回避反应的一种神经症。恐怖症按照恐惧对象的不同，分以下几类：(1)社交恐怖症，主要是害怕在众人面前出现，尤其是被别人注意，有的还怕陌生人或异性甚至不敢出门；(2)空旷恐怖症，患者一般在经过空旷的地方时就会出现恐怖发作，并伴有强烈的焦虑和不安；(3)动物恐怖症，这种症状一般多见于女生，害怕见到某种动物，恐怖动物通常仅限于一种；(4)此外还有恐高症、惧水症等。

（二）抑郁症

抑郁性神经症又称为神经症性抑郁症，是指一种以持久的抑郁情感为特征，并伴有焦虑、空虚感、疲惫、躯体不适和睡眠障碍的神经症。抑郁症特点是把外界的一切看成灰暗的，对前途悲观失望，精神不振，不愿与人交往。其主要表现为心情压抑、忧伤苦闷、精神不振、反应迟钝、自我评价低、不愿主动与人交往、有轻生的念头、内心烦躁不安、注意力分散、记忆力下降等。几乎所有的抑郁性神经症均是由精神因素诱发的，大多是生活中的种种不幸遭遇、事业上的挫折等，尤其是自尊心受到打击的时候。该病的发生与病前的性格也有关系，大多数患者性格内向、抑郁悲观。

（三）人格障碍

人格障碍是指从童年和青少年时期开始，并持续终生的显著偏离常态的人格。它是一种介于精神疾病与正常人之间的行为特征。人格障碍常常分为偏执型、情感型、强迫型、分裂型、爆发型、反社会型等，常表现为怪僻、反常、固执、不通人情、不可理喻、损人不利己或损人利己，以自己的恶作剧取乐，或把自己的快乐建立在别人的痛苦之上，但它又不归属于精神病范畴。

(1) 偏执型人格障碍，它是以多疑敏感为主要表现的人格障碍。(2)强迫型人格障碍，它是指刻意追求完美而过分自我关注、带有不完善感的人格障碍。患者心里总是笼罩着一种不安全感，常表现为莫名的紧张和焦虑，忧心忡忡总怕自己犯错误。总之，这类患者的性格常表现为刻板、固执、拘谨、犹豫等。(3)情感型人格障碍，它是指以情绪始终高涨或始终低落，或时而高涨时而低落为主要表现的人格障碍。情绪高涨型人格障碍常表现为精力充沛、情绪高涨、精神振奋等，并对自己评价过高，对周围的环境困难估计太低，做事不深思熟虑，不实际，有始无终，又称为狂躁型人格障碍。(4)抑郁型人格障碍的主要表现为：情绪低落、精神不振、闷闷不乐、对自己评价过低，总觉得自己不如别人，对周围的环境困难估计太高，对自己没有信心，对一切事情都不感兴趣。

（四）其他心理困扰

除了上述心理困扰外，还有其他的心理困扰。如学习问题、人际关系问题、求职问题、择业问题等，都会引起大学生的心理困扰。

(1) 学习问题。大学生常见的学习问题主要表现为学习目的、学习态度、学习方法、学习成绩等问题。由于中学时长时间的拼搏和竞争，进入大学后，大学生总以为可以放松了，但又害怕时间长了跟不上学习，所以始终有一种心理压力。

(2) 人际关系问题，这往往是大学生最关注的问题之一。同高中阶段相比，大学生的人际关系更加复杂并显得特别重要，这也成为大学生心理困扰的主要来源之一。人际关系问题常表现为难以和别人相处，一般表现在那些具有攻击性、抵抗性的同学中，他们性格怪异、不合群而不被同学理解，受到同学的排斥和冷落，没有知心朋友以及由此而引起的孤独苦闷等，久而久之，产生精神压力。

(3) 求职与择业问题，这是高年级大学生常遇到的几个问题。在即将踏上社会工作时，应该如何选择适合自己的职业？如何规划自己的前途？求职需要什么相应的技巧？没有很硬的社会关系，我能找到工作吗？这些都是困扰高年级大学生的心理问题。

四、心理健康与身体健康的关系

心理健康是指个体在与社会环境相互作用时，主要表现在人际交往中能否使自己的心态保持正常平衡，使情绪、需要和认知保持一种稳定状态，并表现出一个真实自我的相对稳定的人格特征。美国大学的国家健康中心提出了一个健康六要素："健康是人对环境适应后所达到的一种生命质量，包括躯体的、情绪的、智力的、心灵的、社交的和环境的完美状态。"对健康的新认识，是我们追求高质量生活的关键。坚持体育锻炼可以改善情绪，消除心理障碍，坚持有规律的体育锻炼是保证心理健康的最佳方法。

心理学、生理学的研究表明，心理的变化会引起生理功能的变化，也就是说，心理不健康必然会影响身体健康。著名生理学家塔科(Turker)1990年的研究显示，生理健康水平较高的被试对象，其心理抑郁水平较低。同样，人体生理方面的疾病或异常情况会引起心理或行为方面的病症。健康是由心理健康和身体健康两方面组成的。它们的关系密切，相互作用，相互依存，互相制约。心理健康有利于健身活动，早已引起人们的注意。特别是在竞技比赛中，心理因素在比赛中越来越重要。心理健康的运动员反应敏捷，注意力集中，动作迅速准确，有利于竞技水平的提高；反之，则不利于竞技水平的发挥。因此，在体育活动中保持心理健康十分重要。

大学生们在生活、工作、学习、恋爱等中受到挫折和压力时，有可能出现心理障碍，怎么办呢？很少有人想到通过体育锻炼来改善不良情绪、消除心理障碍。人们不知道坚持有规律的体育锻炼能够预防一定的心理疾病，是保证心理健康的最佳方法之一。实际上，体育锻炼能够使人身心都得到健康，有规律的体育锻炼是不可缺少的健康生活方式。因而，对大学生来说，保持心情愉快、身体健康，才能具备适应各种挑战和压力的能力。

五、体育运动对心理健康的影响

由于大学生心理发展正处于从未成熟走向成熟而又未完全成熟的阶段。在这一阶段，大学生正面临一个从青少年时期转向成年初期的重要阶段，他们的内心常常充满矛盾，与外界也常常充满冲突。这种矛盾主要表现为：有强烈的交往需要和孤独感的矛盾、渴望独立而又依赖于家长和学校的矛盾、强烈的参与社会生活的愿望和社会经验不足的矛盾、现实生活与理想不符的矛盾等。如果大学生不能处理好这些心理矛盾，就会引起各种不健康的心理疾病，如常见的神经症、焦虑症、敏感症、抑郁症等。

大量研究表明，健康的体育活动能有效地改善心理健康状况。体育活动对心理健康具有积极的调节作用，主要表现在以下几个方面。

（一）体育运动可以调节情绪情感

体育活动具有很大的吸引力，能诱发人们对体育锻炼的兴趣，可以转移个体不愉快的情绪，使人们从烦恼中解脱出来。体育活动对中枢神经系统有着良好的促进作用。参加体育活动既能保持乐观良好的情感，又能克服情绪的冲动性、易变性。不良情绪是导致心理不健康的重要因素之一，而参加体育活动可以直接给人带来愉快和喜悦，又能降低紧张和不安情绪，改善心理健康状况。

情绪是人对客观事物与人的需要之间关系的反映。情感是人对客观事物是否符合自己的需要而产生的体验。情感是现实的反映，是心理生活的一个重要方面，而情绪可以影响和调节认知的过程。在某种意义上可以说，情绪是情感的外部表现，情感是情绪的本质内容。

（二）体育运动有益于治疗心理疾病

随着社会的不断发展，我国大学生患心理疾病的概率明显上升，这说明激烈的社会竞争正在逼近学校，使学生的压力不断增加。教育部目前印发了关于加强普通高等学校大学生心理健康教育工作的意见，要求各地教育部门和高校要充分认识加强高校大学生心理健康教育工作的重要性。可见，大学生的心理健康已是高校教育中的重要内容之一。

众所周知，体育锻炼是一种心理疗法，是预防和治疗各种心理疾病的有效手段，对神经衰弱、抑郁症等多种神经官能症和心理疾病有很好的治疗作用。在大学生中，心理承受能力差的学生，情绪和心理障碍会更加突出。心境不佳、情绪低落、紧张、自卑等这些心理问题如得不到及时解决，就会逐步发展成为心理障碍，进而影响学生的心理健康。经常参加体育锻炼可使患者转移注意力，使紧张情绪得到放松，从而缓解不良情绪。体育活动作为一种心理治疗手段在国外已很流行。心理学学者迪什曼曾概括了1750名医生的材料，发现从事体育活动(如慢跑、游泳、骑自行车、快走等)对抑郁症的疗效达85%，对焦虑症的疗效达60%。

（三）体育运动有助于发展良好的个性心理

个性是指在一定的社会历史条件下，个人所具有的意识倾向性以及经常出现的、较稳定的心理特征的总和。人的各种心理现象都表现出许多心理特点，有属于能力方面的，有属于气质方面的，有属于性格方面的。心理学把能力、气质和个性叫作个性心理。

1. 体育运动对发展能力的影响

能力是指人们能胜利完成某种活动所必需的，并直接影响活动效率的个性心理特征。参加体育活动的人所应具备的能力是正常的身体以及某项活动所需要的最基本的活动能力。经常参加体育锻炼(走、跑、跳等)能增强肌肉力量，并且能提高高级神经活动的表现。例如球类运动员的灵敏性、长跑运动员的耐力性、游泳运动员的水感等，以及速度、力量、弹跳、柔韧等，这些都是体育活动的专门能力。具有了这些素质能力，对生活、工作、学习和劳动有着积极的意义。

2. 体育运动对气质的影响

气质是人的心理活动的稳定的动力性特征。动力性特征所指的是心理活动发生时力量的强弱、变化的快慢和均衡的程度等特点。不同的人有不同的气质，不同的气质类型会有不同的行为表现。例如：参加球类运动的人以胆汁质、多血质为宜；参加射击运动的人以黏液质为宜。各种气质的人通过体育锻炼，可以发扬优点，改正缺点。

3. 体育运动对发展性格的影响

性格是个人对现实的稳定状态和习惯化了的行为方式。性格特征是一种比较稳定但又可变的倾向。性格是可变的，通过长时间的锻炼、陶冶，人的性格特征是可以变化的。如一个胆小的人，通过游泳或别的运动训练、比赛等活动，很可能变成一个比较坚强的运动员。经常有计划地参加体育锻炼，对大学生的良好性格的形成有着巨大影响。体育锻炼中的运动能力与身体能力涉及的价值观念，能够间接性地促进人的性格发展。体育活动能够培养人的意志力、自制力、集体主义和勇敢拼搏、积极进取的能力。这些都对性格的发展有着重要影响。

4. 体育运动有益于意志品质的培养

意志就是人们为了实现一定的目的而支配自己的行动，并在行动中自觉地克服各种困难的心理过程。意志品质是指一个人的果敢性、坚韧性、自制力、自觉性等四个方面的主动独立精神，在体育实践中，能使学生具有决心、自信心、荣誉感、责任心和积极向上的激情。这些激情又促进了学生意志品质的培养。

大学生应经常参加体育锻炼，养成健身的习惯，具有坚韧不拔的意志和顽强的毅力。体育锻炼及比赛激励人们不断努力、坚持不懈、百折不挠、再接再厉，最终达到目标。在比赛中为了胜利，就会有意识地控制自己的情感，约束自己的言行，制止不正确的行动，在实践中反复磨炼自己的自控能力和心理调节能力。同时，经常参加体育锻炼，对意志品质和沉着果敢精神的形成有着较大的促进作用。总之，通过体育锻炼能全面促进和培养意志品质。

5. 体育运动能降低和控制应激反应

在现代社会中，科学技术不断进步的同时，也带来了环境污染、住房拥挤、就业压力、生活节奏加快和激烈的竞争等诸多问题。这些问题都会使人们产生情绪波动、心理上的压力及消极的应激反应。心理学家薛利曾说："应激就像相对论一样，是一个广为人知却很少有人彻底了解的概念。"目前研究认为，应激反应是一种包含有应激源、个体对应激源的评价以及个体典型反应等因素相互作用的过程。引起应激反应的因素有心理的、生理的、社会的和环境的。对大学生来说，应激反应除了上述因素对他们的影响外，还有考试不及格、同学之间的矛盾、发生争执等问题。我们应有效地控制应激，因为它直接影响着学生的学习和工作效率。有研究表明，坚持合理的体育运动，是控制应激征兆的最有效方法。这是因为，健身活动可以降低肾上腺素感受体的数目和敏感性，可以降低心律和血压而减轻特定的应激源对生理的影响。不论是散步、慢跑、跳舞还是其他形式的有氧运动，一方面可以锻炼肌肉，提高心肺功能，另一方面可以释放能量，缓解焦虑，改善心境，保持身心平衡。

六、如何培养大学生健康的心理素质

大学生已经开始走向成熟，每个大学生都应有增强心理健康的意识，而不应该在这方面存在盲点。那么，心理健康对现代大学生来说到底有什么意义呢？

首先，心理健康是身体健康的保证。人的心理活动和生理活动是密切相关、互相依存的。生理健康是心理健康的基础，而心理健康反过来又能促进生理健康。有关研究表明，人体内有一种促进身体健康的力量，即良好的情绪。长寿学者胡里夫指出："一切对人不利的影响中，最能使人短命和夭亡的是不良情绪和恶劣心境。健康是人生的第一财富。"

其次，心理健康是完成学习任务和全面发展的保证。古希腊哲学家赫拉克里特指出："如果没有健康，智慧就难以表现，文化无从施展，力量不能战斗，财富变成废物，知识也无法利用。"对大学生来说，心理健康更是学业有成、事业成功、生活快乐的基础。

最后，心理健康是减少心理障碍的保证。大学生是社会上最有知识也是最活跃的人群之一。他们的生理从不成熟趋向成熟，又面临着社会、就业的压力等。心理健康可以助力大学生有效地抗御心理疾病，提高学习效率，完成学习任务。那么，大学生的健康心理应如何培养呢？

（一）加强大学生心理健康教育

（1）高校应充分认识加强大学生心理健康教育的重要性。心理健康教育是素质健康教育的重要组成部分，是培养高质量人才的重要环节。它应是广大高校教育者所面临的一项紧迫任务。

（2）引导大学生培养乐观、开朗的健康心态。教育工作者要引导大学生多参加各种有意义的文体活动、社会实践和科技活动，在活动中发扬团结友爱、互帮互助的团队精神。增强应对困难的能力，增长见识，磨炼意志。要教育他们不要封闭和孤立自己，引导学生确立积极向上的生活理念，养成宽以待人、不计较个人得失的心理品质。

（3）建立良好的心理健康教育环境。大学生的心理健康离不开良好的教育环境，离不开教育工作者的力量。有科学家认为，环境对心理影响很大，优美的环境可以使人赏心悦目。因此，营造文明健康的校园文化氛围是培养大学生健康心理的重要内容之一。校园环境应是乐观、积极向上、尊重、友善、宽容、朝气蓬勃的心理健康教育环境。这个环境对学生心理健康成长是大有帮助的。

（4）加强心理咨询工作，改进心理咨询服务。学校心理咨询工作是增进学生心理健康、防止心理疾病、优化心理素质的重要途径，也是心理素质教育的重要组成部分。有条件的高校应单独设立心理健康咨询门诊，有针对性地对大学生进行心理健康指导和服务；多举办心理卫生讲座，要大力开展宣传活动，使学生建立自我心理和精神保健概念，有接受咨询的要求。

（5）加强学生的自我保健意识。“心病还得心药医。”心理有了问题，人们首先想到的是找心理医生倾诉和治疗。好的心理医生能够运用心理学的技巧来帮助学生发挥自己的潜能，解决心理矛盾，达到心理健康。因此，我们每个人都应该成为自己的心理医生。我们要引导大学生们加强自我保健，让他们成为自己的心理医生。这样，心理一旦有问题时，他们能有意识地自我调节，培养良好的个性。

（二）大学生应主动掌握心理学知识、预防心理疾病

大学生心理素质的提高离不开对心理学知识的掌握。系统地学习心理学知识，学会心理保健方法，自觉调节控制情绪，是大学生心理素质优质化的重要措施。高校应开设大学心理学、社会心理学、大学生心理健康等课程，使大学生在这方面的知识丰富起来，正确认识自己，增强自我心理调节能力，明确方向，正确对待生活中的各种矛盾。

（1）建立完整的健康观。现代医学心理学的研究表明：“人的健康应包括生理健康和心理健康两个方面，人的心理健康对生理健康有着巨大的影响作用。”因此，大学生应增强心理健康意识，了解心理健康知识，使自己真正健康起来。

（2）建立良好的人际关系。人际关系已成为当代大学生的一个敏感问题，不少人常常处在矛盾之中。有些大学生一方面不愿意敞开心扉，一方面迫切希望社交，和别人沟通。众所周知，和谐的人际关系，可以增强信心，减少心理上的不适感，实现心理上的平衡。因此，同学之间要互相团结，关心他人，对他人持一种宽容态度，使自己有一个宽阔的胸怀，这样才能得到更多的友谊。

（3）树立合理的奋斗目标。每个人都有奋斗目标，大学生更不例外，甚至更强烈，他们都有成功的欲望。因此，大学生应该定一个符合实际的奋斗目标，使自己始终奔着这个目标努力，慢慢接近目标，感觉有收获、有成功。避免好高骛远，定的目标离实际相差甚远，有心理压力，过度紧张，这样不利于心理健康。

（4）体育运动是提高大学生心理健康水平的重要途径。体育教学和体育活动可以促进大学生的身体健康并增强他们的身体素质，同时体育运动对于维护大学生的心理健康和提高大学生的心理素质也具有重要的作用。

（5）体育活动可以协调人际关系，提高大学生的适应能力。体育活动能使人与人之间产生亲近感，特别是在竞争活动中，个人之间、集体之间的相互交流和配合等更加频繁，通过体育运动，可使大学生学会正确处理人际关系，增加人际交往，改变孤独、抑郁、自卑等心态，使整个神经系统得到调节，从而维护心理健康。

（6）体育运动可以培养大学生乐观、积极、开朗的心境。大学生在业余时间参加自己喜爱或擅长的体育项目，会在完成各种练习过程中得到一种快感和心理上的满足。人在体育锻炼时往往只注意身体的运动，而把烦恼抛到脑后起到转移注意力的作用，有益于大脑活动的调节，同时自尊心、自信心和自豪感在不同程度上也得到了加强，使大学生拥有乐观、积极、开朗的心境。

（7）体育运动有助于消除心理障碍。激烈的社会竞争和高校的生活压力使大学生容易产生悲观失望的情绪，从而导致忧郁、孤独等心理障碍的产生。人在受到某种挫折时，在大脑里形成一个强烈的刺激，从而引起一个兴奋灶，使人陷入痛苦和懊丧之中。如果能积极参加体育运动，就能转移大脑皮层的兴奋中心。根据大脑神经活动的负诱导规律可知：运动中枢兴奋性强可抑制痛苦中枢的兴奋性。体育运动还能使大学生的心理机能、身体素质得到改善，并能掌握一定的技能和技巧。在国外，体育运动已被公认为一种心理治疗方法。

第六节　科学锻炼的基本原则

一、运动负荷合理安排原则

合理安排运动负荷的原则就是在体育锻炼的过程中，要合理地安排运动量、运动强度、运动密度和运动时间等，既要保证运动负荷能对机体产生足够的刺激，同时也要保证锻炼的刺激强度在机体承受范围之内。

（一）安排适宜的运动量、运动强度、密度和时间

运动负荷的大小，是由运动量、运动强度、运动次数和时间多少等决定的。控制运动的简单操作方法是测量运动中的心率，有氧运动的心率一般宜控制在 180 与年龄的差值左右，建议锻炼时间要根据运动强度来确定。

（二）安排合理的休息和调整

在锻炼的过程中，要注意练习与休息的交替进行。在锻炼结束时，也要合理安排休息调整时间，以便提高锻炼效果，同时也要注意选择有效的休息方式。

（三）控制疲劳的程度

运动后机体产生疲劳是必然的，但是为了迅速地取得锻炼效果而盲目增加运动负荷、延长运动时间或运动频率，会产生过度疲劳。一旦产生过度疲劳，容易引起运动损伤，对增进健康没有益处，应马上停止锻炼，并积极进行恢复治疗。过度疲劳恢复后，方可继续参加体育锻炼。

二、循序渐进原则

循序渐进原则就是在锻炼中要依据制订的锻炼计划，持之以恒地进行锻炼。练习的内容、方法和手段既要简单又要多样，运动负荷的安排要由小到大。实施的依据及要求如下。

（一）机体对运动负荷的适应过程

运动负荷作用于人体时，会对机体产生一定的刺激，并且运动负荷的本质也是一种非常强烈的刺激，会导致机体发生非常剧烈的应激性变化。当这种刺激长期作用于机体时，机体会产生形态和机能的变化而逐渐适应这种刺激。因此，要收到预期的锻炼效果，在锻炼时必须养成长期、有规律的锻炼习惯。

（二）锻炼效果的不稳定性

在进行一定时间的体育锻炼后，机体会在形态与机能上产生良好的变化，这就是锻炼产生的效果。但是，这种效果并不是在暂时取得后就会一直保持下去，在停止锻炼后，它会逐渐地消退。研究表明，一旦停止锻炼，锻炼效果将在3倍于锻炼所用的时间内消退，其中，肌肉力量消退的速度更快。

三、个体差异性原则

个体的差异性原则是指进行体育锻炼时，必须根据锻炼者的年龄、性别、身体素质、锻炼基础等各方面的特点，设计出适合个人特点的个体化锻炼方案，因人、因时、因地制宜地全面配合锻炼。

（一）不同个体适应运动负荷能力的差异

不同年龄的个体在运动负荷适应性方面是有差异的，例如：少年儿童与成年人在身体形态、能力以及心理成熟度方面的差异，决定了他们对运动负荷承受能力的差异；相同年龄层次不同的运动员，在锻炼负荷适应性方面也存在个体差异。因此，在体育锻炼过程中，必须充分考虑个体特点及发展需求，合理安排运动负荷。

（二）不同性别适应运动负荷能力的差异

男性和女性无论是身体形态还是身体机能等方面，都有很大的差异，所以必须充分考虑男性女性的生理与心理特点，按照不同生理机能状态、适应运动负荷能力等差异，根据各自的性别特点安排锻炼。

（三）不同生理机能状态适应运动负荷能力的差异

同一个体处于不同机能状态时，如在体能下降、生病、睡眠不足、受伤和营养不良等情况下，对运动负荷的适应能力也会下降。

总之，在体育锻炼中，我们应充分认识到，每个人都是一个独立的个体，锻炼计划一定要因人而定，根据个体的爱好、习惯、特长、需求和目标等，制订合理的、科学的锻炼计划，有效提高身体素质。

第四章　中国传统养生

历史告诉我们，人类是在同大自然的搏斗中发展起来的，养生作为人类的基本行为，在原始人类为生存而斗争的活动中已初见端倪。人类为了维持自己的生存，为衣食住行等基本生存条件而斗争的过程，也是养生活动形成的过程。原始社会，人们在生活实践和与疾病斗争中，逐步认识到身体活动可以减轻疲劳、预防疾病。体育养生至今已有五千多年的历史。千百年来，由于众多的思想家、政治家、文人、医学家、养生家的热情参与，认真研究和积极实践，使其发展为完整的体系。内容丰富、效果显著的养生体系，广泛地传到世界各地。

体育养生是我国历史上形成的自我保健练习，其练习曾经采用过导引、气功、吐纳、按跷、太极等名称。由于数千年来儒、道、佛、医和武等，使中华民族博大精深传统文化的养生锻炼逐渐发展，形成了今天这样方法多样、体系完整、理论丰富的修炼系统，为中华民族的繁衍生息做出了重要贡献。

在建设中国特色社会主义的今天，在人类进入知识经济与智能化的新时代，挖掘、整理和弘扬祖国的优秀文化遗产，让古代的养生理论和传统的健身方法更好地为中国人民服务，使我们对体育养生有了更深的了解。以中国传统养生文化为基础的体育养生活动在现代生活中尤为重要！鉴于此，早在 1997 年，教育部制定新的专业目录时，就把“体育养生”设置为“民族传统体育”的专业方向，各高校也适时地普及体育养生方面的课程，其目的就是要促进这一中华传统养生文化的研究、开发、推广和利用，使其更好地为社会做贡献，造福人类。

第一节　传统体育养生的概念与内涵

传统体育养生是我国养生文化的重要组成部分，是将古代的养生理论与强身健体的锻炼方法相结合的实践性学科。它是通过人体自身的姿势调整、呼吸锻炼、意念控制，使身心融为一体，以增强人体各部分机能，诱导和启发人体内在潜力，达到祛病健身、益寿延年的目的。因此，传统体育养生是一门涉及身心相互关系的复杂的人体学科。

一、养生的概念

养生，又称为“摄生”，即保养生命之意。我国养生学家把保健身体、延年益寿称为“养生”。养生是我们祖先在长期劳动与生活实践中，通过逐渐认识生命活动的一般规律而总结掌握的一些保健强生的方法。养生术在中国医学的理论指导下，经过历代养生家的不断补充完善，形成了独具特色的理论和方法，对提高中华民族的身体素质、预防疾病、延缓衰老、提高寿命做出了卓越贡献。

二、传统体育养生的概念

中国传统体育养生是在中国古代养生学说指导下逐渐形成的多种多样的体育活动和健身方法的总称，是中华民族宝贵的文化遗产。体育养生是中华民族传统体育的一个分支，是中华传统养生学说与导引养生法等中国传统健身结合的产物，其目的是为现代人的健康、长寿、幸福、快乐服务。

具体来说，传统体育养生是以传统文化为指导，结合现代科学理论，通过调养精神、锻炼意志、活动肢体、强筋健骨来调节人体的五脏六腑、四肢百骸的技能，从而起到强身健体、防治疾病、延年益寿的作用。以身体活动、呼吸调整和意念活动为手段，以“三调”合一为练习准则，其独特之处在于以外练筋骨皮、内练精气神的目的，并通过建立科学的生活方式，达到增进健康、延年益寿的自我锻炼的目的。

三、传统体育养生的内涵

（一）传统体育养生以传统文化为基础

体育养生的理论基础是中国传统文化，包括儒、释、道、医（中医）、武。其内涵包括：追求健康长寿的养生目标，注重趋利避害的养生准则，强调身心合一、人社合一、天人合一的最高境界，追求阴阳平衡，协调脏腑，畅通经络，保养精气神，从而达到整体调摄的养生健身效果。

（二）传统体育养生追求健康长寿

体育是以身体练习为基本手段，以增强体质、提高运动技术水平、丰富文化生活为目的的一种社会活动；而养生就是以协调阴阳、调和气血、保养精神为原则，运用调神、导引吐纳、食养、药养、辟谷等手段来调养身体，保养生命，以达到延年益寿的目的。

（三）传统体育养生强调三调合一

体育养生练习主要由古代的导引术演变而来，《庄子·刻意》最早谈到导引，他提出：“吹呴呼吸，吐故纳新；熊经鸟伸，为寿而已矣。此导引之士，养形之人，彭祖寿考者之所好也。”这就是说，导引最初的出现就是以呼吸和模仿动物的身体练习为手段来达到健康长寿目的的自我锻炼。《道枢·修真篇》说：“存者，存我之神；想者，冥见其形。收心见心，目不离身，身不离神，此存想之渐也。”不仅如此，导引练习还强调调心、调身和调息的完美结合，以获得良好的健身、祛病和延寿的效果，也就是要以“意、气、行”三者是否结合来判断是否符合体育养生的练习。

（四）体育养生注重结合现代科学、实践科学的生活方式

体育养生是为现代人服务的，它需要根据时代的发展、科技的进步和人们生理心理需求的变化而不断完善，要吸收中医、解剖、生理、心理等现代人的科学理论与方法，以防治心血管系统疾病、糖尿病、高血压、抑郁症、肿瘤等疾病。例如：舒心平血功，旨在平调血压、舒缓心脏；养血补气益寿功，通过抱气、采气、拉气、归气、拜佛和鼓漱等6式，以气为基础、意为主导，属动静结合，以静为主的养生术。中医养生注重“未病先防”，强调“趋利避害”，讲究“合理养生”；《黄帝内经·上古天真论》就有“法于阴阳，和于术数，饮食有节，起居有常”等内容。而当代人们的科学生活方式是：“合理膳食、适量运动、戒烟限酒、心理平衡”。所以我们结合现代科学、注重实践科学的生活方式对我们的健康长寿尤为重要，只有这样，才能达到我们健康长寿的目的。

（五）体育养生强调自我锻炼

任何活动都要靠自己的参与来达到目的，体育养生也不例外，它是靠自我锻炼来实现健康长寿的。也就是说，它不是靠药物的性能和医生来治疗康复的，也不是靠神丹妙药来治疗的，而是靠发挥人的主观能动性，通过积极养生、自我锻炼来调节心理状态和生理机能活动，达到增强体质、防治疾病的效果。体育养生强调的就是要自我坚持运动，以达开塞通窍、精血流畅、经脉通畅不息的养生目的。

四、体育养生的社会作用

开展传统体育养生具有促进人们的身心健康，构建和谐社会的作用。传统体育养生具有动作舒缓、强度适宜、简单易学等特点，又具有一定的强身健体的效果，是具有独特功效、行之有效的民族传统健身项目。传统体育养生主张动静结合、内外兼修，通过身体动作与姿势，舒展肢体，活络筋骨，调和气息，养身调心，从整体上对人的精、气、神进行调理。传统体育养生能够防病强身，尤其对慢性疾病有很好的治病功效。

传统体育养生是中华悠久文化的重要组成部分，花钱较少，简单易学，深受中老年朋友和体弱多病的人们喜爱。推广传统体育养生项目，就是为了满足不同人群多元化的体育健身需求。构建和谐社会，离不开对中国传统文化的传承和弘扬；充分挖掘传统体育养生文化所蕴含的价值，对构建和谐社会有着积极的作用。

第二节　体育养生的特点、方法、原则

一、体育养生的特点

（1）以延年益寿为主要目的，通过姿势、呼吸、意念、整体锻炼，逐步地调整人体生理、心理功能，加强机体的健康效应。

（2）以内外兼修为基本内容，注重加强人体内部运动，调整人体内部机能。

（3）以协调阴阳为基本功效准则，动作一般具有柔和缓慢、均匀的运动特点，传统体育养生理论把阴阳平衡视为人体健康的基本标志。

具体分类：人体外为阳，内为阴；脏为阳，腑为阴（肝、心、脾、胃、肺、肾为阴）；胆、胃、大肠、小肠、膀胱、三焦、六腑为阳。人们认为阴阳之分是无限的，所以阴阳被古代养生家视为生命活动的基本属性。

（4）动作结构简单、运动量小，不受年龄、性别、体质、时间、季节、场地器材的限制。

二、体育养生的方法要素

体育养生的方法有很多，基本是由形体运动、呼吸锻炼、心理调节所组成的。三者之间相互依存与制约，构成了养生锻炼的三大要素：调身、调息、调心。

（一）调身

调身是指练习者对基本身形和肢体运动的调控与修炼。古人云："形不正则气不顺，气不顺则意不宁，意不宁则气散乱。"可见调身的重要性。

1. 自然势

两脚平行站立约与肩宽，两膝微屈，头正颈直，百会上顶，下颚微收，沉肩坠肘，腋下宽松，腰腹放松，两手自然垂于体侧。

2. 抱球势

在自然势的状态下，两臂先内旋摆至体侧，再变外旋，两掌向前环抱于胸前与乳部同高，指尖相对约 10 厘米，同时松腰沉裆，屈膝收髋敛臀，上体保持中正，目视前方。

3. 扶按势

在自然状态下，松腕舒指，两臂内旋前伸，与肩同宽，高与胸平，随之屈肘两掌下按于腹前或髋旁。

4. 叠掌式

在自然式的状态下，两臂先内旋再外旋经体侧两掌向前环抱，随之回收两掌叠于腹前，掌心对准肚脐或脐下。

（二）调息

调息，就是对呼吸的调整和锻炼。前人称为"炼气、调气、吐纳"等，"一呼一吸"为一息。呼吸的调整，不但直接对机体起着调和气血、缓解疲劳等特殊功效，而且有助于宁静养神、放松身体。呼吸的调整要在"意"的主导下自然进行，切不可强求，否则，欲速则不达，不但达不到练功效果，反而会引起反作用。

常用的调息方法有以下几种。

1. 自然呼吸

自然呼吸是指不改变自己的正常呼吸方式，要求顺其自然，没有意念支配。

2. 腹式呼吸

腹式呼吸分为顺式呼吸和逆式呼吸两种。顺式呼吸是吸气时鼓腹，呼气时收腹；

逆式呼吸是吸气时收腹，呼气时鼓腹。

3. 提肛呼吸

提肛呼吸方法是，吸气时会阴部上提，呼气时会阴部放松。

4. 吐字呼吸

吐字呼吸的方法最具有代表性的是六字诀：嘘、呵、呼、呬、吹、嘻。每一个字都对应相关的脏腑，有祛病延年的作用。其方法是：鼻吸口呼，采用细柔深长的腹式呼吸。

调息与调身在练功过程中是密不可分的。一般的配合规律是：开吸合呼，起吸落呼，先吸后呼，蓄吸发呼。但也不完全按照此规律，因为每个人的肺活量、呼吸频率等都存在差异。

（三）调心

调心就是在练功中对意念的调控。调心首先要从松静入手，并不断地排除杂念发挥意识的能动性作用，最后达到三调合一。

1. 意念入静

在一般的练功前，只要平心静气、思想集中、排除杂念，把意念放在完整动作上，就能尽快达到正常的练功状态。

2. 意念放松

在保证身形和动作正确的前提下，有意识地放松身体。首先是精神上要放松，思想集中，呼吸均匀；其次是诱导身体放松，从上到下，从内到外，四肢百骸、五脏六腑进行放松，使其顺其自然，达到练功最佳状态。

3. 意守穴位

意守穴位有助于排除杂念、疏通气血、调节相应的脏腑功能，常用意守穴位有丹田、命门、百会、会阴、涌泉、劳宫等。

三、体育养生的原则

（一）神形兼顾

在体育养生的实践中，要重视调神和调形兼顾，并且采用各种方法把调神作为养生的首要任务。“神”是指人的生命力的能动表现，“形”是指人的形体。

（二）松静自然，顺应自然

松与静即是传统的体育养生的基本方法和要求，也是在锻炼中始终都要遵守的基本原则。“松”是指形与神、身与心的放松。“静”是指在练功过程中保持心境的安宁、意念的集中等内环境的静，同时也要保持练功时对外环境的安静。练功时要以内静为主、外静为辅。“顺应自然”就是养生者要按照自然规律进行调摄。练习时顺应自然，轻松愉快，才能从中获益。

（三）动中有静，动静结合

动中有静，动静结合就是在练习时要将动静形式和内外的修炼结合起来。一个有机体内外是相互联系、相互制约的，而动功主要是练筋骨皮，静功是练精气神。只有把两者结合起来，才能事半功倍，达到练功效果。

(四) 因人而异，自慎自持

研习传统体育养生时，要根据个人的悟性强弱、体质差异、年龄大小、职业不同及疾病的情况等，有针对性地选择相应的练功方法。所谓“自慎自持”，就是强调养生者要有高度的自觉性和主动性，并持之以恒地练习。

(五) 循序渐进，持之以恒

养生者，对传统的体育养生功应循序渐进，不要急于求成，顺应从易到难、从简到繁的顺序练习，并且锻炼者要有坚强的信心和坚定的毅力，长期不懈、持之以恒地进行锻炼。这不仅是锻炼身体，更是磨炼意志。

第三节　传统体育养生学的内容和分类

中国传统体育养生的方法和种类繁多、内容丰富，呼吸吐纳、导引、气功、蹴鞠、投壶等，都是古代的传统运动，都具有养生和强身健体的性质。简而言之，中国的传统体育养生方法，包含导引和武术两大类。

一、导引

导引是一种自我锻炼和健身理论和方法。它通过集中精神、排除杂念、松静身心、调匀呼吸、变换姿势来调节和增强人体内外环境及机能，诱导和激发人体自身的潜力，从而达到强筋健骨、理气活血、益智增寿等目的。

导引的作用：导引是采取身体运动，通过不断的锻炼来伸展肢体、宣导气血、防治百病，是一种主动性的对形体和精神的自我调节、自我补益、自我增强的锻炼手段与方法。

导引的目的：导引主要用于治疗疾病、保健身体。“导”为“疏导”“宣导”；“引”本身是开弓的意思，作“拉长”的“伸展”解。

导引内容丰富，功法流派众多。按照导引锻炼的三个要素，即调身、调息、调心来区分，大致可以分为三个类别：静功、动功、保健功。

(一) 静功

静功是以调心、调息为主，使身体处于相对宁静的状态，通过意念来逐渐加强对自身的控制能力，以达到健身除病的目的。

1. 以锻炼呼吸为主的静功

(1) 腹式呼吸。

顺腹式呼吸：吸气时轻轻扩张腹肌，在感觉舒服的前提下，尽量吸得越深越好；呼气时再将肌肉放松。

逆腹式呼吸：吸气时轻轻收缩腹肌，呼气时再将它放松。

（2）停闭呼吸。

吸呼停法：吸气时舌尖轻抵上腭，口齿轻闭，并将小腹慢慢鼓起，同时意念将气引至丹田。随后进行呼气，呼气时舌抵门齿，口齿微开，将气缓缓呼出，同时小腹慢慢收回。呼气后，呼吸停顿1~2秒钟。

吸停呼法：吸气时舌抵上腭，小腹随吸气慢慢鼓起，同时意念将气引至丹田；吸气后，呼吸停顿1~2秒钟，舌抵上腭不动，停顿后缓缓呼气，舌抵下门齿，小腹慢慢收回。

（3）丹田呼吸法。

上丹田：头顶百会或两眉间印堂穴。

中丹田：膻中穴或巨阙穴（脐上6寸处）。

下丹田：在脐下小腹部分，包括关元、气海、神阙、命门等穴位（多指脐下3寸处关元穴）。

2. 以意念锻炼为主的静功

（1）意守：指功法练习过程中将意念集中或保持在身体某一部位或某一事物上的方法和过程。通过意守可以排除杂念，使大脑入静，达到“凝神聚气”的练功效果。

（2）意守丹田：是指在精神作用的指导下，有意识地诱导思想专注于丹田，进行呼吸吐纳，使精神不涣散，呼吸自然放松，心平气和，意守合一。

（二）动功

动功是以多变的肢体运动形式为特点，以调身、调息为主，通过身体姿势的变化对机体运行产生影响的功法，注重锻炼筋骨、肌肉、皮肤，故又称为外功。

特点：外动内静，动中求静，以调身导引为主。

分类：以内练为主的动功，例如八段锦，其特点是柔和缓慢，平滑连贯，松紧结合，动静相兼，神与形合，气寓其中。

以外练为主的动功，例如易筋经，其特点是动作舒展，伸筋拔骨，柔和匀称，协调美观，注重脊椎的旋转屈伸。

导引养生功是根据中国传统文化的整体观念，结合阴阳学说、五行学说、经络学说、精气神学说，把各套功法的动作做了辩证的安排，从而协调阴阳，取得强身健体的功效。导引是以肢体动作为主配合意念和呼吸吐纳的传统健身方式，它是传统体育养生的核心内容和有效手段，也是传统体育养生区别于西方体育的重要特色。

二、武术

武术是中华民族的传统体育项目，历史发展源远流长。自宋代以后，中国古代的导引术和行气术等传统健身术，经过数千年的发展，趋于成熟。健身养生与传统哲学中的阴阳、五行八卦学说和中医理论巧妙地糅合在一起，形成了自己独特的理论和方法。无论是强调行气，还是练意的内功，抑或强调肢体活动的外功，都有相当成熟的功法，如八段锦、内丹术等，为“内练一口气，外练筋骨皮”的成熟武术准备了良好的条件。

武术成熟的一个重要标志是武术内功的出现。明清时期也是气功学术最为繁荣的时期，气功著作大量出现，气功在社会的各个阶层和群体中得到空前普及。武术与气功的迅速发展促进了武术与气功的结合，易筋经与太极拳的出现，标志着武术技击与内功修炼的结合已经进入了成熟阶段。

由于武术内功在强身健体方面有突出的效果，也为普通民众所喜欢，成为社会上许多人的健身养生工具，大大丰富了中国传统体育养生的内容，并扩大了它的适用范围，武术成为中华民族的传统体育项目。

第四节　高校体育养生的学习目的及要求

我国高等教育的目的是培养全面发展的专门人才，其中，健康教育越来越受到大学生的青睐，作为中华民族优秀文化重要组成部分的体育养生在高校健康教育中起到主要作用。开展养生学的教育，有助于阐明传统养生学教育的现实意义，探求中华民族传统养生学的当代价值以体现自然生命价值，实现生命意义。

一、学习体育养生的目的

（一）建立科学的生活方式

学习体育养生要把练习和养生结合起来，才能达到理想的效果。

中医养生的内容非常广泛，包括饮食起居、精神调养、应时药补等。科学的生活方式是指“合理膳食、适量运动、戒烟限酒、心理平衡”。世界卫生组织研究发现，它在人类健康和寿命因素中占的比率是60%。进一步研究表明：“健康(科学)的生活方式能使高血压病减少55%，脑卒中减少75%，糖尿病减少50%，肿瘤减少33%，平均寿命延长10年以上。”而传统养生实际上就是古人的科学生活方式。因此，我们要通过体育养生的学习来建立科学生活方式的理念，实践科学生活方式的过程，达到健康长寿的目的。所谓练功求道，就是这个道理，我们要求“科学生活方式之道”。

（二）学习中国养生文化

在学练功法的同时，我们要学习和潜移默化地接受中国传统养生文化知识。因为只有学习了养生知识，理解了养生哲学，才能帮助我们更好地建立科学的生活方式。而体育养生本身就是养生知识和哲理的良好载体，通过体育养生学习，可以自然地学到丰富知识，加深对中国养生文化中如天人合一、阴阳平衡等的理解，进而获得更好的健身效果。

（三）掌握自我锻炼的方法

我们要正确掌握体育养生练习的功法技术和“三调”方法，要学习掌握其基本原理，还要掌握提高自我练习和锻炼的能力。只有这样，才能体验功法过程，领略功法哲理，获得练习效果，增加练习兴趣，做到常有所为。

（四）增进健康水平

体育养生的目的就是增进健康、预防疾病、延年益寿。无数试验都证明了它在改善人体生理、心理方面的良好作用。因此，学习体育养生可以直接提高学生身体的健康状况，为提高学习效率服务。

（五）享受学习过程

在学习体育养生知识、技术和进行体育养生锻炼过程中，我们要注重享受整个学练过程。其原因主要有以下几点：其一，体育养生知识技术的学习是一个潜移默化的过程，不可能一蹴而就，其效果也不可能立竿见影，需要长期的努力学习和自我实践，这除需要一定的意志品质外，还需要建立爱好。其二，俗话说“兴趣是成功之母”，你如果享受了其学练过程，就会逐渐地喜爱它，从而更好地学习掌握它。其三，享受了其学练过程，也就会顺其自然地逐渐积累学练效果。其四，学习养生文化知识可以领略中华文化的睿智、博大、华丽、优美，进而获得美好的情感体验。其五，社会发展也要求我们去追求练习过程的享受。

二、学习体育养生的要求

（一）明确学习目的

参加体育养生学习，就是要根据自己的实际情况，围绕上述五个目的来进行。具体来说，最基本的是学习和掌握体育养生锻炼的基本技术和技能，然后要学习养生知识、享受学练过程，并注重建立科学的生活方式，进而获得增进健康的效果。

（二）历史性和科学性结合

因为体育养生起源于远古的氏族社会，千百年来，由于传统文化的渗入，养生家、医学家、哲学家、武术家的积极参与、亲身实践和潜心研究，使之日臻合理、规范和完善，进而演变、发展成为现在体系完整、方法多样、手段丰富、效果显著的锻炼体系。所以，我们在学习体育养生课程时，一定要研究其演变过程，借鉴其历史经验，取其精华，做到古为今用。又由于其年代久远，参与者众，受历史朝代科学发展的局限，难免有良莠不齐的情况出现，掺杂一些伪科学的成分。所以，我们还要用科学的标准来衡量学习内容，用科学的态度对待体育养生的学习，切实做到弃其糟粕、取其精华。

（三）理论与实践结合

体育养生是一门理论和实践相结合的课程，是一门健身过程的自我体验课程，其效果需要靠量的积累，达到质的飞跃。也就是说，没有长期自我实践的亲身体会以及一定锻炼效果的积累，要想增进健康，基本上等于空谈。因此，要重视通过养生锻炼的积累来取得养生效果。另外，还要加强理论学习，这有助于我们加深理解练习原理，使练习更加合理有效。

（四）要重视功前准备和功后整理

1. 功前准备

功前准备就是在进入体育养生功法练习前进行的准备练习，这是练习前的必修课，其作用是：(1)使练习者精神宁静，使其神经系统的兴奋性保持在适宜的状态，并产生愉悦的心情；(2)有效地唤醒练习者大脑控制肢体的能力，促进其身体协调能力的提高；(3)改善植物神经的兴奋性，消除内脏器官的惰性，避免心脑血管意外的发生；(4)升高身体的温度，降低肌肉的黏滞性，以防止肌纤维断裂，使肌肉受伤；(5)牵拉肌肉韧带，增大关节的活动度，使练习更加潇洒大方、动作更加优美。

2. 功后整理

功后整理就是指在体育养生的练习结束以后所做的一些加速身体功能恢复的轻松的身心练习，又称“放松练习”。做好充分整理活动的作用就是：(1)叠加练习效果；(2)缓解疲劳；(3)预防运动损伤；(4)改善循环；(5)防止意外发生。

第五节　大学生体育养生的意义

当代大学生正处于人生的黄金阶段，身心正从未成熟走向成熟，却又未完全成熟。学习压力、恋爱压力、考研压力、就业压力等使高校大学生的生活并不规律，这直接影响了大学生的身心健康，导致大学生群体体质的下滑。本应该朝气蓬勃的他们由于压力过大造成的健康问题，引起了各级部门的高度重视。因此，高校开设健康养生课，对大学生开展健康教育，有助于竞技体育与传统体育的结合，在教育活动中融入中医健康文化的养生方法，提高大学生的健康意识和技能，培养健康的生活学习方式，是解决其身心健康问题的重要途径，为大学生走向社会、适应社会打下良好的基础。

一、大学生学习养生知识、掌握养生技能的意义

1. 对大学生培养终身养生思想和健康生活方式有特殊作用

对大学生体质健康测试及健康生活方式的相关调查显示，相当一部分大学生生活方式不良、作息不规律、营养不良等，并且伴有慢性病、肥胖症、高度近视等问题。这些问题严重影响了学生的身体健康和学习效率。形成这些疾病的原因有很多，这与不良的生活方式和缺乏健康知识、没有合理饮食、没有坚持运动等方面有关。要解决这些问题，预防是关键。高校开设养生课及大学生系统地学习健康养生知识是很有必要的。通过学习，大学生可以养成终身养生思想，合理地调节生活习惯，逐步确立健康的生活方式。

2. 有助于提高大学生的思想道德素质，保持良好心态

中医健康文化中蕴含着丰富的传统道德理念，体育养生中的“尊师重教、以德为先、一日为师终身为父”等都是道德素质的培养。而“养生先养德，养生先养心”旨在让大学生保持良好的心态，拿得起放得下，心胸宽阔，少存邪欲之念。养生思想和方法都有利于大学生保持平和的心态。

3. 体育养生能向大学生传递坚持体育锻炼、坚持养生、重视健康、善待生命的理念

把疾病当成机体自我修复的过程和对自己不良生活方式的警示，坚持有氧体育锻炼，坚持养生技能练习，了解健康、重视健康，调整心态，预防疾病，远离疾病，享受大学生活，提高生命质量。高等院校肩负着为社会培养教育人才的责任，作为社会

栋梁的当代大学生，有责任学习养生知识、健康生活，并把健康文化知识推广给家人、同学、朋友等。

二、给大学生的养生建议

（一）遵守作息规律，养好作息习惯

坚持早睡早起，神清气爽；坚持午间休息，保证上课精神。有的同学晚上不睡，早上不起，早餐不吃，上课没精神，这是非常不好的作息习惯。养生一定要睡一个独一无二的子午觉，保证精力充沛。

（二）合理饮食，养好饮食习惯

饮食有节制，不暴饮暴食；节食要科学，不厌水厌食。大部分同学饮食无节制，有好吃的撑死，没爱吃的饿死；还有的同学有钱了胡吃海塞，没钱了方便面凑合，导致营养不良；还有爱美的女生，减肥无节制，不吃不喝不动，几天下来，体重没减却浑身无力，严重地影响健康。所以大学生一定要合理饮食，养好饮食习惯。

（三）坚持体育锻炼，保证一定的运动量

生命在于运动，运动能够强身健体、缓解压力，身体是革命的本钱，健康是永远的第一。

健康是“1”，其余的车子、房子、票子、荣誉、地位、权力等都是“0”。有了健康的“1”，后面加“0”，就能成十、成百、成千、成万、成亿……如果失去健康，后面的一堆“0”将毫无意义，一切归零！因此，我们应该根据自己的实际情况，坚持体育锻炼，预防疾病，保持愉悦的心情，拥有健康的生活。

第五章　传统体育养生的基础理论

第一节　阴阳五行学说

一、阴阳学说

阴阳学说是我国古代独有的认识和解释整个宇宙中事物存在及变化规律的哲学理论，阴阳最初的含义是指日光的向背：向日的一方属阳，背日则属阴。后来，阴阳引申运用于说明气候的寒热，方位的上下、左右、内外，运动状态的躁动和宁静等；并进一步表述生物之间正反两方面既是互相对立的，又是互相依赖的，而任何事物又是不断运动变化着的，由此而总结出阴阳对立、依存、消长、转化等基本理论。阴阳学说的中心思想就是“阴阳者，天地之道也，万物之纲纪，变化之父母，生杀之本始，神明之府也”。这就是说，“阴阳”是自然界的一般规律，是许多事物的纲领，是事物变化的由来，是事物生长消亡的根本，是事物无穷变化的内部原因所在，这就形成了我国古代独有的哲学理论——阴阳学说。

阴阳学说认为时间是物质性的整体，宇宙间的一切事物，不仅其内部存在着阴阳对立统一，而且其发生和发展变化都是阴阳二气对立统一的结果。

（一）阴阳学说的基本内容

1. 阴阳对立

阴阳对立指的是事物或现象相互对立的两方面的属性。阴阳学说认为，自然界的事物及其运动状态，都可以分为阴阳两个方面：一方面属阴，一方面属阳。也就是说阴阳是相对的，所谓无处不“阴阳”，就是这个道理。

阴阳的基本特性是确定事物属阴属阳的依据，但阴阳属性又是相对的，一方面表现为在一定的条件下，阴和阳之间可以发生相互转化；另一方面体现于事物的无限可分性，随着对立面的改变，阴阳之中又可以再分阴阳。阴阳对立的两个方面，是时刻互相排斥或互相斗争着。这种阴阳对立关系，与阴阳依存、消长、转化有着密切的联系，但对立面的斗争是绝对的，没有对立也就没有统一，没有相反也就没有相成。只有维持这种关系，事物才能正常发展变化，人体才能维持正常的生理状态；否则，事物的发展变化会遭到破坏，人体就会发生疾病。

2. 阴阳依存

阴阳依存也叫“阴阳互根”，是用阴阳说明相互对立的事物之间，各以对方为自己存在前提下的相互依赖的关系。阴阳所代表的事物对立的两个方面，既是相互对立又是相互依存的，任何一方都不能脱离另一方而单独存在。没有阴就没有阳，没有阳也就没有阴；没有上就没有下，没有下也就没有上。这就是所谓的阴阳“互根”。《医贯砭·阴阳论》说：“阴阳各互为其根，阳根于阴，阴根于阳，无阳则阴无以生，无阴则阳无以化。”如果阴阳之间不存在这种依存关系，那就不可能发生阴阳转化了。

3. 阴阳消长

阴阳消长是用阴阳说明事物对立双方相互消长的运动变化形式。阴阳学说认为，对立的事物双方不是处于静止不变的状态，而是不断变化着的。

阴阳相互依存、相互对立构成了阴阳的矛盾运动，双方的数量及之间的比例会不断地变化，这就是阴阳的相互消长。例如一年四季气候的变化，从冬至春及夏，气候从寒冷逐渐变热，即是“阴消阳长”的过程；由夏至秋及冬，气候由炎热逐渐转凉变寒，即是“阳消阴长”的过程。由于阴阳消长的存在，才有寒热温凉四季的变化。阴阳消长的变化需在一定限度内维持相对的平衡，才能推动事物正常发展，如消长过度，就会出现阴阳失调。

4. 阴阳转化

阴阳转化是指阴阳对立的双方，在一定的条件下向各自相反的方向转化的运动变化形式，即阴可以转化为阳，阳可以转化为阴。阴阳消长是一个量变过程，阴阳转化是个质变过程。阴阳消长是阴阳转化的条件和阶段，而阴阳转化是阴阳消长的结果。《素问·阴阳应象大论》说：“寒极生热，热极生寒。”“重阴必阳，重阳必阴。”

综上所述，阴和阳是事物的相对属性，因而存在着无限可分性。阴阳的相互制约、互根互用、消长平衡和相互转化等，说明阴和阳之间的相互关系，不是孤立的、静止不变的，它们之间是互相联系、互相影响、相辅相成的。

（二）阴阳学说在传统体育中的应用

在传统体育养生中，处处体现出阴阳学说的思想。例如，练习健身气功和导引养生功对调身的作用，调身中上下、左右、前后、俯仰、屈伸等姿势，不仅都有阴阳之分，而且也可以调整人体阴阳。在练习导引养生功的呼吸锻炼上，调息中即吸气为阳，呼气为阴，存气闭息可以驱寒，呼出浊气可以清热等。在调息的功法中，意念活动也有阴阳之分，从意守的内容来分，凡思动、思火等是阳性意念，凡思静、思水等是阴性意念；经络也有阴阳之分，意守阳经可以助阳，意守阴经可以助阴。

此外，体育养生中还有按阴阳理论来说明人体组织结构和人体生理活动的方法；并且按照四季阴阳变化选取锻炼方法、按昼夜变化来选定练习时辰、按病情阴阳的不同来学习不同的练习方法等。

二、五行学说

五行，即是木、火、金、土、水五种物质的运动，是我国古代文化的重要理论基础。五行学说是研究以五行之间的生、克关系来阐释事物之间相互联系的学说。

我国古代人民在长期的生活和生产实践中，逐渐认识到木、火、土、金、水是日常生活和生产中不可缺少的最基本物质，故五行最初称为“五材”。五行学说一方面认为世界万物是由这五种基本物质所构成的，这是对世界本原认识的多元论；另一方面认为任何事物都不是孤立的、静止的，而是在不断地相生相克的运动变化之中维持着协调平衡。

五行学说中的五行有着更广泛的含义。如“木”有曲直生长的特征，因而把具有生长、升发、条达舒畅等作用或性质的事物归属于木；“火”有温热炎热的特征，因而把具有温热、升腾等作用或性质的事物均归属于火；“土”有生长庄稼、载纳万物的特征，因而把具有生化、承载、受纳作用或性质的事物归属为土；“金”有变革的特征，因而把具有清洁、肃降、收敛等作用或性质的事物归属于金；“水”有滋润和向下的特征，因而把有向下运行，滋润、凉寒等作用或性质的事物归属于水。这样就把自然界千变万化的复杂事物或现象归纳为木、火、水、金、土的五行系统。

（一）五行学说的基本内容

1. 相生相克

五行相生相克是五行学说的基本内容之一，通常用它来说明五行之间以及运用五行分类的事物之间的相互关系。

（1）相生是指一种事物对另一种事物的促进、滋生和助长的作用，《难经》中比喻为“母”和“子”的关系，即“生我”和“我生”的两个方面的关系。五行相生的顺序是：木生火，火生土，土生金，金生水，水生木，如此循环不停。

（2）相克是指一种事物对另一种事物的制约和克制作用，《内经》中称作“所不胜”和“所胜”的关系，亦称“克我”和“我克”的两方面联系。五行相克的顺序是：木克土，土克水，水克火，火克金，金克木，如此循环不停。

（3）相生与相克关系：相生与相克相结合，就叫作制化。五行之间相生与相克是密切结合的，它是保持事物正常发展变化不可缺少的两个方面。五行学说认为，事物间相生、相克的同时，还存在着“生中有制”“克中有生”的联系和作用。五行学说是通过五行之间这种错综复杂的联系和作用，以探索、阐释事物之间的协调平衡性、整体性和统一性。

2. 相乘相侮

乘是以强凌弱的意思，侮是欺侮的意思。相乘，是一行对另一行克制太过或是相克超过正常的范围。相乘与相克的方向次序一致：木乘土，土乘水，水乘火，火乘金，金乘木。其中任何一行都有“乘我”和“我乘”两个方面。如以木为我，则乘我为金，我乘为土。相侮，亦称反克，指五行中某一行盛衰超出正常范围而引起与五行相克方向相反的克制。如木侮金，金侮火，火侮水，水侮土，土侮木。其中任何一行也会出现“侮我”和“我侮”两个方面，如以木为我，则侮我为土，我侮为金。

相乘相侮都是事物间存在的不正常现象，两者之间既有区别又有联系。两者的区别是：相乘是按五行相克次序发生过强的克制而形成的生克制化异常，相侮是与五行相克次序发生相反方向的克制而形成的生克制化异常。两者之间的关系是：在发生相乘时，也可同时发生相侮；发生相侮时，也可同时发生相乘。如木过强时，既可以乘土，又可以侮金；金虚时，既可以受到木的反侮，又可以受到火的相乘。导致相乘相侮的原因是，五行中的某一行发生过不可及，这样就引起一系列的异常相克反应。

综上所述，五行学说不仅强调客观世界的物质性，而且反复说明世界许多事物的联系性。

（二）五行在体育养生中的应用

体育养生在运动形式和内容上处处体现出五行相生相克的规律和理论，武术中的形意拳，其基本拳法劈、崩、钻、炮、横可划分为金木水火土五种属性，并与肺、肝、肾、心、脾相关和匹配，体现了武术拳理、拳法的五行思想内涵，表明了武术练养结合、内外兼修的基础和理论依据。

此外，体育养生中还用五行理论来说明五脏的生理功能、相互关系，还可以运用阴阳五行归类法则来选择适宜的功法和练习时间。

三、五行的同一类事物之间和同一五行属性事物之间的密切关系

自然界中有五音、五味、五色等五行，人体中有五脏、五官等五行，如表 5-1 所示。

表 5-1　自然界中的五行和人体中的五行

自然界							五行	人体						
五音	五味	五色	五化	五气	五方	五季		五脏	五腑	五官	五体	五志	五液	五脉
角	酸	青	生	风	东	春	木	肝	胆	目	筋	怒	泪	弦
徵	苦	赤	长	暑	南	夏	火	心	小肠	舌	脉	喜	汗	洪
宫	甘	黄	化	湿	中	长夏	土	脾	胃	口	肉	思	涎	缓
商	辛	白	收	燥	西	秋	金	肺	大肠	鼻	皮毛	悲	涕	浮
羽	咸	黑	藏	寒	北	冬	水	肾	膀胱	耳	骨	恐	唾	沉

第二节　脏腑与经络学说

脏腑是人体内脏的总称，包括五脏六腑和奇恒之腑，统称脏腑。

一、五脏

五脏是指心、肺、脾、肝、肾，其共同的生理特点是生化和储藏精气；六腑，指胆、胃、小肠、大肠、膀胱、三焦，其共同的生理特征是受纳和传化水谷。奇恒之腑，指脑、髓、骨、脉、胆、女子胞，它们在形态方面与六腑相近，但在生理功能方面主藏精气，又与五脏雷同。

五脏的生理功能：中医脏腑学说中“五脏”虽与西医脏器名称相同，但在生理上和

病理上的含义却不同。现将五脏的重要生理功能分述如下。

（一）心

位于胸腔内，在两肺之间，稍偏左，主要功能是主血脉和主神志。主血脉是指推动全身血的运行、发挥对血的濡养作用以及维持正常的心力，以维持生命活动。主神志是指心主宰人的精神活动并维持其余四脏的生理功能，实质是大脑功能。

心在体育养生的运用中，通过“调心”来改善“心主神明”的功能，练功时放松入静能调养心神。运动加强了心气统辖血液运动的功能，具有改善植物神经的功能，使外周阻力降低，回心血量增加，从而达到脉道通利、血液充盈的良好状态。

（二）肺

肺位于胸腔内纵膈肌两侧，分为左右两肺，左肺两叶，右肺三叶，主要功能是肺主气、司呼吸、吐故纳新。肺主气，一方面指主呼吸之气，另一方面指肺有调节全身气机的作用，即主一身之气。肺的呼吸运动即是气的升降出入运动，肺通过不断的呼浊吸清、吐故纳新，促进气的生成，肺的呼吸均匀调和，是气的生成和气机调畅的根本条件。

体育养生对呼吸有着特殊的要求，通过有意识地“调息”，机体本身所耗能量较少，达到“积气以成精，积精以全神”的效果。

（三）脾

脾位于中焦，在膈之下，和胃相表里，主要功能是主运化、主统血和主升清。脾主运化是指，脾有消化、吸收、运输水谷精微等营养物质的功能。脾主统血是指，脾有统摄血液运行，不至溢出脉外的作用。脾主升清是指，脾气上升，向上运送水谷精微至心肺、头、目，通过心肺的作用化生气血，从而营养全身。

脾在体育养生中作用很大，体育养生中的许多要领都直接作用于脾胃，如八段锦中的单举、五禽戏中的熊戏，都有调理脾胃的功效。通过这些要领和功法的练习，可使三焦气机通畅，脾胃升降合理，促进机体保持协调平衡的健康状态。

（四）肝

肝位于腹腔右胁里，主要功能是主藏血和主疏泄。肝主藏血是指，肝内必须储存一定的血量，以制约肝的阳气升腾、调节血量和防止出血。肝主疏泄是指，肝气本身具有舒展、生发的运动特性，主要表现在调畅气机、促进脾胃的运化、调畅情志。肝与体表组织的关系是主筋，并开窍于目，与胆相表里。

体育养生中，松静自然的练功要求，有助于肝血的疏泄和充盈的平衡协调。通过适宜的意念进行引导，有利于肝的疏泄和藏血功能的平衡协调。另外，肝主筋，练功可使筋骨得其所养，有利于增强人体的运动能力。

（五）肾

肾位于腰部脊柱的两侧，左右各一紧贴腹后壁，主要生理功能是藏精、主水、纳气、主骨生髓。肾藏精是指，肾对于精气的闭藏，不使其无故流失，对人体的生长、发育和生殖有着重要作用，并且有调节人体的代谢和生理活动功能的作用。肾的精气，从其作用来说，包括肾阴和肾阳两个方面。肾阴又叫“元阴”“真阴”，亦称“命门之水”，是人体阴液的根本，对各脏腑组织起着濡润、滋养的作用；肾阳又称“原阳”“真阳”，亦称“命门之火”，是人体阳气的根本，对各脏腑组织起着温煦、鼓动的作用。肾阴和肾阳在人体内也是相互制约、相互依存的，以维持人体生理上的动态平衡。肾的另一个主要生理功能是纳气，人的呼吸运动虽然由肺所主，但还依赖于肾气的摄纳。《类证治裁·喘证》说：“肺为气之主，肾为气之根，肺主出气，肾主纳气，阴阳相交，呼吸乃和。”

体育养生中的动作、呼吸、意念常以命门锻炼为中心，通过体育养生的锻炼，一方面能使肾内的精气充足，有利于发挥其纳气功能；另一方面，练功时均匀、深长、平和的呼吸，更有助于肾对呼吸的摄纳作用，保证体内外气体的正常交换，达到保精、养神、益气的目的。

二、经络学说

经络是经脉和络脉的总称，是运行全身气血、联络脏腑肢节、沟通上下内外的通路。经络内属于脏腑，人体通过经络将脏腑组织器官联系成为一个有机的整体，并借以行气血、营阴阳，使人体各部的功能得以保持协调和相对的平衡。可见，经络对调和人体气血、维系阴阳平衡具有总调控的作用。体育养生疏通经络、调畅气血的健身作用是通过形体锻炼、循经导引的意念活动及意守、旋转、点压和拍打特定穴位来实现的。因此，了解人体主要经脉的循行部位和常用穴位的分布，对于体育养生的学练有着十分重要的意义

人体主要经脉循行部位和常用穴位分布

1. 十二经脉分布简表

十二经脉即手三阴经(肺、心包、心)、手三阳经(大肠、三焦、小肠)、足三阳经(胃、胆、膀胱)、足三阴经(脾、肝、肾)的总称。它们是经络系统的主题，故称为“正经”。十二经脉主运行气血、营气。十二经脉有一定的循行规律，行于脉中，卫气运行于脉外。营气运行的顺序也就是十二经脉的循行顺序，而且与前后正中的任脉和督脉相同。十二经脉分布状况如表5-2所示。

表5-2　十二经脉分布状况

身体部位	阴经(属脏)	阳经(属腑)	循行部位阴经—内侧；阳经—外侧	
手	太阴肺经	阳明大肠经	上肢	前缘
	厥阴心包经	少阳三焦经		中线
	少阴心经	太阳小肠经		后缘
足	太阴脾经	阳明胃经	下肢	前缘
	厥阴肝经	少阳胆经		中线
	少阴肾经	太阳膀胱经		后缘

十二经脉的名称是根据脏腑、手足、阴阳而定的。它们分别隶属于十二脏腑，各经都用其所属脏腑的名称，结合循行与手足、内外、前中后的不同部位，根据阴阳协商而给予不同名称。

十二正经中，每个经脉分别隶属于人体一个脏或一个腑，且作用对称地分布于人

体两侧。十二正经与奇经八脉在人体内纵横交错，里通脏腑、外达肢节，上通头、下达脚，把人体网络连成一个整体。十二经脉中气血的运行循环贯注、首尾相连，循环无端，气血通过经脉，内到脏腑器官，外达肌表，营养全身。其流注次序如图5-1、图5-2所示。

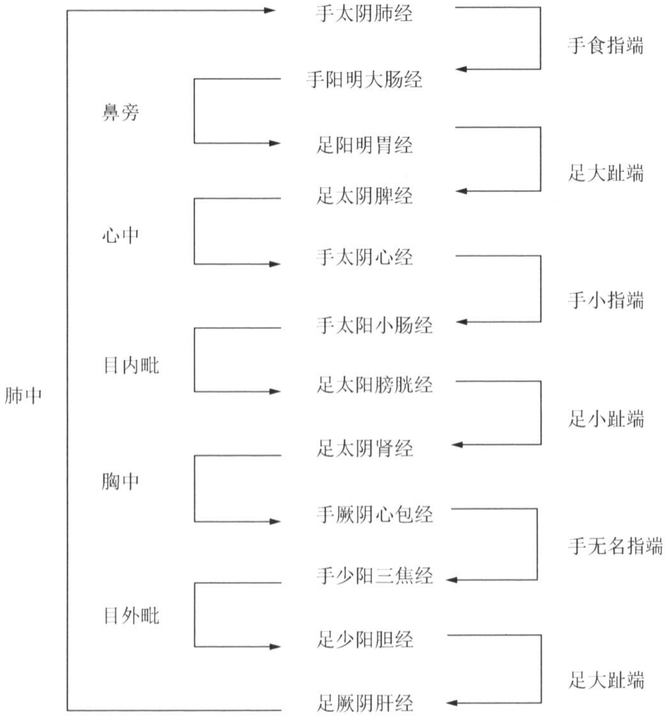

图5-1　十二经脉气血循环流注示例1

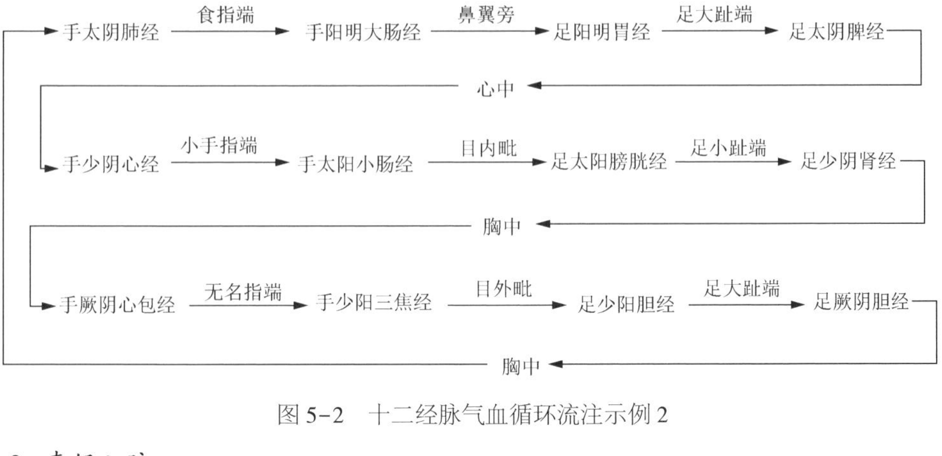

图5-2　十二经脉气血循环流注示例2

2. 奇经八脉

奇经八脉是督脉、任脉、冲脉、带脉、阴维脉、阳维脉、阴跷脉、阳跷脉的总称。它们与十二正经不同，既不直属脏腑，又无表里配合关系，“别道奇行”，故称为“奇经”。奇经八脉虽与脏腑没有直接关系，但与十二经脉纵横交接，对十二经脉具有调节、疏通作用，其中任、督二脉至关重要。任督二脉循行与人体一前一后，前后相连，贯阳通阴，总督总调节人体阴阳诸经，通调人体阴阳气血平衡。

3. 养生常用穴位

养生常用穴位如表 5-3 所示。

表 5-3　养生常用穴位

身体部位	穴名	归经	定　　位
头颈部	百会	督脉	两耳尖连线的中点
	印堂	奇穴	两眉头连线的中点
	承浆	任脉	颏唇沟与前正中线交点
	人中	督脉	鼻唇沟上三分之一与中三分之一的交点
	迎香	胃经	鼻翼中点旁开 0.5 寸
	风池	胆经	枕骨下缘胸锁乳突肌与斜方肌上端之间的凹陷
背部	大椎	督脉	第七颈椎棘突下凹陷
	命门	督脉	第二腰椎棘突下凹陷
	肾俞	膀胱经	命门旁开 1.5 寸
胸腹部	膻中	任脉	两乳头连线中点，前正中线
	神阙	任脉	脐中央
	气海	任脉	脐下 1.5 寸，前正中线
	关元	任脉	脐下 3 寸，前正中线
四肢部	劳宫	心包经	2、3 掌骨间，握拳中指指尖下
	内关	心包经	腕横纹上 2 寸，两肌腱之间
	曲池	大肠经	曲臂直角，肱骨外上髁纹头连线中点
	肩髃	大肠经	肩峰前下方凹陷
	涌泉	肾经	足心人字纹头凹陷中
	太溪	肾经	内踝与跟腱之间凹陷
	内庭	胃经	足背 2、3 趾之间赤白肉际
	三阴交	脾经	内踝高点上 3 寸
	足三里	胃经	外膝眼下 3 寸，胫骨前缘旁开一横指
	委中	膀胱经	腘横纹中点，股二头肌腱与半肌腱之间
	承山	膀胱经	委中 8 寸

第三节　精、气、神学说

精、气、神是构成生命活动的基本物质，是组成和维持人体生命活动的根本要素。在中国传统养生理论中，精、气、神占有十分重要的地位，俗话说：“天有三宝日月星，地有三宝水火风，人有三宝精气神。”精、气、神也属于传统哲学的一个范畴，它具有相互化生的特征。

用精、气、神之间的转化，说明生命新陈代谢活动的升降出入，就是气化学说。

精气神三者互相滋生又互相制约，维持一种生态平衡。精、气、神学说是研究精气神与人体生命活动关系的学说，在传统体育养生中占有相当重要的地位。

（一）精

精是构成人体和维持生命的基本物质，是人体各种营养物质的总称。根据“精”的来源，可以分为“先天之精”和“后天之精”。

“先天之精”是构成形体和形体借以生长发育的物质，是禀受于父母的生殖之精，是生命之源，它源于先天而养于后天。

“后天之精”是维持生命活动、促进人体生长发育的基本物质，是水谷等营养物质化而生成的精，所以后天之精又称为“脏腑之精”。

先天之精和后天之精是相互依存、相互促进、相辅相成的，先天之精依赖于后天精气的不断培养和充养，才能发挥生理效应；后天之精又依赖于先天之精的活力资助，即所谓先天生后天、后天养先天。

（二）气

气是濡养人体的精微物质，是推动人类生命活动的根本动力。古代哲学家认为，宇宙间万事万物都是气运动变化的结果。

人体的气分为先天气和后天气两种。先天气又称为元气，是人体最基本、最重要的气，是人体生命活动的原动力。先天之气是来自父母的精气，但是必须得到后天水谷精气和呼吸之气的不断补充和滋养，才能发挥其推动人体生长和发育，温煦和激发各个脏腑、经络等组织器官的生理功能。后天之气包括宗气、营气和卫气等，是由水谷之精气和自然界的清气运化而成的。

宗气是饮食水谷通过脾胃化生的水谷之气，与肺吸入大自然之清气相结合而成，它主管呼吸发声，也有推动血液运行的作用。

营气是由脾胃所化生的水谷精气，转输于肺，结合肺吸入的清气进入脉道中，以营养全身。

卫气是由脾胃所化生的水谷精气，结合肺吸入的清气而成，卫气具有保卫体表、维持体温、抗拒外邪的功能。

总之，气的运动形式是升降出入。气机升降不止，出入不息，相互配合，才能吸清呼浊、升清降浊，不断地进行新陈代谢，维持人体的生命活动，故气化是生命存在的特征。气化是通过气的升降出入运动而实施的，气有力而无形，活动力很强，无处不在。

（三）神

神是指人的思想意识、感觉、精神思维的总称，也是人体身心状态的外在综合表现。它是在精、气、神的基础上产生的，因此同样具有物质基础。神生于先天之精气，又依赖于后天之精气的充养。神概括了复杂的生命现象，是一切生命活动的主宰者。神依附气和形体的存在而体现其作用，整个机体从大脑到内脏，从五官七窍到经络、气血、精、津液以及肢体的活动，无不依赖神的作用而维持其正常的生命活动。俗话说“得神者昌，失神者亡”，历代养生家都十分重视养神，有首要“养神”、其次“养形”之说。

（四）精、气、神与体育养生

精、气、神是生命的源泉，要形具神合，主要是指“保精、养气血、养神”。

先天之精是受于父母，即所谓“先天生后天”。可见，要强身健体首先要从精、气开始。后天之精，为生后复得水谷精微以及呼吸之气化合而成五脏之真精，以营养脏腑、四肢、五官、百骸，即所谓“后天养先天”，营养人体最重要的是水谷和清气。

精、气、神三位一体，相互作用、相互促进、相互转化，正如古代《勿药元诠》说：“积神生气，积气生精，炼精化气，炼气化神。”体育养生就是锻炼精、气、神，维护这三宝。其一，通过调控心理活动，达到清心寡欲、心存正念，使神静而不外耗、神明而不惑，以使精气神的新陈代谢进入良性循环；其二，通过静默调息、吐故纳新，能使宗气强盛、谷气充足，气旺血营濡养周身；其三，通过周身运动可使血脉流通、谷气得消，进而使精充、气足、神旺，以达健身祛病、延年益寿之功效。

实践篇

第六章　健身气功八段锦

第一节　功法源流

八段锦的“八”字，不是单指段、节和八个动作，而是表示其功法有多种要素，相互制约，相互联系，循环运转。正如明朝高濂在其所著的《遵生八笺》中“八段锦导引法”所讲：“子后午前做，造化合乾坤，循环次第转，八卦是良因。”“锦”字是由“金”“帛”组成，以表示其精美华贵。除此之外，“锦”字还可以理解为单个导引术式的汇集，如丝锦那样连绵不断，是一套完整的健身方法。

八段锦之名，最早出现在南宋洪迈所著的《夷坚志》中：“政和七年，李似矩为起居郎……尝以夜半时起坐，嘘吸按摩，行所谓八段锦者。”说明八段锦在北宋已流传于世，并有坐势和立势之分。

由于立势八段锦更便于群众学习锻炼，所以流传甚广。立势八段锦在养生文献上首见于南宋曾慥著《道枢・众妙篇》：“仰掌上举以治三焦者也；左肝右肺如射雕焉；东西独托，所以安其脾胃矣；反复而顾，所以理其伤劳矣；大小朝天，所以通其五脏矣；咽津补气，左右挑其手；摆鳝之尾，所以祛心之疾矣；左右手以攀其足，所以治其腰矣。”这一时期的八段锦没有定名，其文字也尚未歌诀化。之后，在南宋陈元靓所编《事林广记・修真秘旨》中才定名为“吕真人安乐法”，其文已歌诀化：“昂首仰托顺三焦，左肝右肺如射雕；东脾单托兼西胃，五老回顾七伤调；鳝鱼摆尾通心气，两手搬脚定于腰；大小朝天安五脏，漱津咽纳指双挑。”明清时期，立势八段锦有了很大发展，并得到了广泛传播。清末《新出保身图说・八段锦》首次以八段锦为名，并绘有图像，形成了较为完整的动作套路。其歌诀为：“两手托天理三焦，左右开弓似射雕；调理脾胃须单举，五劳七伤往后瞧；摇头摆尾去心火，背后七颠百病消；攒拳怒目增气力，两手攀足固肾腰。”从此，传统八段锦动作被固定并流传下来。

八段锦在流传中出现了许多流派，但总的来说，八段锦被分为南北两派。行功时动作柔和，多采用站式动作的被称为南派，伪托梁世昌所传；动作多为马步，以刚为主的，被称为北派，附会为岳飞所传。

八段锦由八节动作组成，因简便易学，深受人们喜爱，被比喻成“锦”（精美的丝织品)，故名八段锦。八段锦是中国古代导引术中的一个重要组成部分，是一套针对相应脏腑或病症而设计的练功功法。其中每一句歌诀都明确指出了动作的要领、作用和目的。功法中伸展、前俯、后仰、摇摆等动作，分别作用于人体的三焦、心肺、脾胃、肾腰等部位和器官，可以防治心火、五劳七伤和各种疾病，并有滑利关节、发达肌肉、增长气力、强壮筋骨的功能。

八段锦之所以对人体有着良好的作用，是因为它的各个动作对某一脏器的作用有一定的针对性，但是这种作用又是综合性、全身性的，并非头痛医头、脚痛医脚。只有把八段锦各节动作综合起来，才能起到调脾胃、理三焦、去心火、固肾腰的作用。

第二节　功法特点与练习要领

“八段锦”的运动强度和动作的编排次序符合运动学和生理学规律，属于有氧运动，安全可靠。整套功法增加了预备势和收势，使套路更加完整规范。

一、功法特点

(一) 柔和缓慢，平滑连贯

柔和，是指习练动作不僵不拘、轻松自如、舒展大方。缓慢，是指习练时身体重心平稳、虚实分明、轻飘徐缓。平滑，是指动作路线带有弧形，不起棱角，不直来直往，符合人体各关节自然弯曲的状态，它是以腰脊为轴带动四肢运动，上下相随，节节贯穿。连贯，是要求动作的虚实变化和姿势的转换衔接无停顿断续之处，既像行云流水连绵不断，又如春蚕吐丝相连无间，使人神清气爽、体态安详，从而达到疏通经络、畅通气血和强身健体的效果。

(二) 松紧结合，动静相兼

松，指习练时肌肉、关节以及中枢神经系统、内脏器官的放松，在意识的主动支配下，逐步达到呼吸柔和、心静体松，同时松而不懈，保持正确的姿态，并将这种放松程度不断加深。紧，是指习练中适当用力，且缓慢进行，主要体现在前一动作的结束与下一动作开始之前。八段锦中的“双手托天理三焦”的上托、“左右开弓似射雕”的马步拉弓、“调理脾胃须单举”的上举、“五劳七伤往后瞧”的转头旋臂、“攒拳怒目增气力”的冲拳与抓握、“背后七颠百病消”的脚趾抓地与提肛等，都体现了这一点。紧，在动作中只在一瞬间，而放松须贯穿动作的始终。松紧配合的适度，有助于平衡阴阳、疏通经络、分解黏滞、滑利关节、活血化瘀、强筋壮骨、增强体质。

本功法的动与静主要是指身体动作的外在表现。动就是在意念的引导下，动作轻灵活泼、节节贯穿、舒适自然。静是指在动作的节分处做到沉稳，特别是在动作的缓慢用力之处，在外观上看略有停顿之感，但内劲没有停，肌肉继续用力，保持牵引抻拉。适当地用力和延长作用时间，能够使相应的部位受到一定强度的刺激，有助于提高锻炼效果。

（三）神与形合，气寓其中

神，指人体的精神状态和正常的意识活动，以及在意识支配下的形体表现。“神为形之主，形乃神之宅。”神与形是相互联系、相互促进的整体。本功法每势动作以及动作之间充满了对称与和谐，体现出内示精神、外示安逸、虚实相生、刚柔相济，做到了意动形随、神形兼备。

气寓其中，是指通过精神的修养和形体的锻炼，促进真气在体内的运行，以达到强身健体的功效。习练本功法时，呼吸应顺畅，不可强吸硬呼。

二、练习要领

（一）松静自然

松静自然是练功的基本要领，也是最根本的法则。松，是指精神与形体两方面放松。精神上的放松，主要是解除心理和生理上的紧张状态；形体上的放松，是指关节、肌肉及脏腑的放松。放松是由内到外、由浅入深的过程，使形体、呼吸、意念轻松舒适无紧张感。静，是指思想和情绪要平稳安宁，排除一切杂念。放松与入静是相辅相成的，入静可以促进放松，而放松又有助于入静，二者缺一不可。

（二）准确灵活

准确主要是指练功时的姿势与方法要正确，合乎规格。在学习初始阶段，基本身形的锻炼最为重要。本功法的基本身形，通过功法的预备势进行站桩即可，站桩的时间和强度可根据不同人群的不同健康状况灵活掌握。在锻炼身形时，要认真体会身体各部位的要求和要领，克服关节肌肉的酸痛等不良反应，为放松入静创造良好条件，为学习掌握动作打好基础。在学习各式动作时，要对动作的路线、方位、角度、虚实、松紧分辨清楚，做到姿势工整、方法准确。

灵活是指练时动作幅度的大小、姿势的高低、用力的大小、习练的数量、意念的运用、呼吸的调整等，都要根据自身情况灵活掌握，特别是老年人群和体弱者。

（三）练养相兼

练，是指形体运动、呼吸调整与心理调节有机结合的锻炼过程。养，是通过上述练习，身体出现的轻松舒适、呼吸柔和、意守绵绵的静养状态。习练本功法，在姿势工整、方法准确的同时，要根据自己的身体情况，调整好姿势的高低和用力的大小，对有难度的动作，一时做不好的，可逐步完成。对于呼吸的调节，可在学习动作期间采取自然呼吸，待动作练熟后再结合动作的升降、开合与自己的呼吸频率有意识地进行锻炼，最后达到“不调而自调”的效果。对于意念的把握，在初学阶段应将重点放在动作的规格和要点上，动作熟练后要遵循似守非守、绵绵若存的原则进行练习。

养与练是相互依存的，不可截然分开，应做到“练中有养，养中有练”。特别要合理安排练习的时间、数量，把握好强度，处理好“意”“气”“形”三者的关系。从广义上讲，练养相兼与日常生活也有着密切关系。能做到“饮食有节、起居有常”，保持积极向上的乐观情绪，将有助于提高练功效果，增进身心健康。

（四）循序渐进

八段锦对初学者来说有一定的学习难度和运动强度。因此，在初学阶段，习练者首先要克服由于练功而给身体带来的不适，如肌肉关节酸痛、动作僵硬、紧张、手脚配合不协调、顾此失彼等。只有经过一段时间和数量的习练，才会做到姿势逐渐工整，方法逐步准确，动作的连贯性与控制能力得到提高，对动作要领的体会不断加深，更加注意动作细节，等等。

在初学阶段，本功法要求练习者采取自然呼吸方法。待动作熟练后，逐步对呼吸提出要求。习练者可采用练功时的常用方法——腹式呼吸。在掌握呼吸方法后，开始注意同动作进行配合。这其中也存在着适应和锻炼的过程，不可急于求成。最后，逐渐达到动作、呼吸、意念的有机结合。

由于练功者体质状况及对功法的掌握与习练上存在差异，其练功效果也不尽相同。良好的练功效果是在科学练功方法的指导下，随着时间和习练数量的积累逐步达到的。因此，习练者不要“三天打鱼，两天晒网”，应持之以恒、循序渐进，合理安排好运动量。

第三节　八段锦的基本动作

预备势

(1) 两脚并步站立；两臂自然垂于体侧；身体中正，目视前方(见图 6-1)。

(2) 随着松腰沉髋，身体重心移至右腿，左脚向左侧开步，脚尖朝前，约与肩同宽；目视前方。

(3) 两臂内旋，两掌分别向两侧摆起，约与髋同高，掌心向后；目视前方(见图6-2)。

(4) 上动不停。两腿膝关节稍屈；同时，两臂外旋，向前合抱于腹前呈圆弧形，与脐同高，掌心向内，两掌指间距约 10cm；目视前方(见图 6-3)。

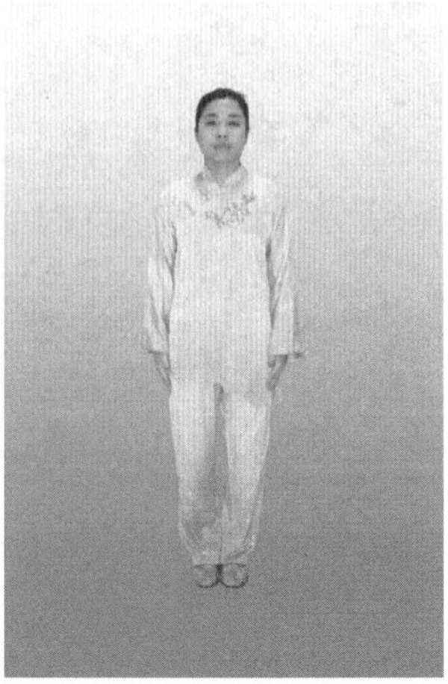

图 6-1　预备势 1

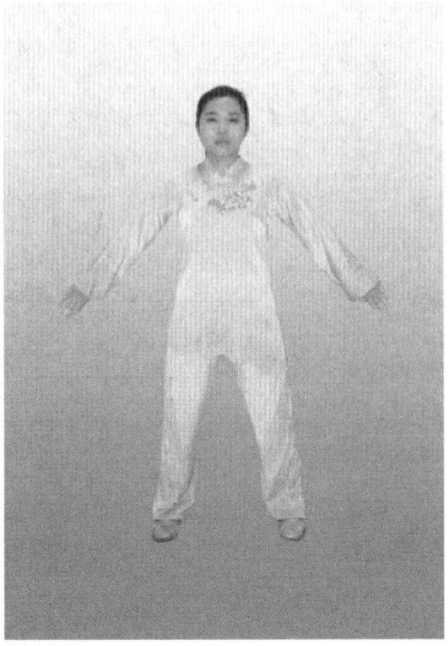

图 6-2　预备势 2

图 6-3　预备势 3

【动作要点】

(1) 头向上顶，下颏微收，舌抵上腭，双唇轻闭；沉肩坠肘，腋下虚掩；胸部宽舒，腹部松沉；收髋敛臀，上体中正。

(2) 呼吸徐缓，气沉丹田，调息5~9次。

【易犯错误】

(1) 抱球时，大拇指上跷，其余四指斜向地面。

(2) 塌腰，跪腿，八字脚。

【纠正方法】

(1) 沉肩，垂肘，指尖相对，大拇指放平。

(2) 收髋敛臀，命门穴放松；膝关节不超越脚尖，两脚平行站立。

【功理与作用】

宁静心神，调整呼吸，内安五脏，端正身形，从精神与肢体上做好练功前的准备。

第一势　两手托天理三焦

(1) 接上势。两臂外旋微下落，两掌五指分开在腹前交叉，掌心向上；目视前方(见图6-4)。

(2) 上动不停。两腿徐缓挺膝伸直；同时，两掌上托至胸前，随之两臂内旋向上托起，掌心向上；抬头，目视两掌(见图6-5)。

(3) 上动不停。两臂继续上托，肘关节伸直，同时，下颏内收，动作略停；目视前方(见图6-6)。

(4) 身体重心缓缓下降；两腿膝关节微屈；同时，十指慢慢分开，两臂分别向身体两侧下落，两掌捧于腹前，掌心向上；目视前方(见图6-7)。

本势托举、下落为1遍，共做6遍。

图6-4　两掌五指在腹前交叉

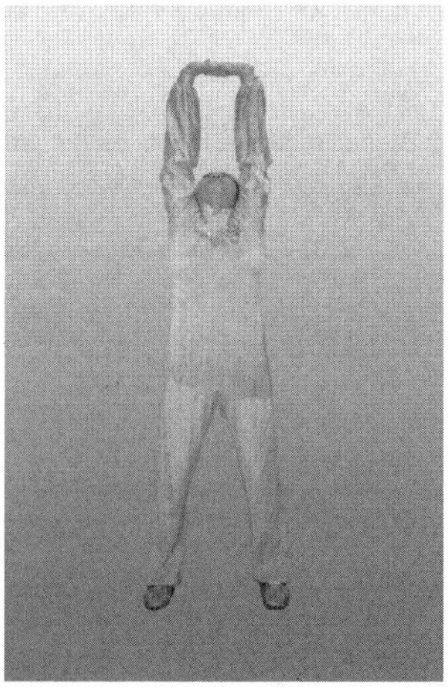

图6-5　两臂内旋向上托举

图 6-6　两臂上托，肘关节伸直

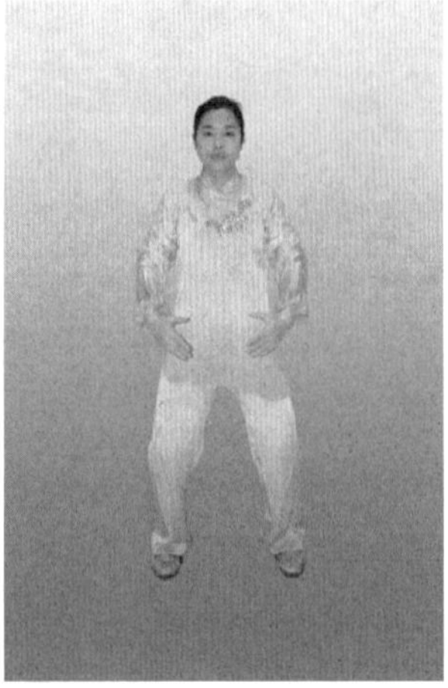

图 6-7　两掌捧于腹前

【动作要点】

（1）两掌上托要舒胸展体，略有停顿，保持伸拉。

（2）两掌下落，松腰沉髋，沉肩坠肘，松腕舒指，上体中正。

【易犯错误】

两掌上托时，抬头不够，继续上举时松懈断劲。下落前，头向上仰。

【纠正方法】

两掌上托，舒胸展体，缓慢用力，下腭先向上助力，再内收配合两掌上撑，力在掌根，下落前，头放中正。

【功理与作用】

（1）通过两手交叉上托，缓慢用力，保持伸拉，可使“三焦”通畅、气血调和(三焦为六腑之一，主要功能为疏通水道与主持化气。其位置在胸腹之间，胸膈以上为上焦，胸膈至脐为中焦，脐以下为下焦。)

（2）通过拉长躯干与上肢各关节周围的肌肉、韧带及关节软组织，对防治肩部疾患、预防颈椎病等具有良好的效果。

第二势　左右开弓似射雕

（1）接上势。身体重心右移，左脚向左侧开步站立，两腿膝关节自然伸直；同时，两掌向上交叉于胸前，左掌在外，两掌心向内；目视前方(见图 6-8)。

（2）上动不停。两腿徐缓屈膝半蹲成马步；同时，右掌屈指成“爪”，向右拉至肩前；左掌成八字掌，左臂内旋，向左侧推出，与肩同高，坐腕，掌心向左，犹如拉弓射箭之势；动作略停；目视左掌方向(见图 6-9)。

（3）身体重心右移，同时右手五指伸开成掌，向上、向右划弧，与肩同高，指尖朝上，掌心斜向前；左手指伸开成掌，掌心斜向后，目视右掌(见图 6-10)。

（4）上动不停。重心继续右移；左脚回收成并步站立；同时，两掌分别由两侧下落，捧于腹前，指尖相对，掌心向上；目视前方(见图 6-11)。

（5）动作 5～动作 8，同动作 1～动作 4，唯左右相反(见图 6-12～图 6-15)。

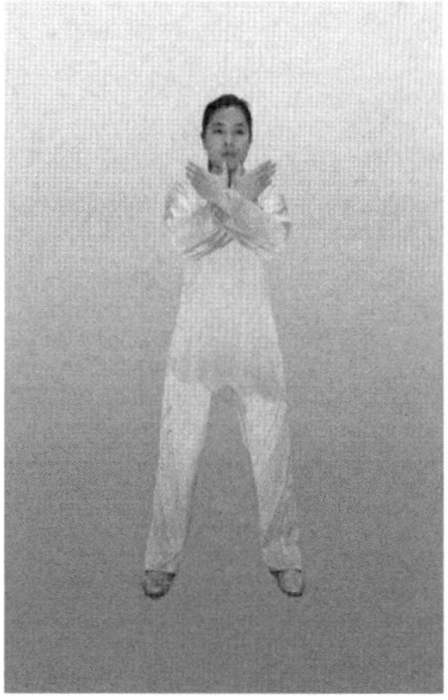

图 6-8　两掌交叉于胸前 1

图 6-9　拉弓射箭之势 1

图 6-10　右手划弧，
左手指伸开成掌

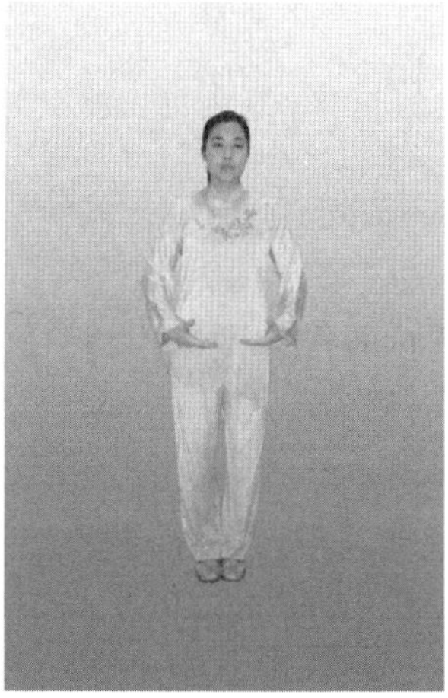

图 6-11　两掌捧于腹前 1

图 6-12　两掌交叉于胸前 2

图 6-13　拉弓射箭之势 2

图 6-14　左手划弧，右手指伸开成掌

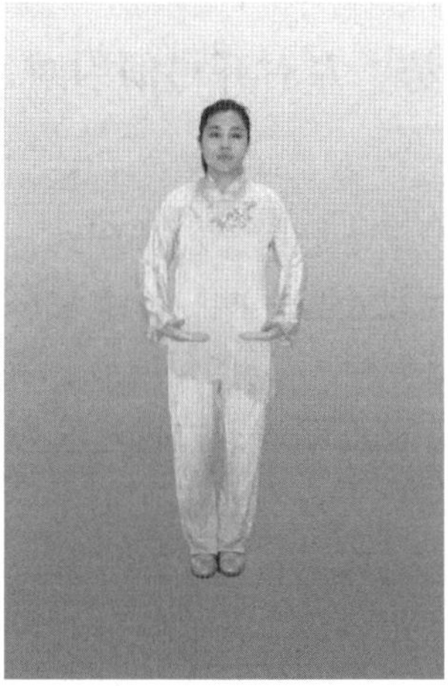

图 6-15　两掌捧于腹前 2

(6) 本势一左一右为1遍，共做3遍。

第3遍最后一动时，身体重心继续左移；右脚回收成开步站立，与肩同宽，膝关节微屈；同时，两掌分别由两侧下落，捧于腹前，指尖相对，掌心向上；目视前方(见图6-16)。

图6-16 开步站立，两掌捧于腹前

【动作要点】

(1) 侧拉之时五指要并拢屈紧，肩臂放平。

(2) 八字掌侧撑需沉肩坠肘，屈腕，竖指，掌心涵空。

【易犯错误】

端肩，弓腰，八字脚；拉弓时，身体侧倾。

【纠正方法】

沉肩坠肘，下蹲到位，上体直立，两脚跟外撑。

【功理与作用】

(1) 展肩扩胸，可刺激督脉(奇经八脉之一)和背部腧穴(即穴位，为各条经脉气血聚会出入、流注之所)；同时刺激手三阴三阳经等，可调节手太阴肺经等经脉之气。

(2) 可有效发展下肢肌肉力量，提高平衡和协调能力；同时，增加前臂和手部肌肉的力量，提高手腕关节及指关节的灵活性。

(3) 有利于矫正不良姿势，如驼背及肩内收，能很好地预防肩、颈疾病等。

第三势 调理脾胃须单举

(1) 接上势。两腿徐缓挺膝伸直；同时左掌上托，左臂外旋上穿经面前，随之臂内旋上举至头左上方，肘关节微屈，力达掌根，掌心向上，掌指向右；同时，右掌随臂内旋下按至右髋旁，肘关节微屈，力达掌根，掌心向下，掌指向前，动作略停；目视前方(见图6-17)。

(2) 松腰沉髋，身体重心缓缓下降；两腿膝关节微屈；同时，左臂屈肘外旋，左掌经面前落于腹前，掌心向上；右臂外旋，右掌向上捧于腹前，两掌指尖相对，相距约10厘米，掌心向上；目视前方(见图6-18)。

图6-17 左掌上托，右掌下按

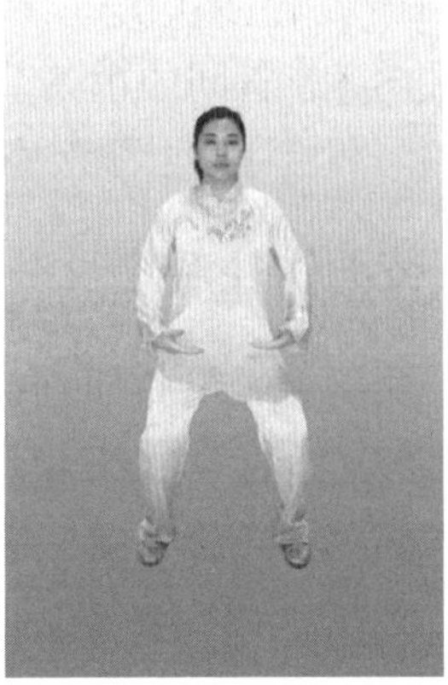

图6-18 两腿膝关节微屈，两掌捧于腹前(1)

(3) 动作 3~动作 4 同动作 1~动作 2，唯左右相反(见图 6-19、图 6-20)。

本势一左一右为 1 遍，共做 3 遍。

(4) 第 3 遍最后一动时，两腿膝关节微屈；同时，两臂屈肘，两掌下按于两髋旁，掌心向下，掌指向前；目视前方(见图 6-21)。

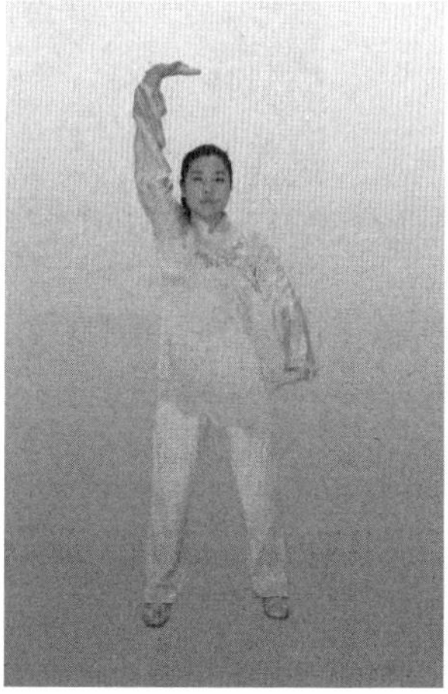

图 6-19 右掌上托，左掌下按

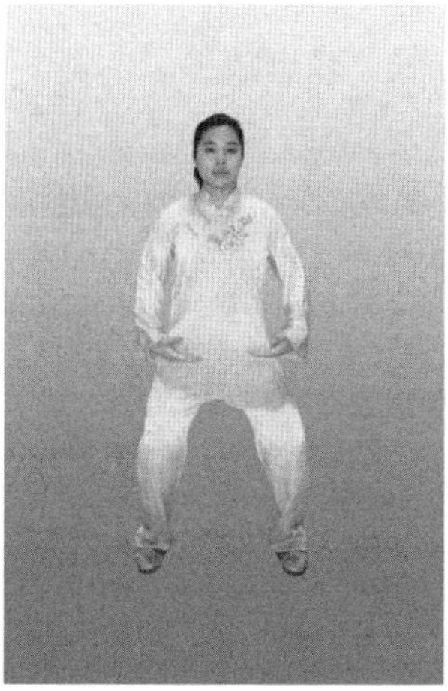

图 6-20 两腿膝关节微屈，两掌捧于腹前(2)

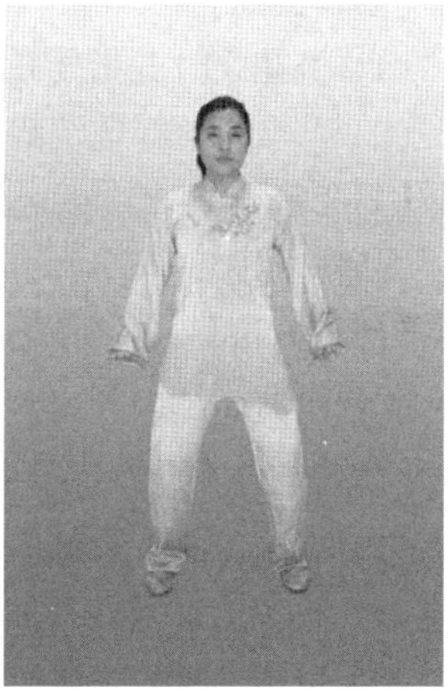

图 6-21 两腿膝关节微屈，两掌下按

【动作要点】

力在掌根，上撑下按，舒胸展体，拔长腰脊。

【易犯错误】

掌指方向不正，肘关节没有弯曲度，上体不够舒展，下按时速度太快。

【纠正方法】

两掌放平，力在掌根，肘关节稍屈，对拉拔长；下按时动作舒缓圆润。

【功理与作用】

(1) 通过左右上肢一松一紧的上下对拉(静力牵张)可以牵拉腹腔，对脾胃中焦肝胆起到按摩作用；同时可以刺激位于腹、胸肋部的相关经络以及背部腧穴等，达到调理脾胃(肝胆)和脏腑经络的作用。

(2) 可使脊柱内各椎骨间的小关节及小肌肉得到锻炼，从而增强脊柱的灵活性与稳定性，有利于预防和治疗肩、颈疾病等。

第四势 五劳七伤往后瞧

(1) 接上势。两腿徐缓挺膝伸直；同时，两臂伸直，掌心向后，指尖向下，目视前方(见图 6-22)。

然后上动不停。两臂充分外旋，掌心向外；头向左后转；动作略停；目视左斜后方(见图 6-23)。

(2) 松腰沉髋，身体重心缓缓下降；两腿膝关节微屈；同时，两臂内旋按于髋旁，掌心向下，指尖向前；目视前方(见图 6-24)。

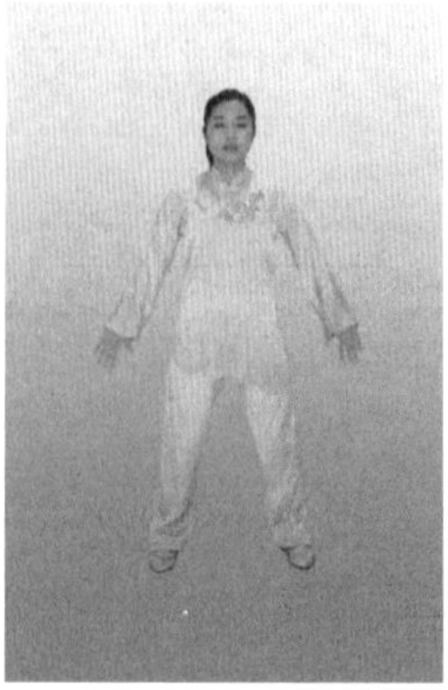

图 6-22　两腿挺直，两臂伸直(1)

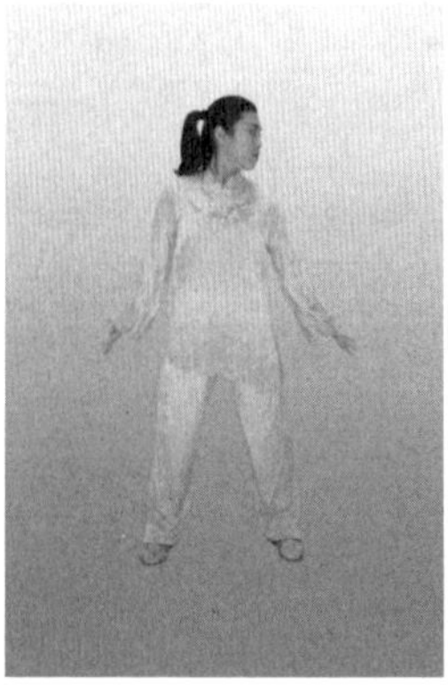

图 6-23　两臂外旋，头向左后转

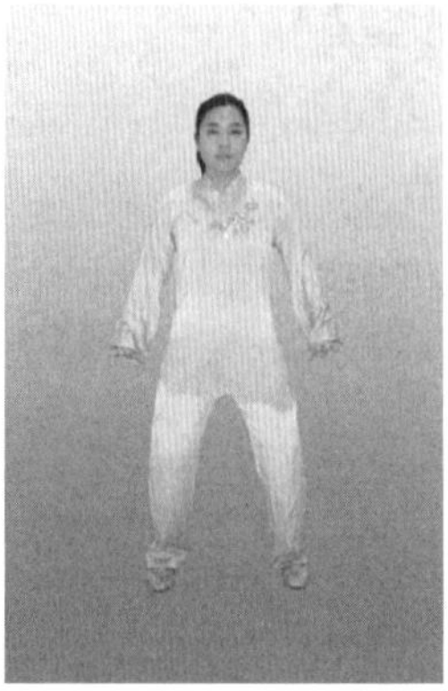

图 6-24　两腿膝关节微屈，两臂内旋，掌心向下(1)

(3) 动作 3 同动作 1，唯左右相反(见图 6-25、图 6-26)。

(4) 动作 4 同动作 2(见图 6-27)。

(5) 本势一左一右为 1 遍，共做 3 遍。

第 3 遍最后一动时，两膝关节微屈；同时，两掌捧于腹前，指尖相对，掌心向上，目视前方(见图 6-28)。

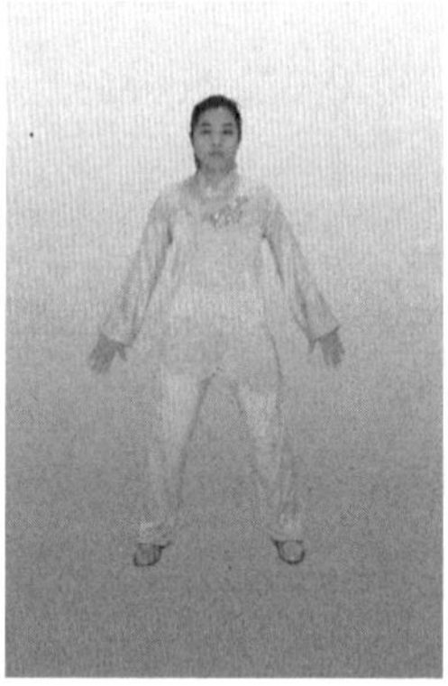

图 6-25　两腿挺直，两臂伸直(2)

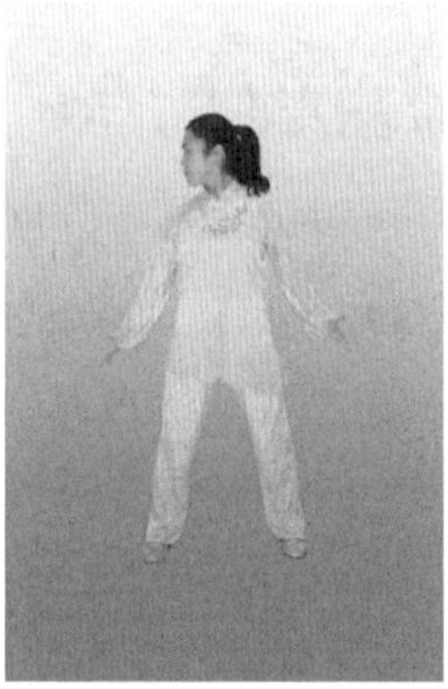

图 6-26　两臂外旋，头向右后转

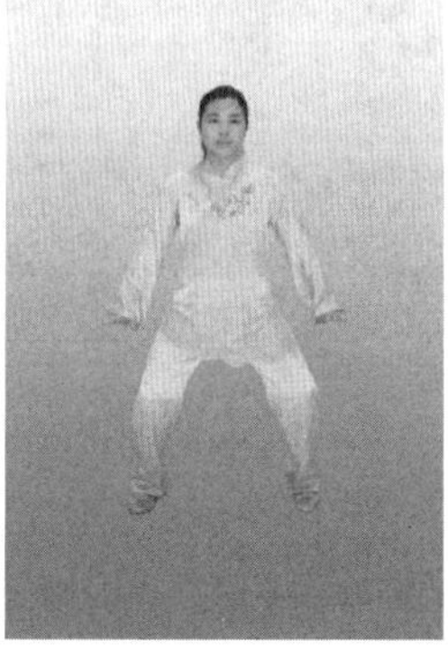

图 6-27　两腿膝关节微屈，两臂内旋，掌心向下(2)

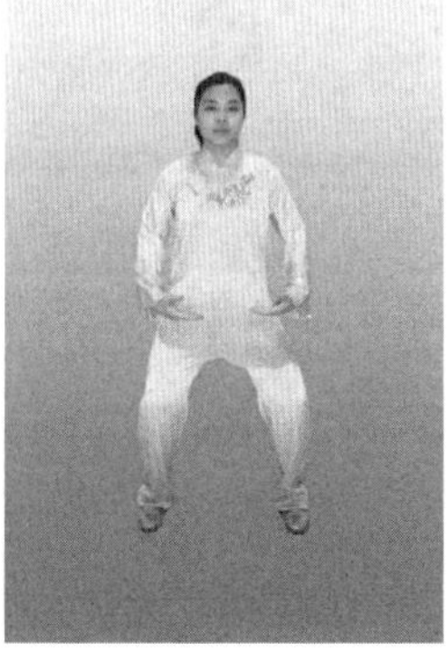

图 6-28　两膝关节微屈，两掌捧于腹前

【动作要点】

(1) 头向上顶，肩向下沉。

(2) 转头不转体，旋臂，两肩后张。

【易犯错误】

上体后仰，转头与旋臂不充分或转头速度过快；后瞧不充分。

【纠正方法】

下颏内收，转头不转肩，转头与旋臂幅度宜大，后瞧充分，速度均匀。

【功理与作用】

(1) “五劳”指心、肝、脾、肺、肾五脏劳损；“七伤”指喜、怒、悲、忧、恐、惊、思七情伤害。本势动作通过上肢伸直外旋扭转的静力牵张作用，可以扩张牵拉胸腔、腹腔内的脏腑。

(2) 本势动作中往后瞧的转头动作，可刺激颈部大椎穴，达到防治“五劳七伤”的目的。

(3) 可增加颈部及肩关节周围参与运动缩力，增加颈部运动幅度，活动眼肌，预防眼肌疲劳以及肩、颈与背部等疾患。同时，改善颈部血液循环，有助于解除中枢神经系统疲劳。

第五势　摇头摆尾去心火

(1) 接上势。身体重心左移；右脚向右开步站立，两腿膝关节自然伸直；同时，两掌上托与胸同高时，两臂内旋，两掌继续上托至头上方，肘关节微屈，掌心向上，指尖相对；目视前方(见图6-29)。

(2) 上动不停。两腿徐缓屈膝半蹲成马步；同时，两臂向两侧下落，两掌扶于膝关节上方，肘关节微屈，小指侧向前；目视前方(见图6-30)。

图6-29　两掌上托至头上方

图6-30　屈膝半蹲成马步

（3）身体重心向上稍升起，而后右移；上体先向右倾，随之俯身；目视右脚（见图6-31）。

（4）上动不停。身体重心左移；同时，上体由右向前、向左旋转；目视右脚（见图6-32）。

（5）身体重心右移，成马步，同时，头向后摇，上体起立，随之微收；目视前方（见图6-33）。

（6）动作6~动作8同动作3~动作5，唯左右相反（见图6-34~图6-36）。

图6-31　上体右倾、俯身

图6-32　身体重心左移

图6-33　身体重心右移，成马步

图6-34　上体左倾、俯身

图6-35　身体重心右移

图6-36　身体重心左移，成马步

本势一左一右为1遍，共做3遍。做完3遍后身体重心左移，右脚回收成开步站立，与肩同宽；同时，两掌向外经两侧上举，掌心相对；目视前方（见图6-37）。随后松腰沉髋，身体重心缓缓下降。两腿膝关节微屈；同时屈肘，两掌经面前下按腹前，掌心向上，指尖相对；目视前方（图6-38）。

图 6-37　两掌上举

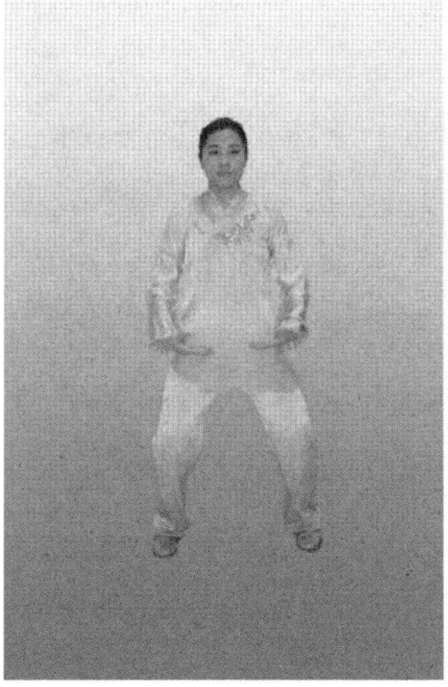

图 6-38　两掌下按腹前，掌心向上

【动作要点】

（1）马步下蹲要收髋敛臀，上体中正。

（2）摇转时，颈部与尾闾对拉伸长，好似两个轴在相对运转，速度应柔和缓慢，动作连贯平滑。

【易犯错误】

（1）摇转时颈部僵直，尾闾摇动不平滑，幅度太小。

（2）前倾过大，使整个上身随之摆动。

【纠正方法】

（1）上体侧倾与向下俯身时，下颏不要有意内收或上仰，颈椎部肌肉尽量放松伸长。

（2）加大尾闾摆动幅度，应上体左倾尾闾右摆，上体前俯尾闾向后画圆，头不低于水平，使尾闾与颈部对拉拔长，加大旋转幅度。

【功理与作用】

（1）心火，即心热火旺的病症，属阳热内盛的病机。通过两腿下蹲，摆动尾闾，可刺激脊柱、督脉等；通过摇头，可刺激大椎穴，从而达到舒经泄热的作用，有助于去除心火。

（2）在摇头摆尾过程中，脊柱腰段、颈段大幅度侧屈、环转及回旋，可使整个脊柱的头颈段、腰腹及臀、股部肌群参与收缩，既增加了颈、腰、髋的关节灵活性，也增强了这些部位的肌力。

第六势　两手攀足固肾腰

（1）接上式。两腿挺膝伸直站立；同时，两掌指尖向前，两臂向前、向上举起，肘关节伸直，掌心向前；目视前方（见图 6-39）。

（2）两臂外旋至掌心相对，屈肘，两掌下按于胸前，掌心向下，指尖相对；目视前方（见图 6-40）。

（3）上动不停。两臂外旋，两掌心向上，随之两掌掌指顺腋下向后插；目视前方（见图 6-41）。

图 6-39　两臂向前、向上举起

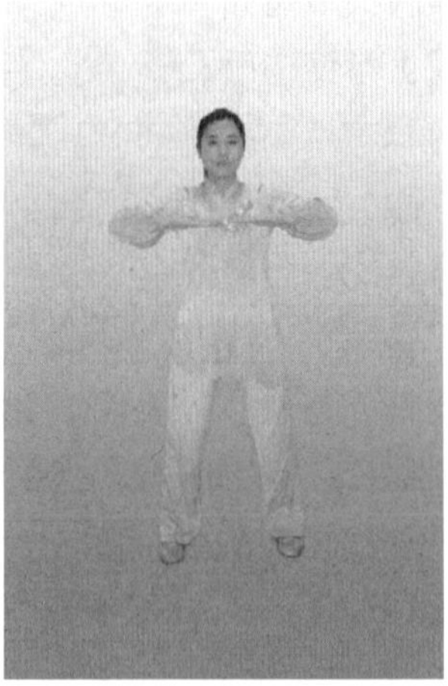

图 6-40　两掌下按于胸前

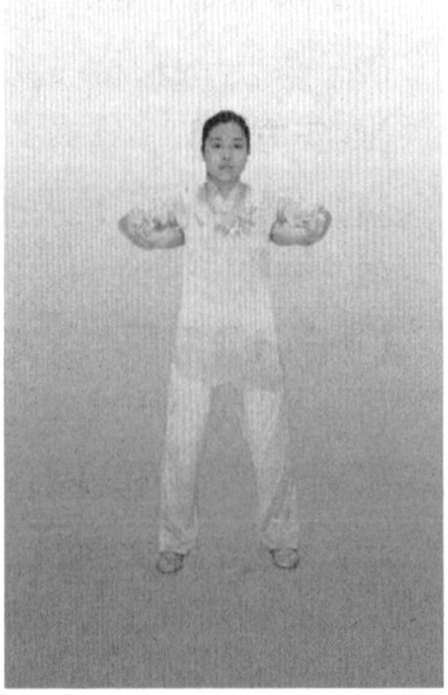

图 6-41　两掌顺腋下向后插

（4）两掌心向内沿脊柱两侧向下摩运至臀部；随之上体前俯，两掌继续沿腿后向下摩运，经脚两侧置于脚面；抬头，动作略停；目视前下方（见图 6-42）。

（5）两掌沿地面前伸，随之用手臂举动上体起立，两臂伸直上举，掌心向前；目视前方（见图 6-43）。

（6）本式一上一下为 1 遍，共做 6 遍。做完 6 遍后，松腰沉髋，重心缓缓下降；两腿膝关节微屈；同时，两掌向前下按至腹前，掌心向下，指尖向前；目视前方（见图 6-44）。

图 6-42　上体前俯

图 6-43　上体起立

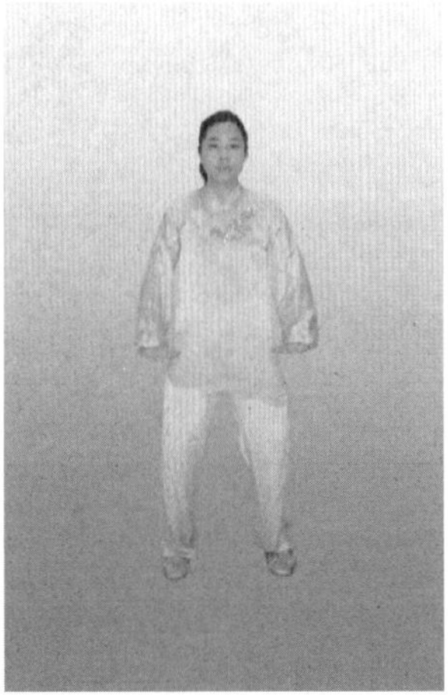

图 6-44　膝关节微屈，两掌按于腹前

【动作要点】

（1）反穿摩运要适当用力，至足背时松腰沉肩，两膝挺直，向上起身时手臂主动上举，带动上体立起。

（2）年老或体弱者可根据身体状况自行调整幅度，不可强求。

【易犯错误】

（1）两手向下摩运时低头，膝关节弯曲。

（2）向上起身时，起身在前，举臂在后。

【纠正方法】

（1）两手向下摩运要抬头，膝关节伸直。

（2）向上起身时要以臂带身。

【功理与作用】

（1）通过前屈后伸可刺激脊柱、督脉以及命门、阳关、委中等穴，有助于防治生殖泌尿系统方面的慢性病，达到固肾壮腰的作用。

（2）通过脊柱大幅度前屈后伸，可有效发展躯干前、后伸屈脊柱肌群的力量与伸展性，同时对腰部、肾上腺、输尿管等器官或组织有良好的牵拉、按摩作用，可以改善其功能，刺激其活动。

第七势　攒拳怒目增气力

（1）接上式。身体重心右移，左脚向左开步；两腿徐缓屈膝半蹲成马步；同时，两掌握固，抱于腰侧，拳眼朝上；目视前方(见图6-45)。

（2）左拳缓慢用力向前冲出，与肩同高，拳眼朝上；瞪目，视左拳冲出方向(见图6-46)。

图6-45　屈膝半蹲成马步(1)

图6-46　左拳用力向前冲出

（3）左臂内旋，左拳变掌，虎口朝下；目视左掌(见图6-47)；左臂外旋，肘关节微屈；同时，左掌向左缠绕，变掌心向上后握固；目视左拳(见图6-48)。

（4）屈肘，回收左拳至腰侧，拳眼朝上；目视前方(见图6-49)。

（5）动作4~动作6，同动作1~动作3，唯左右相反(见图6-50~图6-53)。

（6）本式一左一右为1遍，共做3遍。做完3遍后，身体重心右移，左脚回收成并步站立；同时，两拳变掌，自然垂于体侧；目视前方(见图6-54)。

图 6-47　左拳变掌，虎口朝下

图 6-48　左掌心向上后握固

图 6-49　回收左拳至腰侧

图 6-50　屈膝半蹲成马步(2)

图 6-51　右拳用力向前冲出

图 6-52　右拳变掌，虎口朝下

图 6-53　右掌心向上后握固

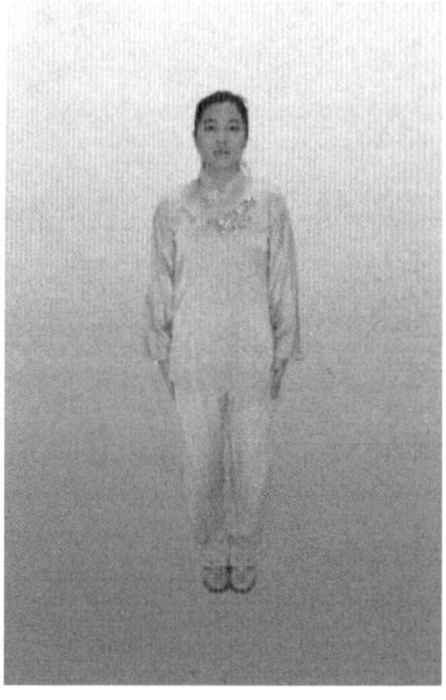

图 6-54　两掌自然垂于体侧

【动作要点】

（1）马步的高低，根据自己的腿部力量灵活掌握。

（2）冲拳时要怒目瞪眼，注视冲出之拳，同时脚趾抓地，拧腰顺肩，力达拳面；拳回收时要旋腕，五指用力抓握。

【易犯错误】

（1）冲拳时上体前俯，端肩，掀肘。

（2）拳回收时旋腕不明显，抓握无力。

【纠正方法】

（1）冲拳时头向上顶，上体立直，肩部松沉，肘关节微屈，前臂贴肋前送，力达拳面。

（2）拳回收时先五指伸直充分旋腕，再屈指用力抓握。

【功理与作用】

（1）中医认为，“肝主筋，开窍于目”。本式中的“怒目瞪眼”可刺激肝经，使肝血充盈、肝气疏泄，有强健筋骨的作用。

（2）两腿下蹲、十趾抓地、双手攒拳、旋腕、手指逐节强力抓握等动作，可刺激手、足三阴三阳十二经脉的俞穴和督脉等；同时，使全身肌肉、筋脉受到静力牵张刺激，长期锻炼可使全身筋肉结实、气力增加。

第八势　背后七颠百病消

（1）接上式。两脚跟提起；头上顶，动作略停；目视前方（见图 6-55）。

（2）两脚跟下落，轻震地面；目视前方（见图 6-56）。

（3）本式一起一落为 1 遍，共做 7 遍。

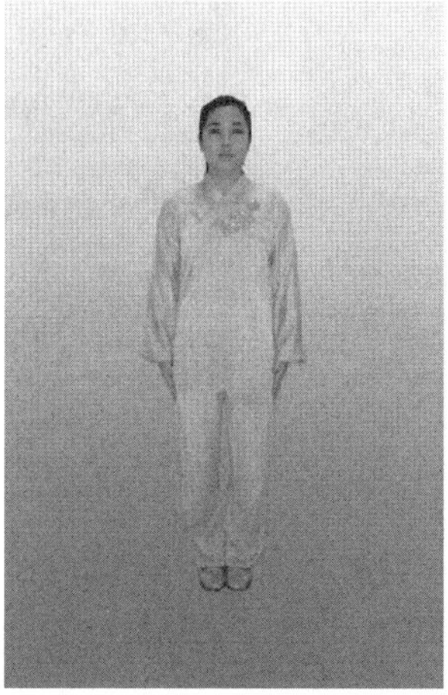

图 6-55　脚跟提起，头上顶

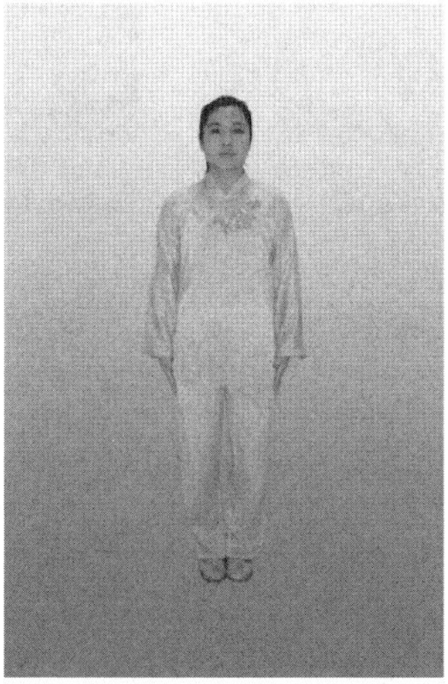

图 6-56　脚跟下落，轻震地面

【动作要点】

（1）上提时脚趾要抓地，脚跟尽力抬起，两腿并拢，百会穴上顶，略有停顿，要掌握好平衡。

（2）脚跟下落时，咬牙，轻震地面，动作不要过急。

（3）沉肩舒臂，周身放松。

【易犯错误】

上提时，端肩，身体重心不稳。

【纠正方法】

五趾抓住地面，两腿并拢，提肛收腹，肩向下沉，百会穴上顶。

【功理与作用】

（1）脚趾为足三阴经、足三阳经交会之处，脚十趾抓地，可刺激足部有关经脉，调节相应脏腑的功能；同时，踮足可刺激脊柱与督脉，使全身脏腑经络气血通畅、阴阳平衡。

（2）踮足而立可发展小腿后部肌群力量，拉长足底肌肉、韧带，提高人体的平衡能力。

（3）落地震动可轻度刺激下肢及脊柱各关节内外结构，并使全身肌肉得到放松复位，有助于解除肌肉紧张。

收势

（1）接上式。两臂内旋，向两侧摆起，与髋同高，掌心向后；目视前方（见图6-57）。

（2）两臂屈肘，两掌相叠置于丹田处（男性左手在内，女性右手在内）；目视前方（见图6-58）。

（3）两臂自然下落，两掌轻贴于腿外侧；目视前方（见图6-59）。

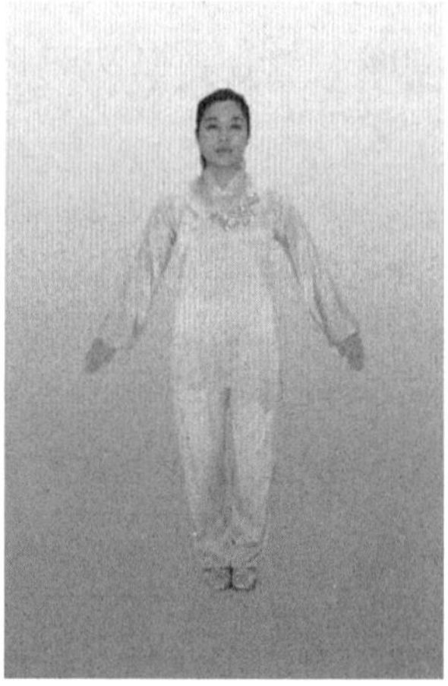

图6-57　两臂内旋，掌心向后

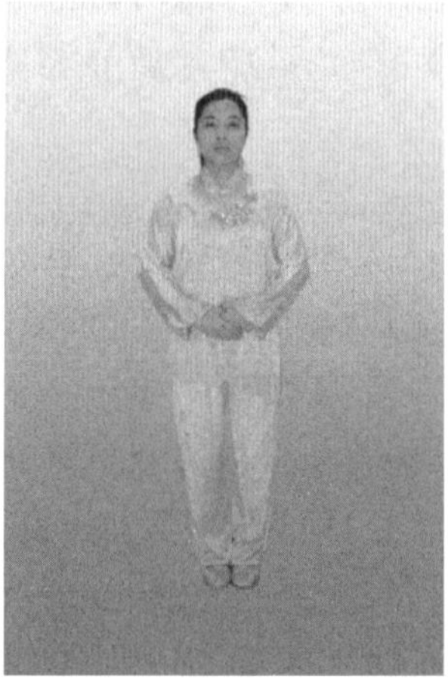

图6-58　两掌相叠于丹田处

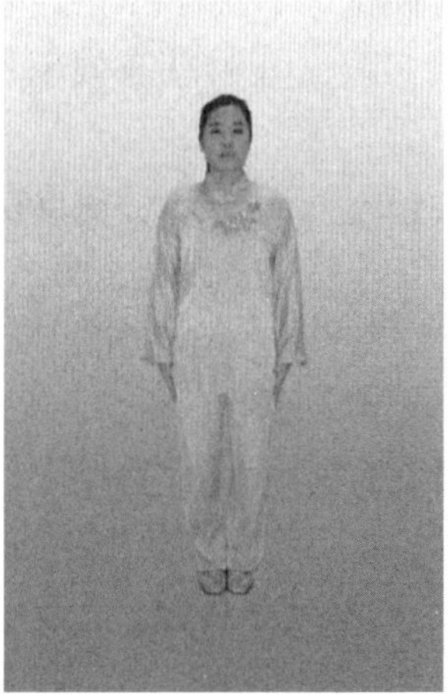

图6-59　两掌轻贴于腿外侧

【动作要点】

体态安详，周身放松，呼吸自然，气沉丹田。

【易犯错误】

收功随意，动作结束后或心浮气躁，或急于走动。

【纠正方法】

收功时要心平气和、举止稳重。收功后可适当做一些整理活动，如搓手浴面和肢体放松等。

【功理与作用】

气息归元，放松肢体肌肉，愉悦心情，进一步巩固练功效果，逐渐恢复到练功前安静时的状态。

第七章　舒心平血功

第一节　舒心平血功理论

舒心平血功，顾名思义就是舒缓心脏、平调血液的方法。具体地说，舒心平血功是提高心血管系统的机能和防治高血压、低血压、冠心病、心率过速、心律不齐、动脉硬化等心血管系统疾病的经络导引动力。经过多年来对数千病例的临床观察和社会实践，证明总有效率达 92.5%，其中疗效显著者达 80%。舒心平血功的特点如下。

（一）意形结合，重点在意

练习舒心平血功，要求意念与姿势紧密结合，当动作熟练后，应把重点转移到意念上。练舒心平血功除了“上工揉耳”意守被揉的穴位、“捶臂叩腿”意守捶扣穴位(命门、委中、承筋、承山、跗阳等)和“平步连环”两手在背部上下摩运时意守命门、两掌相叠在身前按摩时意守丹田外，其他 5 个姿势都是意守少冲、关冲、中冲、劳宫 4 个穴位，也可只意守其中的一个穴位，不会影响练功效果。

（二）动息结合，着重于息

“动”是指动作，“息”是指呼吸。一吸一呼为一“息”。练习舒心平血功强调动作与深长的腹式呼吸紧密结合。配合的原则是：起吸落呼、开吸合呼、先吸后呼、鼻吸口呼(或鼻吸鼻呼)，吸气时舌抵上颚，呼气时舌抵下颚，要求呼气比吸气稍长且柔。

（三）循经取动，强调臂旋

练习舒心平血功时，两臂沿纵轴内旋、外旋，做到逢动必旋，逢做必绕，从而疏通经络，消积化瘀，理气和血，温煦肌肤，内安五脏。

（四）松紧结合，松贯始终

练习舒心平血功时，要求高级神经系统和四肢百骸高度放松，思想上排除一切杂念，做到飘然清爽，肢体上毫不紧张，舒适自然，松而不懈，紧而不僵。

第二节　舒心平血功技术教学

功前准备

并步站立，周身放松，气定神敛，思想集中，怡然自得，准备练功(图 7–1)。

【要点】

两眼微闭或平视前方，舌抵上腭，上下排牙齿微合。

默念练功口诀

夜阑人静万虑抛，意守丹田封七窍，呼吸徐缓搭鹊桥，身轻如燕飘云霄。

【要点】

两手叠于丹田，男女均左手在下，当默念到“飘云霄”时，将两手并于腹前(见图 7–2)。

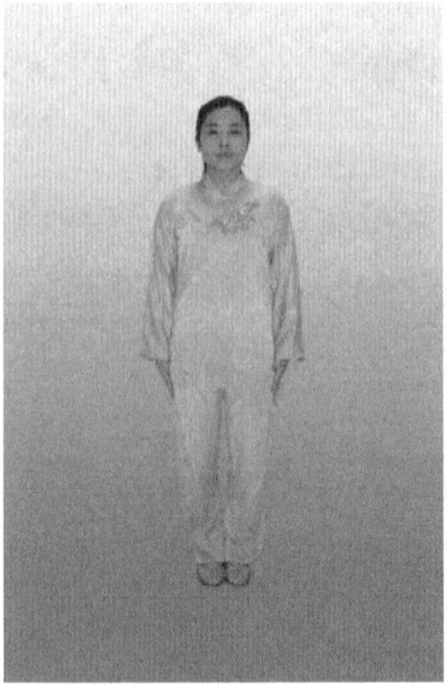

图 7–1　两手垂于体侧

图 7–2　两手并于腹前

第一式　闻鸡起舞

【预备式】

两脚并步站立，身体正直，两掌垂于体侧，下颚内收；眼睛平视前方或微闭(见图 7–3)。

【动作方法】

(1) 随着吸气，提肛调裆，两臂外旋伸直，小指稍上顶，两掌如捧物状慢慢捧至胸前，与肩同高，与肩同宽，掌心向上；同时两腿伸直慢慢提踵；眼睛平视前方(见图 7–4、图 7–5)。

(2) 随着呼气，松腹松肛，同时两腿慢慢下蹲，脚跟落地；两腿并紧；两臂内旋，当两掌下落 10 厘米时，握拳弧形下拉，至腿侧时，两臂自然伸直，稍翘腕，拳心朝下，拳眼朝里；眼平视前方(见图 7-6)。

(3) 随着吸气，提肛调裆，两腿慢慢伸直提踵；同时两拳变掌分别向两侧直臂托起，高与肩平，掌心向上；眼看左掌(见图 7-7)。

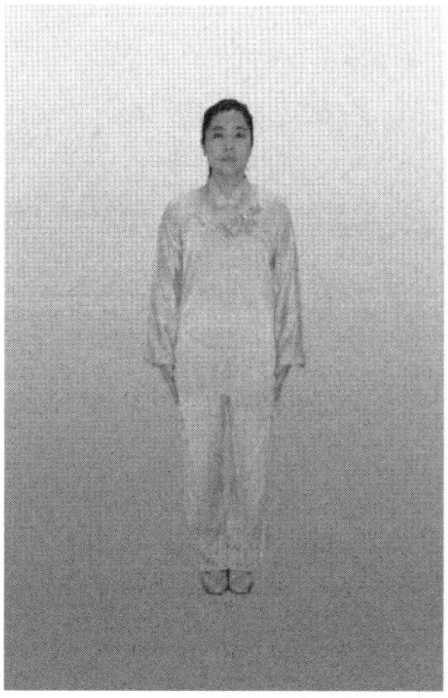

图 7-3　两掌垂于体侧

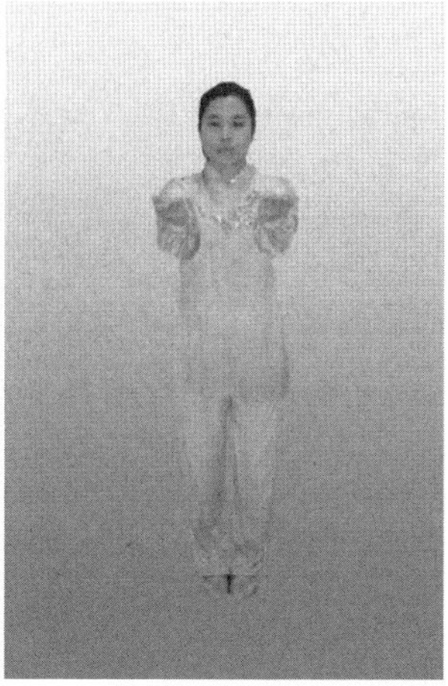

图 7-4　两掌如捧物状（正面）

图 7-5　两掌如捧物状（侧面）

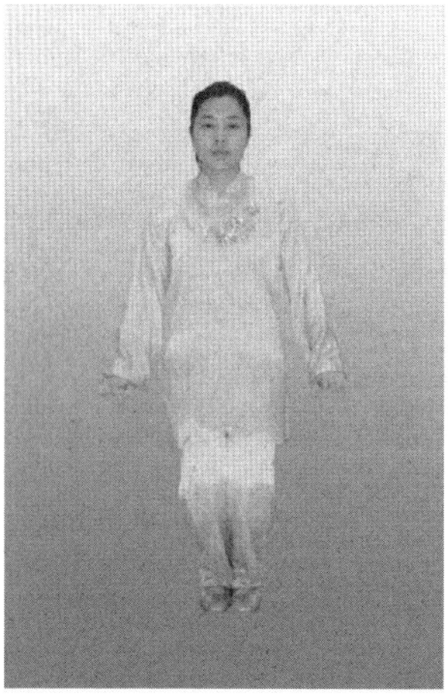

图 7-6　拳心朝下，拳眼朝里

图 7-7　两拳变掌向两侧直臂托直

(4) 随着呼气，松腹松肛，同时两腿慢慢下蹲，脚跟落地；两臂内旋，两掌下落 10 厘米时轻握拳如拉物状，两臂自然伸直，稍翘腕，拳心朝下，拳眼向前；眼平视前方(见图 7-8)。

动作 5~动作 8 同动作 1~动作 4，唯第 7 拍头向右转。

练习次数：做两个 8 拍，第二个 8 拍还原成站立姿势，两掌垂于体侧；眼平视前方(见图 7-9)。

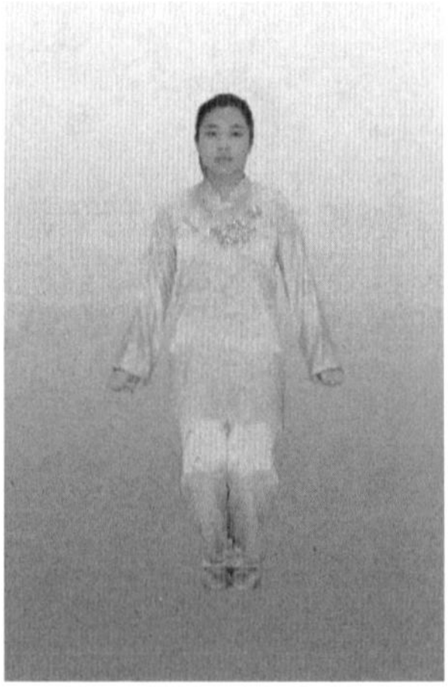

图 7-8　拳心朝下，拳眼向前

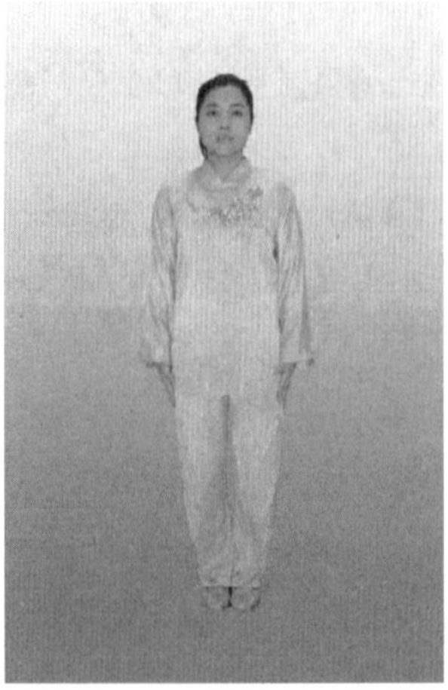

图 7-9　还原成站立姿势

【动作要点】

(1) 起身时舒胸沉肩，身体中正，脚跟尽量提起；下蹲时松腰敛臀，两膝相靠，脚跟慢慢落地，下蹲程度因人而异，不强求一致。

(2) 中冲点劳宫穴时稍微用力，点后慢慢松开。

(3) 意守穴位：中冲或关冲或劳宫穴。

【主要功用】

(1) 意守劳宫穴可畅通心包经，小指上翘有助于畅通心经。

(2) 提踵改善手足三阴三阳经的气血。

【易犯错误】

(1) 两臂高度过肩。

(2) 两肘两腕僵直，下拉过早或呈弧形。

(3) 下蹲时身体前倾或撅臀。

【纠正方法】

(1) 两臂不能过高，对降低血压不利，限制上托过高。

(2) 两肘两腕自然伸直。

(3) 下蹲时强调百会上顶，不要蹲得太低。

第二式　白猿献果

【动作方法】

(1) 吸气，提肛调裆；身体左转 45 度；同时两臂内旋掌心向外，两掌随转体向左前上方弧形摆起，臂自然伸直，高与肩平，两掌之间距离略窄于肩；眼兼视两掌(见图 7-10)。

动作不停，重心移至右脚，右腿屈膝下蹲，左脚向左前方上一步，脚跟着地成左虚步；同时两臂外旋稍屈肘，使两掌分别收于肩前；眼平视左前方(见图 7-11)。

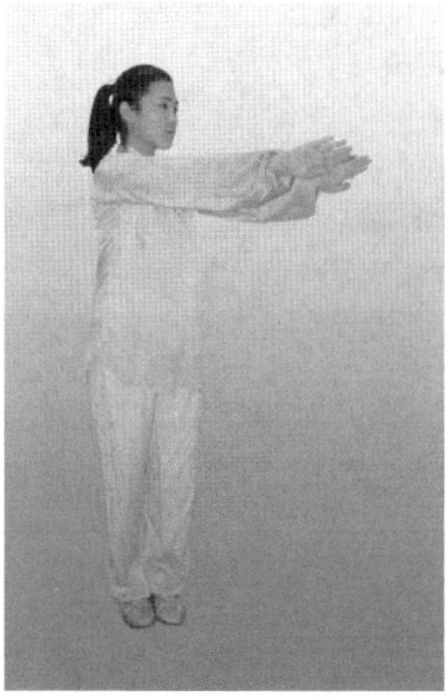

图 7-10　身体左转 45 度

图 7-11　右腿屈膝下蹲，左脚向左前方一步

（2）随着呼气，松腹松肛；重心前移，左腿逐渐伸直，右腿屈膝提起，成左独立势（见图 7-12），右脚尖自然下垂（或左腿弯曲，右脚上步，脚尖点地成右虚步）；同时两掌分别先向左右分掌，继而向前下按掌，再向前上方捧托，两臂自然伸直，两掌高与肩平或稍高于肩，掌距略窄于肩，掌心向上，小指略上顶呈捧物献礼状（见图 7-13），眼兼视两掌。

图 7-12　左独立势

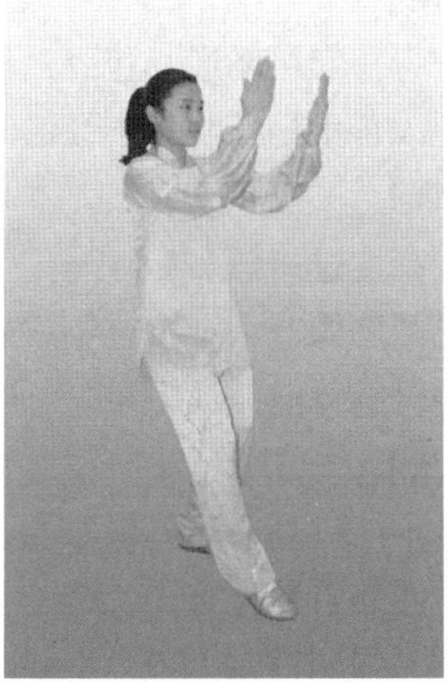

图 7-13　捧物献礼状（左）

（3）随着吸气，提肛调裆；重心下沉，左腿稍弯曲，右脚向右后方落步，重心移至右脚，右腿屈膝，左腿伸直，脚尖翘起成左虚步；同时两掌呈仰掌状分别向左右平摆（略带弧形），两臂自然伸直，肘尖下沉；眼平视左前方（见图 7-14）。

（4）随着呼气，松腹松肛；重心前移成左弓步；同时两肘微屈，两掌心朝上以腕为轴分别向后、向内旋转使两掌指相对掌心朝下，向前下方按掌，当接近左膝两侧上方时握拳，中冲点劳宫，稍翘腕使拳心向下，两臂呈弧形；眼向左前方平视（见图 7-15）。

图 7-14　重心移至右脚，两掌呈仰掌状

图 7-15　左弓步，两掌向下方按掌

（5）随着吸气，提肛调裆；重心缓缓移至右脚，右腿屈膝半蹲。左腿伸直，脚尖翘起成左虚步；同时两拳变掌内旋前伸向上弧形摆至肩前，稍屈肘外旋分别使两掌收于肩部侧前方，掌指朝上，掌心向前；眼平视前方(见图 7-16)。

（6）同步骤(2)，如图 7-17、图 7-18 所示。

图 7-16　左腿成左虚步，两掌收于肩部侧前方

图 7-17　右独立势

图 7-18　捧物献礼状(右)

（7）随着吸气，提肛调裆；重心下沉，左腿屈膝，身体向右转正，右脚向右侧稍后方落地，右腿伸直(或随转体右脚落地后，右腿屈膝，左腿伸直)；同时两掌心朝上略带弧形向两侧平摆，臂自然伸直；眼看右掌(见图 7-19)。

（8）随着呼气，松腹松肛；重心移至右脚，右膝稍屈，左脚向右脚并拢，随之两腿缓缓伸直；同时两臂内旋屈肘，两掌经面前下按垂于体侧成并步站立势；眼平视前方(见图 7-20)。

第二个 8 拍同第一个 8 拍，唯身体右转 45 度，右脚向右前方上步做动作。

练习次数：共做两个 8 拍。

图 7-19　左腿屈膝，两掌心朝上向两侧平摆

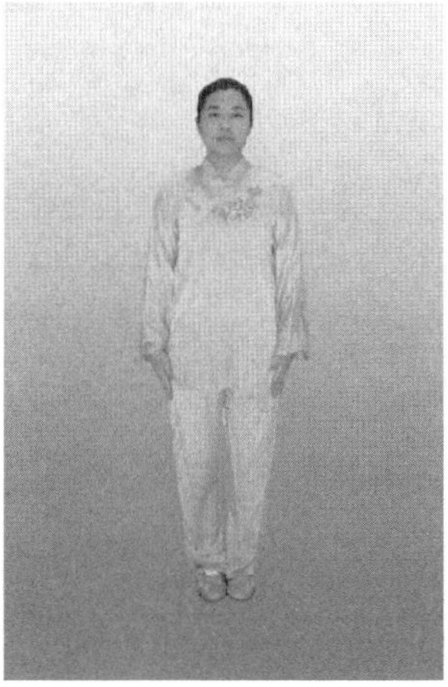

图 7-20　两掌下按垂于体侧成并步站立势

【动作要点】

（1）上步成虚步时要松腰敛臀，上体中正；独立献果时支撑脚五趾抓地，百会上顶。

（2）两臂旋转幅度宜大；沉肩垂肘；献果时两掌要有一个按、托、捧、献的过程；成弓步时要沉髋、坠裆；上下肢要协调一致。

（3）中冲点劳宫穴时要用力，时间短暂。

（4）穴位：中冲、少冲、关冲或劳宫，可同时意守四个穴位，也可只意守一个穴位。

【主要功用】

（1）刺激手三阴三阳经的元穴。

（2）改善腿部力量，提高平衡能力。

（3）调补肾气，降心火，预防骨质疏松。

【易犯错误】

（1）献果上托时耸肩、抬头向后仰；

（2）下按和献果时，路线过直，未走弧线。

【纠正方法】

强调动作方法，两肩上耸不利于气血通畅，练习时尽量走弧线。

第三势　金象卷鼻

【动作方法】

（1）随着吸气，提肛调裆；重心移至右脚，右腿微屈，左脚向左开一大步，脚尖朝前，随之重心移到两脚中间，两腿逐渐伸直；同时两臂内旋伸直，两掌向前摆起，高与肩平，掌心向外，掌距与肩同宽；眼平视前方(见图 7-21)。

（2）随着呼气，松腹松肛；两腿下蹲成马步；同时两臂外旋，两掌从小指依次卷指，屈腕，五指成钩分别向肩髃穴抓点（见图 7-22），边抓边靠肘，使两肘尖相靠（见图 7-23）；眼平视前方。

图 7-21　两掌摆起，高与肩平

图 7-22　五指成钩

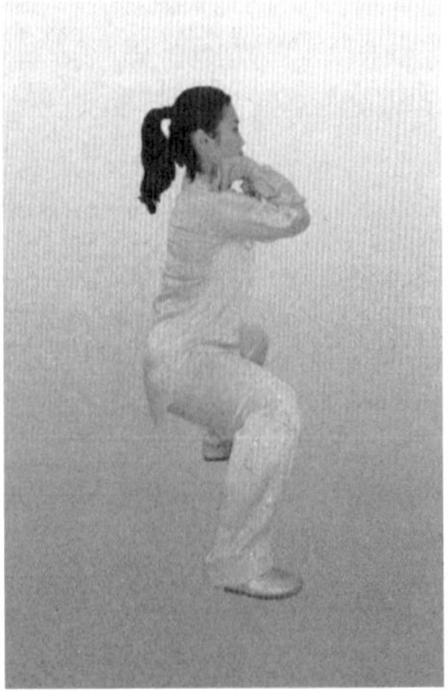

图 7-23　两肘尖相靠

（3）随着吸气，提肛调裆；两肘外张，两只钩手变掌内旋从肩上耳旁上托（见图 7-24），掌心向上，手指相对，腿和臂徐缓伸直（见图 7-25）；眼平视前方。

图 7-24　两掌从肩上上托

图 7-25　掌心向上，手指相对

（4）随着呼气，松腹松肛；重心移至右脚，左脚向右并拢，两腿由屈逐渐伸直；同时两掌从左右两侧向下划弧垂于体侧；眼平视前方（见图 7-26）。

动作 5～动作 8 同动作 1～动作 4，唯右脚向右侧开步做动作。

练习次数：共做两个 8 拍。第二个 8 拍的第 8 拍还原成并步站立势，两手握拳收于腰侧，拳心向上（见图 7-27）。

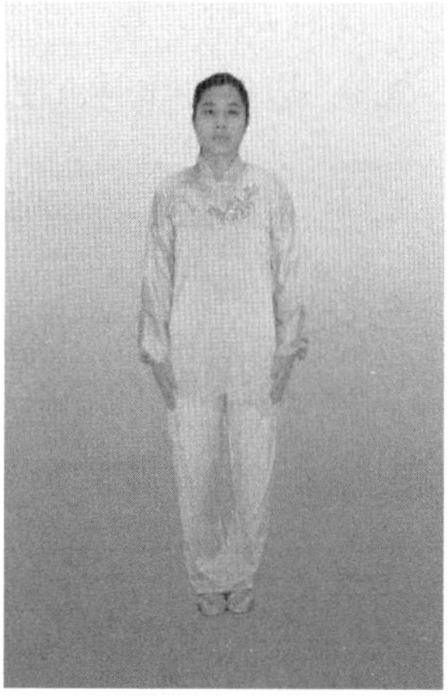

图 7-26　两掌垂于体侧

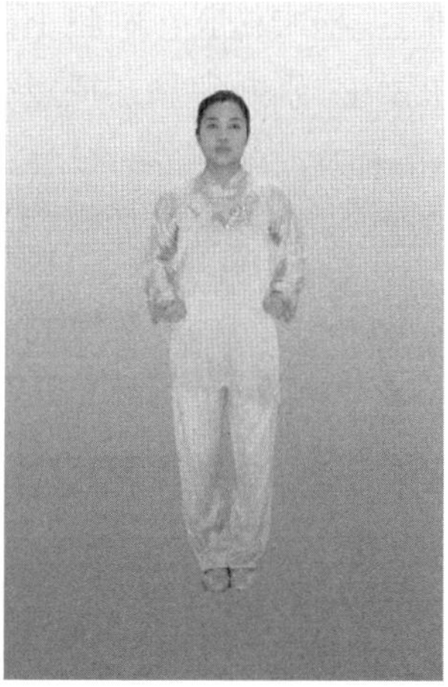

图 7-27　还原成并步站立势

【动作要点】

（1）旋臂幅度宜大，成马步时两脚之间的距离要大，脚尖向前，松腰敛臀。

（2）下蹲时要求边抓肩边靠肘，并肘尖下垂。

（3）意守穴位：中冲，或关冲，或少冲，或劳宫穴。

【主要功用】

（1）畅通手三阴三阳经。

（2）改善心房功能。

（3）提高腿部力量。

（4）防治肩周炎。

【易犯错误】卷鼻时两肘靠不紧，上托时眼睛向上看。

【纠正方法】练习时强调边抓肩边靠肘，肘尖下垂；上托时眼睛平视前方。

第四势　黄莺叠膀

【动作方法】

（1）随着吸气，提肛调裆；重心移至右脚，右腿半蹲，左脚跟稍提起，左脚向左侧开一步，脚尖向前，重心移至两脚之间，两腿伸直（见图 7-28）；同时两臂内旋伸直，两掌向两侧反臂托掌，至与肩平，眼向左平视（见图 7-29）。

（2）随着呼气，松腹松肛；两腿下蹲成马步；同时两臂外旋屈肘使两掌放于肩前，掌心朝里抖动 5 次（见图 7-30）。接着两掌从小指开始依次卷屈，向腋下身后沿脊柱两侧向下插掌摩运至腰俞穴两侧，掌心朝后，掌指朝下；眼平视前方（见图 7-31～图 7-33）。

（3）随着吸气，提肛调裆；两臂外旋，两掌分别向两侧、向前上方弧形摆动达于胸前，掌心相对，两臂自然伸直，继而两臂以腕为轴放松抖动 5 次；眼平视前方（见图 7-34）。

（4）随着呼气，松腹松肛，重心移至右脚，右腿半蹲，继而左脚向右脚并拢，两腿由屈逐渐伸直；同时两掌握拳抱于腰侧，拳心向上；眼平视前方（见图 7-35）。

动作 5～动作 8 同动作 1～动作 4，唯右脚向右侧开步做动作。

练习次数：共做两个 8 拍，第二个 8 拍还原成并步站立，两中指尖压在承浆穴附近；眼平视前方或微闭(见图 7-36)。

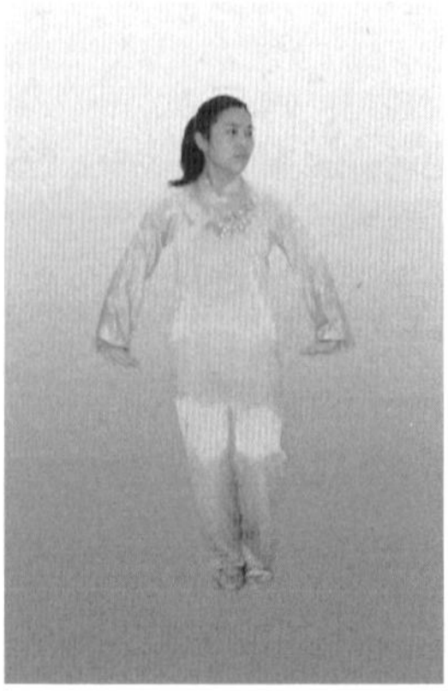

图 7-28　右腿半蹲，左脚跟稍提起

图 7-29　两掌向两侧反臂托掌

图 7-30　下蹲成马步，两掌放于肩前

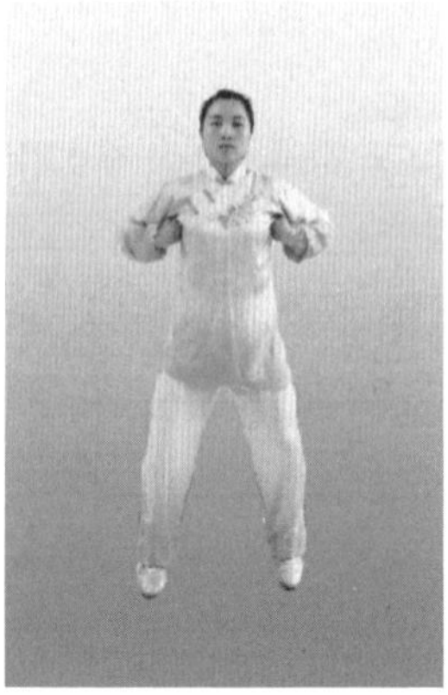

图 7-31　两掌向腋下插掌

图 7-32　两掌摩运至俞穴两侧(正面)

图 7-33　两掌摩运至俞穴两侧(反面)

图 7-34　两掌摆动至胸前

图 7-35　两腿伸直，两掌握拳抱于腰侧

图 7-36　两中指尖压承浆穴附近

【动作要点】

(1) 两臂的旋转幅度宜大。

(2) 两掌抖腕时，肩、肘、腕要充分放松，并且抖腕的速度要均匀适当，切勿做成甩手。

(3) 意守穴位：中冲，或关冲，或少冲，或劳宫穴。

【主要功用】

(1) 畅通手三阴三阳经。

(2) 提高腿部力量。

【易犯错误】旋臂的幅度过小；抖动时不以腕为轴；抖动次数过多或过少；抖动过快或过慢。

【纠正方法】要求臂的旋转幅度大，抖动时以腕为轴大臂不动；抖腕的次数为匀速5次。

第五势　上工揉耳

【动作方法】

第一个8拍：

(1) 两掌中指指腹从承浆穴，经地仓、迎香、睛明、攒竹至眉冲穴后，转用掌心贴面(见图7-37)。

(2) 全掌贴面，两手分别向左右摩运，中指摩运至头维，继而向下经耳门、听宫、听会、颊车、大营等穴，然后将两掌中指指腹置于承浆穴(见图7-38)。

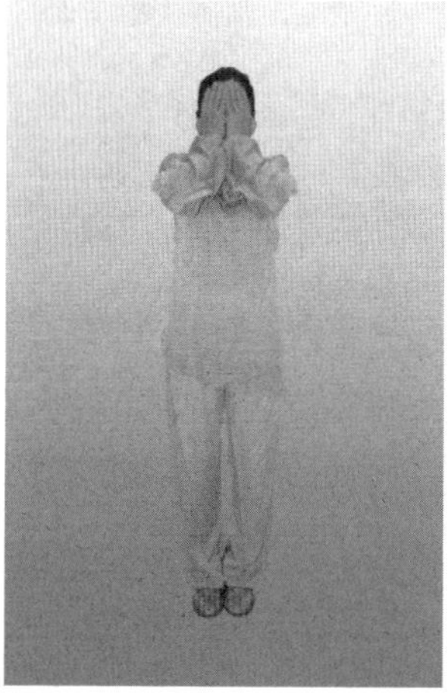

图7-37　掌心贴面

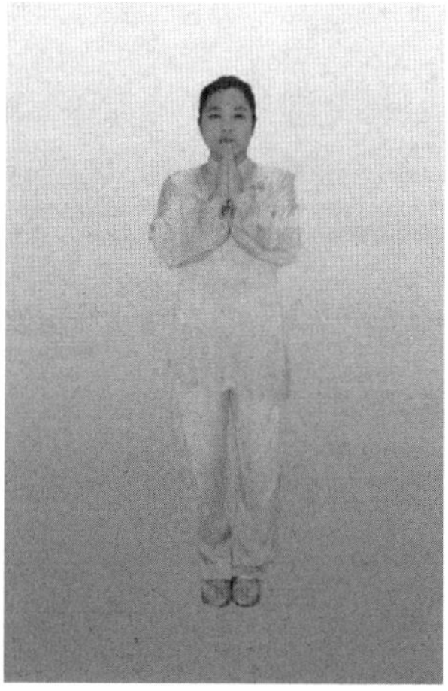

图7-38　两掌中指指腹置于承浆穴

(3) 两掌经颈侧向后推按，直到用掌跟将颈后皮肉挤拢提起为止(见图7-39、图7-40)。

(4) 两掌沿颈部两侧向前摩运，两中指指腹压在承浆穴上(见图7-41)。

动作5~动作8同动作1~动作4。

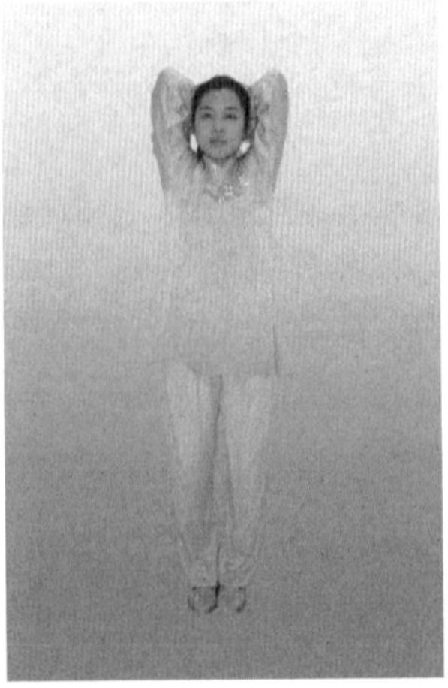

图 7-39　两掌经颈侧向后推按(正面)

图 7-40　两掌经颈侧向后推按(侧面)

图 7-41　两中指指腹压在承浆穴上

第二个 8 拍：

1~4 拍，两食指腹分别压在耳甲腔的心穴上，拇指腹捏在耳后对应的部位上；同时向前捻揉一周。

5~8 拍向后捻揉，每 1 拍捻揉一周(见图 7-42、图 7-43)。

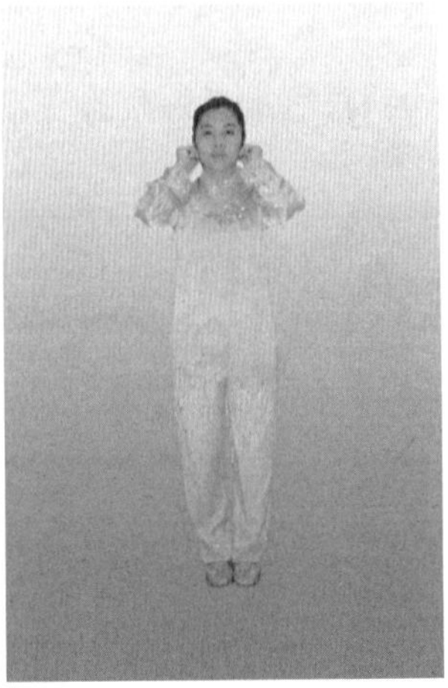

图 7-42　拇指腹捏在耳后(正面)

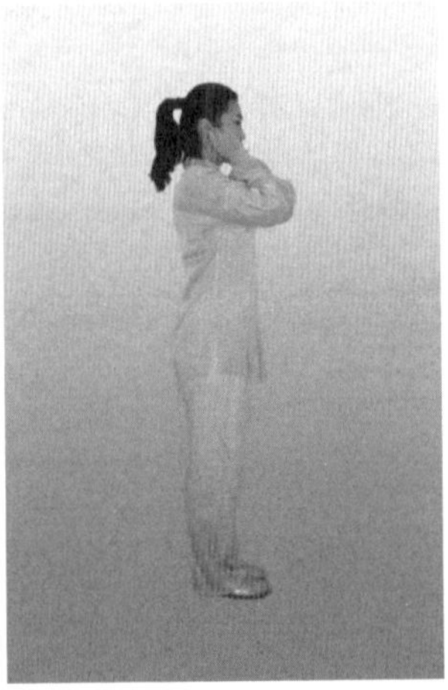

图 7-43　拇指腹捏在耳后(侧面)

第三个 8 拍：

1~4 拍，拇指腹托翳风穴，双手食指尖分别按揉交感穴，每一拍按揉一周。

5~8 拍，向后按揉，每 1 拍按揉一周(见图 7-44、图 7-45)。

第四个 8 拍：

1~4 拍，双手拇指腹和食指中节桡侧面捏住耳轮上部，食指在前，拇指在后，沿着降压沟从上向下摩运，当摩运到耳垂时，稍用力向下拉引，1 拍摩运一次(见图 7-46)。

图 7-44　拇指腹托翳风穴（正面）

图 7-45　拇指腹托翳风穴（侧面）

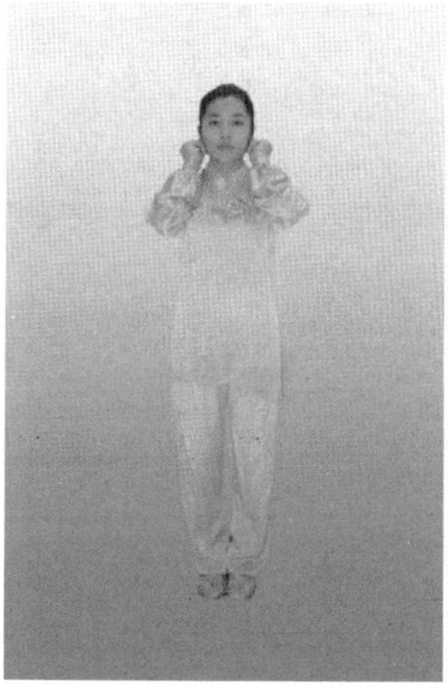

图 7-46　双手拇指腹和食指中节桡捏住耳轮摩运

第 5 拍用食指腹绕耳根由耳前向上摩运至耳根前上部。

第 6 拍沿耳根上部向耳后向下摩运至耳根上部(见图 7-47、图 7-48)。

第 7 拍用食指绕耳根，由耳后向上摩运至耳根上部。

第 8 拍用食指腹沿耳根上部向下摩运至耳根前下部。

练习次数：共做四个 8 拍，第四个 8 拍的第 8 拍，两掌垂于体侧(见图 7-49)；眼平视前方。

图 7-47　耳根摩运(正面)

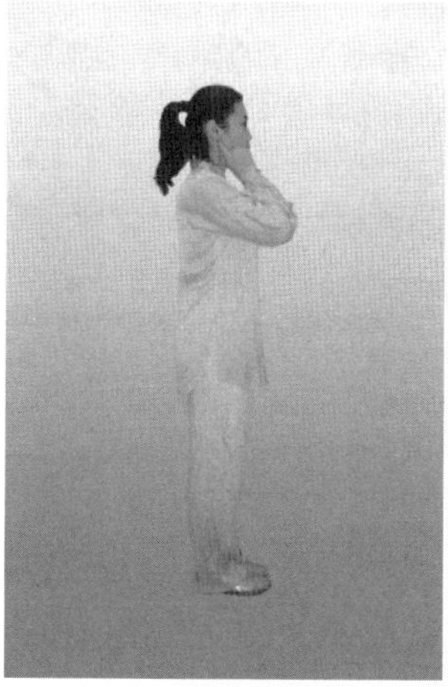

图 7-48　耳根摩运(侧面)

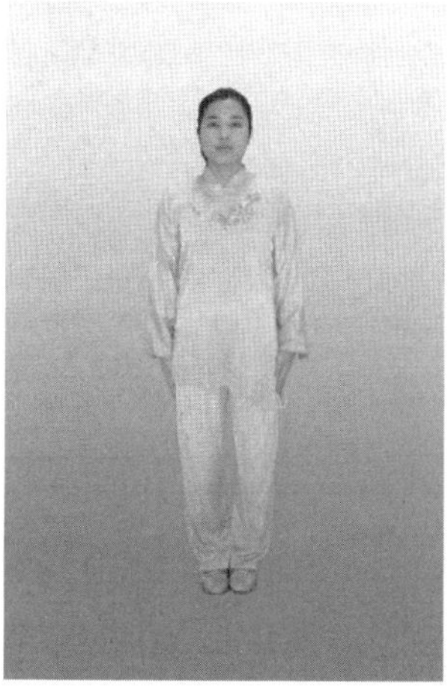

图 7-49　两掌垂于体侧

【动作要点】

(1) 穴位：意守被揉的穴位。

(2) 呼吸自然，面部放松。

(3) 低血压者和心率过缓者，两掌在颈部两侧摩运时力量要轻。

【主要功用】降低血压，抑制兴奋神经。

【易犯错误】干洗脸时面部紧张，揉耳时力度过轻或过重。

【纠正方法】要面部放松，呼吸自然，揉耳时有一定的力度。

第六势　捶臂叩腿

【动作方法】

第一个 8 拍：

(1) 左脚向左开步，全身放松，腰为纵轴，身体稍向左转；同时右手轻握拳用拳眼捶击左肩；左手轻握拳，用拳背捶击腰部命门穴；眼平视左前方(见图 7-50)。

(2) 同动作 1，唯身体稍向右转，左右手交换做动作(见图 7-51)。

(3) 两拳分别交替沿手太阴肺经脉和手阳明大肠经脉之间依次由肩捶到肘，后手捶叩命门穴不变(见图 7-52、图 7-53)。

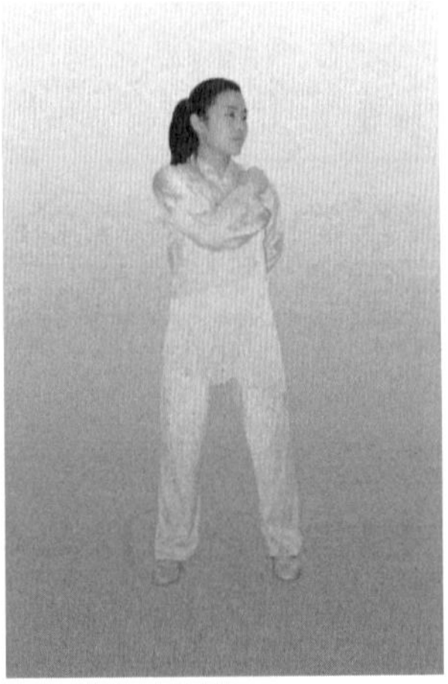

图 7-50　身体稍向左转

图 7-51　身体稍向右转

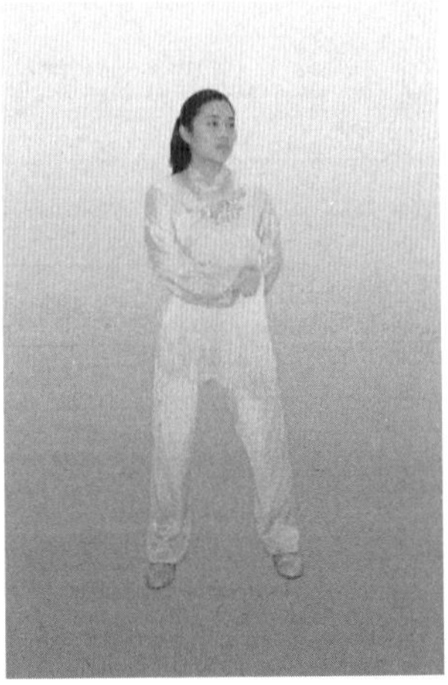

图 7-52　左手捶叩命门穴

图 7-53　右手捶叩命门穴

第二个 8 拍：

两拳分别交替沿手太阴肺经脉和手阳明大肠经脉之间依次由肘捶到肩，后手捶叩命门穴不变。

第三个 8 拍：

两手叉腰，两脚用太冲穴依次交替，由膝窝委中穴向下叩击到踝后跗阳穴附近；眼向前平视(见图 7-54)。

第四个 8 拍：

用两脚太冲穴依次交替(先用左脚叩击右腿)，由跗阳穴向上叩击到委中穴。

练功次数：共做四个 8 拍，第四个 8 拍的第 8 拍，当右脚叩击左膝窝后，继而与左脚并拢；同时两手落在腹前，掌心向上，掌指相对，两掌之间距离和两掌距身体的距离均约 10 厘米；眼平视前方(见图 7-55)。

图 7-54　两手叉腰，两脚叩击踝后跗阳穴附近

图 7-55　两手落在腹前，掌心向上

【动作要点】

(1) 摆臂时吸气，叩击时呼气，或者自然呼吸。

(2) 捶臂时以腰为纵轴带动两臂，转体不超过 45 度，摆臂的幅度宜稍大，用力由轻到重；叩腿时支撑脚五趾抓地，支撑腿稍屈。

(3) 练功时意守捶叩的穴位。

【主要功用】

两臂与两脚的捶叩可刺激手臂与腿的三阴三阳经脉的气血畅通。

【易犯错误】摆臂时身体乱晃，转体的幅度过大。

【纠正方法】摆臂时以腰为轴，转体的幅度不超过 45 度。

第七势　枯树盘根

【动作方法】

(1) 随着吸气，提肛调裆；重心移至右脚，右腿屈膝半蹲，左脚向左开步，随之两腿伸直(见图 7-56)；同时两臂内旋，两掌分别向两侧反臂托掌，眼看左掌(见图 7-57)；当两掌接近托平时，两臂外旋使掌心朝上，两臂自然伸直；眼看左掌(见图 7-58)。

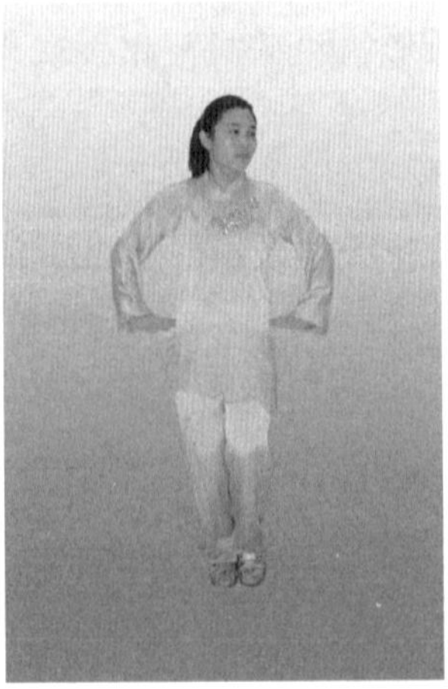

图 7-56　右腿屈膝半蹲，左脚向左开步

图 7-57　两臂内旋，两掌向两侧反臂托掌

图 7-58　两臂外旋使掌心朝上

（2）随着呼气，松腹松肛；重心移至左脚，身体稍右转，右脚尖外摆向左脚前盖步下蹲成盘根步；同时两掌向上经面前下按，当按到腿侧时握拳，稍翘腕，拳心向下，两臂稍内旋呈弧形，眼向右前方平视（见图 7-59）。

（3）随着吸气，提肛调裆；身体稍直起，左脚跟落地，右脚向右侧开步，脚尖朝前；同时两拳变掌，掌背相靠，指尖朝下，经腹前上提至胸前，屈肘与肩平；平视前方（见图 7-60）。

继而重心移至右脚，右腿弯曲，左腿伸直；同时两掌由腕、掌骨、第一指骨、第二指骨、第三指骨依次卷屈，顺势弹甲变掌，左右分掌达于体侧，臂自然伸直，掌高与肩平；眼平视前方（见图 7-61）。

图 7-59　蹲成盘根步

图 7-60　两拳变掌，掌背相靠，指尖朝下

图 7-61　左右分掌达于体侧

（4）随着呼气，松腹松肛；左脚向右脚并拢，两腿随之由屈缓缓伸直；同时两掌从体侧向下收于腹前，掌心朝上，掌指相对，两臂呈弧形，两掌间距和手掌与身体距离均为 10 厘米；眼平视前方(见图 7-62)。

动作 5～动作 8 同动作 1～动作 4，唯右脚向右侧开步做动作。

练习次数：做两个 8 拍，第二个 8 拍的第 8 拍还原成并步站立，两掌垂于体侧(见图 7-63)。

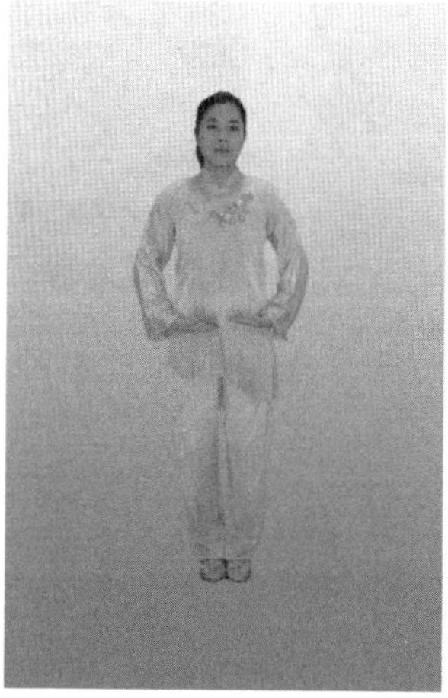

图 7-62　两掌收于腹前

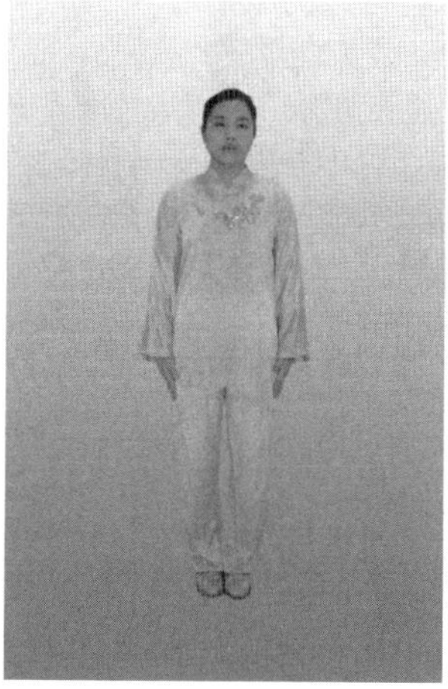

图 7-63　还原成并步站立

【动作要点】

（1）成盘根步时，上体要直，前脚尖外摆。

（2）叠腕、卷指、弹甲动作要连贯平滑，分手时，手不要上举，指端不超过头顶。

（3）上、下肢要协调一致，下肢的歇步象征着枯树盘根，老而愈坚；上肢的叠腕、卷指、弹甲等动作，意味着老树发新芽，茁壮成长，象征着青春活力。

（4）意守穴位：中冲，或关冲，或劳宫穴。

【主要功用】

两臂旋转与两腿的蹲起可刺激手臂与腿的三阴三阳经脉的气血通畅。

第八势　平步连环

【动作方法】

（1）随着吸气，提肛调裆；身体半面左转 45 度，两掌心贴身从脊柱两侧的白环俞上提，经膀胱俞、小肠俞、关元俞、大肠俞、气海俞、肾俞摩运至尽头，掌指朝下；眼平视左前方(见图 7-64)。

（2）随着呼气，松腹松肛；重心移至右脚，右腿半蹲，左脚向左前方上一步，脚跟先着地，继而重心前移下沉，左脚踏实着地，右脚跟提起，两腿伸直同时两掌跟用力向下摩运至白环俞；眼平视左前方(见图 7-65、图 7-66)。

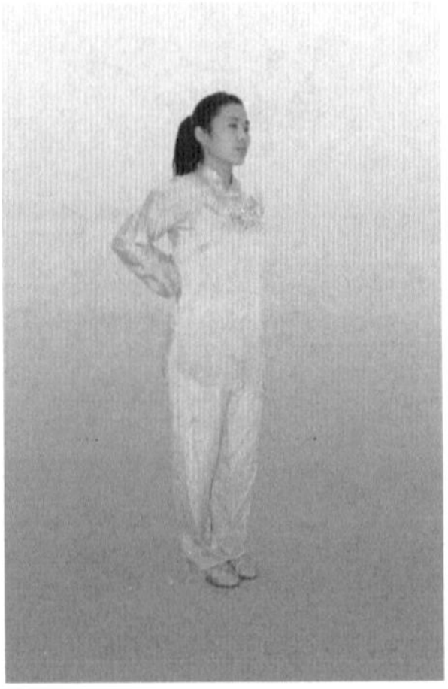

图 7-64 身体半面左转 45 度(1)

图 7-65 右腿半蹲，左脚向左前方一步(1)

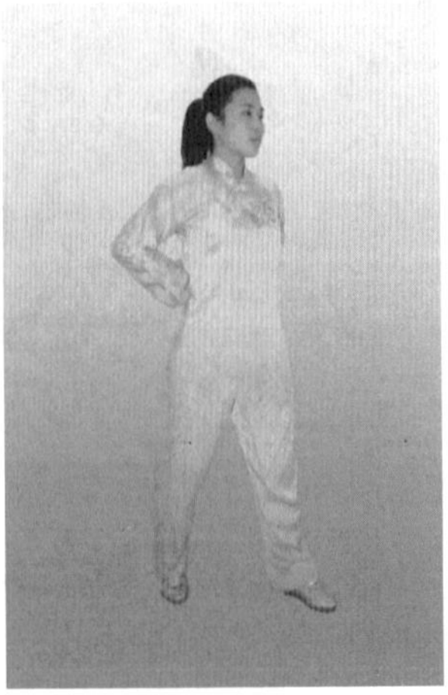

图 7-66 左脚踏实着地，右脚跟提起(2)

(3) 随着吸气，提肛调裆；重心后移下沉，左腿伸直，左脚尖翘起成左虚步；同时两掌由下沿脊柱两侧上提摩运至尽头(见图 7-67)。

(4) 随着吸气，松腹松肛，身体转正，左脚向右脚并拢，两腿由屈逐渐伸直，两掌向下摩运垂于体侧，还原成并步站立势；眼平视正前方(见图 7-68)。

第二个 8 拍同第一个 8 拍，唯身体半面右转 45 度，向右前方上右脚做动作。

第三个 8 拍：两脚并立，两掌相叠于关元，劳宫对劳宫，左掌在里面；眼平视前方(见图 7-69)。

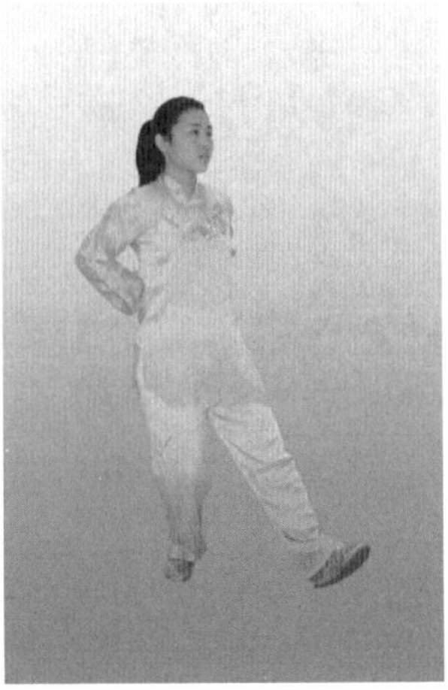

图 7-67 左脚尖翘起成左虚步

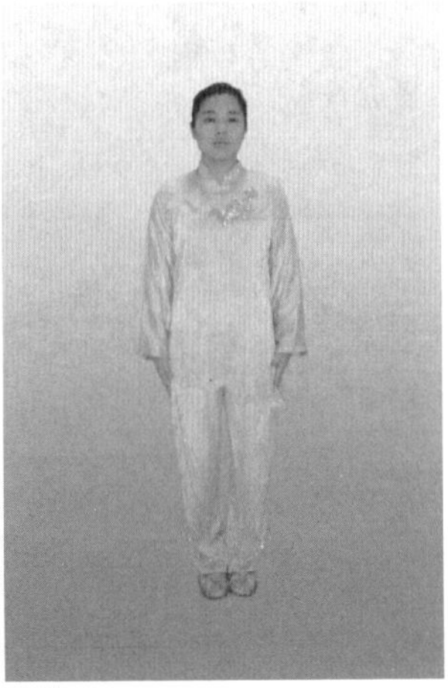

图 7-68 还原成并步站立势

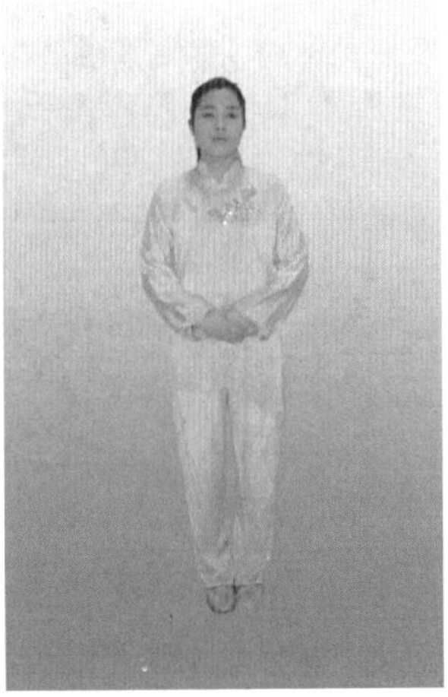

图 7-69 两掌相叠于关元

(5) 随着吸气，提肛调裆；身体半面转 45 度，两掌相叠从关元经中脘、膻中摩运至天突；眼平视左前方(见图 7-70)。

(6) 随着呼气，松腹松肛；右腿半蹲，左脚向左前方上一大步，脚跟落地，继而重心前移下沉，左脚踏实落地，右脚跟提起，两腿伸直；同时两掌相叠从天突向下摩运至关元；眼平视前方(见图 7-71、图 7-72)。

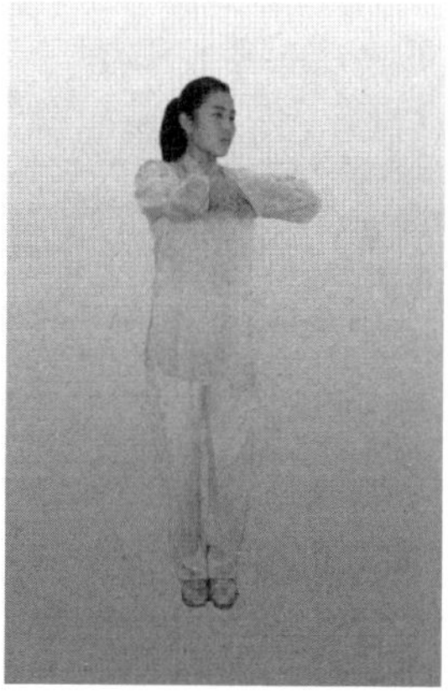

图 7-70　身体半面转 45 度(2)

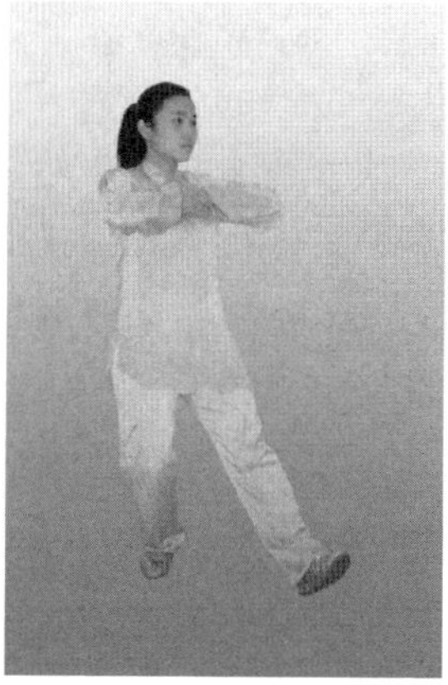

图 7-71　右腿半蹲，左脚向左前方一步(2)

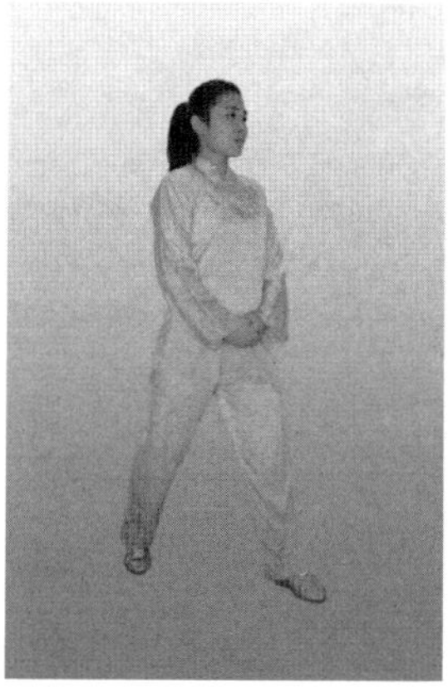

图 7-72　左脚踏实着地，右脚跟提起(2)

(7) 随着吸气，提肛调裆；重心慢慢移至右脚，右脚跟落地，左腿弯曲；左腿伸直，左脚尖点地；同时，两掌相叠从关元依次摩运至天突；眼平视前方(见图 7-73、图 7-74)。

(8) 身体转正，还原成并步站立，两掌摩运至关元后垂于体侧(见图 7-75)。

第四个 8 拍同第三个 8 拍，唯身体半面右转 45 度，向右前方上右脚做动作。

练功次数：共做四个 8 拍，两掌摩运至关元穴后，稍停片刻再将两掌垂于体侧成并步站立势。

图 7-73　右脚跟落地，右腿弯曲

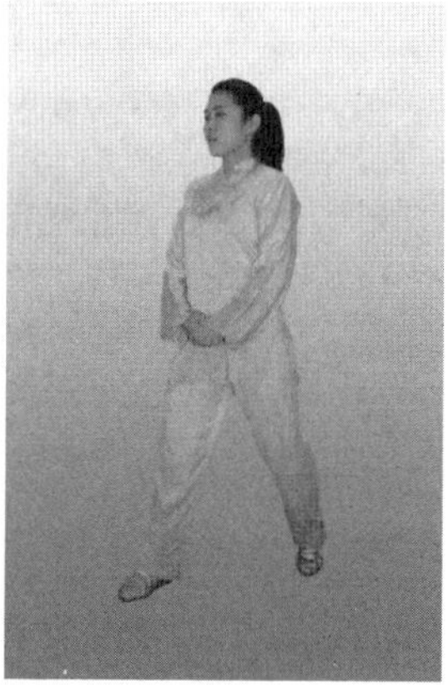

图 7-74　两掌相叠

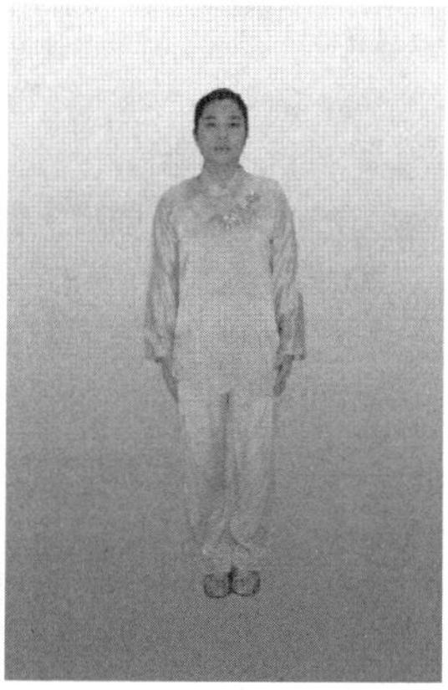

图 7-75　还原成并步站立

【动作要点】

(1) 思想集中，手掌要贴紧，按摩背部时，意守命门；按摩腹部时，意守丹田。

(2) 翘足和提踵要充分。

(3) 重心前后移动要走弧线，身体保持正直，不要前俯后仰、左倾右斜。

【主要功用】

畅通任督二脉，调节呼吸。

第八章　健身气功·五禽戏

第一节　五禽戏概述

五禽戏是东汉名医华佗根据古代导引、吐纳之术，研究了虎、鹿、熊、猿、鸟的活动特点，并结合人体脏腑、经络和气血的功能所编成的一套具有民族风格的健身气功功法。

对华佗编创五禽戏的记载最早见于晋时陈寿的《三国志·华佗传》：“吾有一术，名五禽之戏，一曰虎，二曰鹿，三曰熊，四曰猿，五曰鸟。亦以除疾并利蹄足，以当导引。”南北朝时范晔在《后汉书·华佗传》中的记载也基本相同，只是对个别文字略做修饰，全段并没有太大出入。

五禽戏发展至今，已形成不少流派，每个流派都有各不相同的风格特点。总的来看，都是根据“五禽”的动作特点，结合自己练功体验的“仿生式”导引法，以活动筋骨、疏通气血、防病治病、健身延年为目的。其中，有的偏重肢体运动，模仿五禽动作，意在健身强体，为外功型；有的仿效五禽神态，以内气运行为主，重视意念锻炼，为内功型；等等。

“健身气功·五禽戏”的动作创编符合现代人体运动学的原理，体现时代特征和科学健身理念；功法符合中医基础理论、五禽的秉性特点，配合中医脏腑、经络学说，既有整体的健身作用，又有每一戏的特定功效。

一、功法特点

（一）安全易学，左右对称

“健身气功·五禽戏”是在对传统五禽戏进行挖掘整理的基础上编创的，便于广大群众习练。因此，动作力求简捷，左右对称，平衡发展，既可全套连贯练习，也可以侧重多练某戏，还可以只练某戏。运动量较为适中，属有氧训练，各人可根据自身情况调节每势动作的运动幅度和强度，安全可靠地练习。

整套功法虽然动作简单，但每一个动作无论是动姿还是静姿，都有细化、精化的余地。如“虎举”，手型的变化，就可细化为撑掌、屈指、拧拳三个过程；两臂的举起和下落，又可以分为提、举、拉、按四个阶段，并将内劲贯注于动作的变化之中，眼神要随手而动，带动头部仰俯变化。待动作熟练后，还可以按照起吸落呼的规律以及虎的神韵要求，内外合一地进行锻炼。习练者可以根据自己的身体条件和健康状况，循序渐进，逐步提高。

（二）引伸肢体，动诸关节

本功法动作体现了身体躯干的全方位运动，包括前俯、后仰、侧屈、拧转、折叠、提落、开合等各种不同的姿势，可对颈椎、胸椎、腰椎等部位进行有效的锻炼。总的来看，该功法以腰为主轴和枢纽，带动上、下肢向各个方向的运动，增强健身功效。

本功法特别注意手指、脚趾等关节的活动，以达到加强远端血液循环的目的，同时还注意对平时活动较少或被人们忽视的肌肉群的锻炼。例如，在设计“虎举”“鹿奔”“熊晃”“猿提”等动作时，就充分考虑了这些因素。试验点教学效果检测对比数据也证实了这些动作的独特作用，有关指标呈现出较为明显的变化。

（三）外导内引，形松意充

古人将“导引”解释为“导气令和，引体令柔”。所谓“导气令和”，主要指疏通调畅体内气血和调顺呼吸之气；所谓“引体令柔”，就是指利用关节、韧带、肌肉的肢体运动。“健身气功 · 五禽戏”是模仿动物姿势、以动为主的功法，根据动作的升降开合，以形引气。虽然“形”显示于外，但为内在的“意”“神”所系。外形动作既要效仿虎之威猛、鹿之安舒、熊之沉稳、猿之灵巧、鸟之轻捷，还要力求蕴含“五禽”的神韵，意气相随，内外合一。

习练过程在保持功法要求的正确姿势前提下，各部分肌肉应尽量保持放松，做到舒适自然，不僵硬，不拿劲，不软塌。只有肢体松沉自然，才能做到以意引气、气贯全身、以气养神、气血通畅，从而增强体质。

（四）动静结合，练养相兼

“健身气功 · 五禽戏”模仿五禽的动作和姿势，舒展肢体，活络筋骨，同时在功法的起势、收势以及每一戏结束后，配以短暂的静功站桩，诱导习练者进入相对平稳的状态和“五禽”的意境，以此来调整气息、宁心安神，起到“外静内动”的功效。具体来说，肢体运动时，形显示于外，但意识、神韵贯注于动作中，排除杂念，思想达到相对的“入静”状态；进行静功站桩时，虽然形体处于安静的状态，但是必须体会到体内的气息运行以及“五禽”意境的转换。动与静的有机结合，两个阶段相互交替出现，起到练养相兼的互补作用，可进一步提高练功效果。

二、习练要领

习练“健身气功 · 五禽戏”，必须把握好“形、神、意、气”四个环节。

（一）形

形，即练功时的姿势。古人说“形不正则气不顺，气不顺则意不宁，意不宁则神散乱”，说明姿势在练功中的重要性。开始练功时，头身正直，含胸垂肩，体态自然，使身体各部位放松、舒适，不仅肌肉放松，精神上也要放松，呼吸要调匀，逐步进入练功状态。开始习练每戏时，要根据动作的名称含义，做出与之相适应的动作造型，动作到位，合乎规范，努力做到“演虎像虎”“学熊似熊”。特别是对动作的起落、高低、轻重、缓急、虚实要分辨清楚，不僵不滞，柔和灵活，以达到“引伸肢体，动诸关节，以求难老”的功效。

（二）神

神，即神态、神韵。养生之道在于“形神合一”。习练健身气功应当做到“唯神是守”。只有“神”守于“中”，而后才能“形”全于“外”。所谓“戏”，有玩耍、游戏之意，这也是“健身气功·五禽戏”与其他健身气功功法不同之处。只有掌握“五禽”的神态，进入玩耍、游戏的意境，神韵方能显现出来，动作形象才可能逼真。虎戏要仿效虎的威猛气势，虎视眈眈；鹿戏要仿效鹿的轻捷舒展，自由奔放；熊戏要仿效熊的憨厚刚直，步履沉稳；猿戏要仿效猿的灵活敏捷，轻松活泼；鸟戏要仿效鹤的昂首挺立，轻盈潇洒。

（三）意

意，即意念、意境。《黄帝内经》指出：“心为五脏六腑之大主，心动五脏六腑皆摇。”这里的“心”指的是大脑，说明人的思维活动和情绪变化都能影响五脏六腑的功能。因此，在习练中，要尽可能排除不利于身体健康的情绪和思想，创造一个美好的内部环境。开始练功时，可以通过微想腹部下丹田处，使思想集中，排除杂念，做到心静神凝。习练每戏时，逐步进入“五禽”的意境，模仿不同动物的不同动作。意随形动，气随意行，达到意、气、形合一，以此来疏导经络，调畅气血。

（四）气

气，即指练功时对呼吸的锻炼，也称调息，就是习练者有意识地注意呼吸的调整，不断去体会、掌握，运用与自己身体状况或动作变化相适应的呼吸方法。

对于初学者，应先学会动作，明确其含义，使姿势达到舒适准确；待身体放松、情绪安宁后，逐渐注意调整呼吸。古人说“使气则竭，屏气则伤”，应引以为戒。习练“五禽戏”时，呼吸和动作的配合有以下规律：起吸落呼，开吸合呼，先吸后呼，蓄吸发呼。其主要呼吸形式有自然呼吸、腹式呼吸、提肛呼吸等，可根据姿势变化或劲力的要求而选用。但是，不管选用何种呼吸形式，都要求松静自然，不能憋气。同时，呼吸的“量”和“劲”都不能太过、太大，以不疾不徐为宜，逐步达到缓慢、细匀、深长的程度，以利身体健康。

三、习练中的注意事项

（一）由浅入深

五禽戏包括起势、收功，共 12 个动作。虽然动作相对简单，容易学会，但要练得纯熟，动作细化、精化，必须经过一段时间的认真习练。因此，初学者必须先掌握动作的姿势变化和运行路线，搞清来龙去脉，跟随他人一起边模仿边练习，尽快融入集体习练中，初步做到“摇筋骨，动肢节”。随后，在练习中要注意动作的细节，可采取上、下分解练习，再过渡到以腰为轴的完整动作习练，最后进行逐动、逐戏和完整功法的习练，使动作符合规范，并达到熟练的程度。此时，就要注意动作和呼吸、意识、神韵的结合，充分理解动作的内涵和意境，真正达到“形神兼备、内外合一”。特别需要指出的是，不要动作还没真正搞清，就想追求内在的体验，这是不可能的，甚至会出现不良后果。练功必须由简到繁，由浅入深，循序渐进，逐步掌握。只有这样，才能保证把基础打好，防止出现偏差。

（二）因人而异

中老年人、体虚体弱的人，尤其是患有各种慢性疾病者，需要根据自身体质状况来习练。动作的速度、步姿的高低、幅度的大小、锻炼的时间、习练的遍数、运动量的大小都应很好地把握。其原则是：练功后感到精神愉快，心情舒畅，肌肉略感酸胀，但不感到太疲劳，不妨碍正常的工作和生活。切忌急于求成，贪多求快。

第二节　五禽戏的动作图解

一、起势——调息

动作一：两脚并拢，自然伸直；两手自然垂于体侧；胸腹放松，头项正直，下颌凳微收，舌抵上腭；目视前方(见图 8-1)。

动作二：左脚向左平开一步，稍宽于肩，两膝微屈，松静站立；调息数次，意守丹田(见图 8-2)。

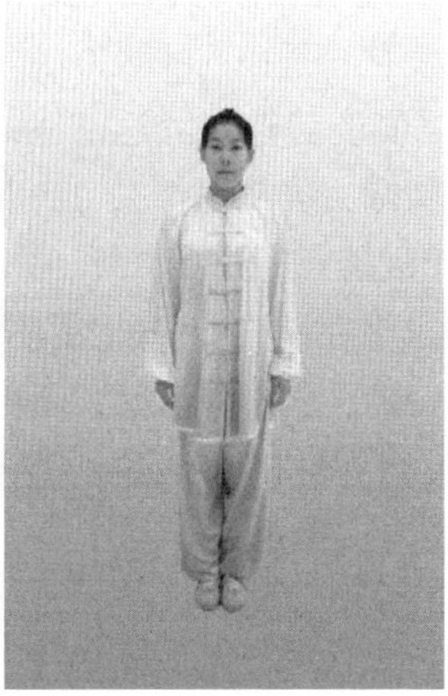

图 8-1　起势动作一

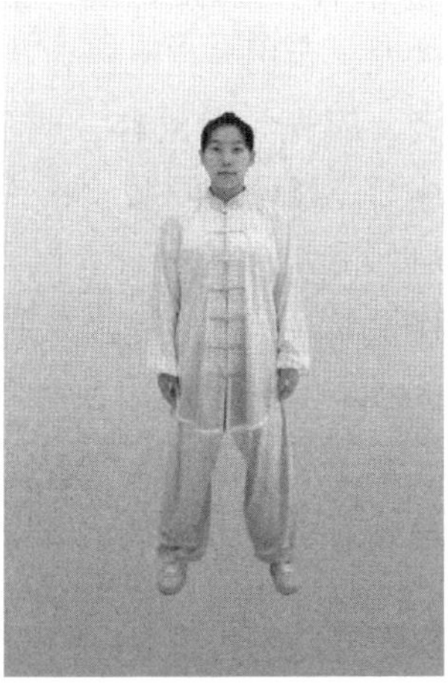

图 8-2　起势动作二

动作三：肘微屈，两臂在体前向上、向前平托，与胸同高(见图 8-3)。

动作四：两肘下垂外展，两掌向内翻转，并缓慢下按于腹前；目视前方(见图 8-4)。

重复动作三、动作四两遍后两手自然垂于体侧(见图 8-5)。

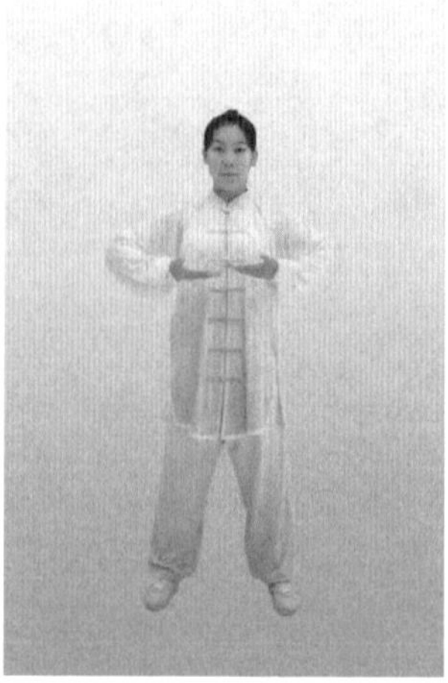

图 8-3　起势动作三

图 8-4　起势动作四

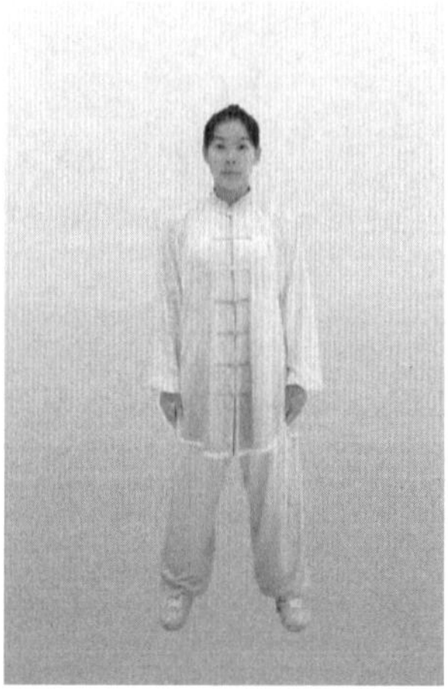

图 8-5　两手自然垂于体侧

【动作要点】

（1）两臂上提下按，意在两掌劳宫穴，动作柔和、均匀、连贯。

（2）动作也可配合呼吸，两臂上提时吸气，下按时呼气。

【易犯错误】

（1）向左开步时，两膝过分挺直，身体左右摇晃。

（2）两掌上提下按时，运行路线直来直去，两肘外扬，肩膀上耸。

【纠正方法】

（1）先开步，两膝先微屈；开步时，身体重心先落于右脚，左脚提起后，再缓缓向左移，左脚掌先着地，使重心保持平稳。

（2）意念沉肩，在两臂起动，肘尖有下垂感觉，两掌上提、内合、下按，运行路线呈弧线，平滑自然。

【功力与作用】

（1）排除杂念，诱导入静，调和气息，宁心安神。

（2）吐故纳新，升清降浊，调理气息。

二、第一戏——虎戏

“虎戏”要体现虎的威猛：神发于目，虎视眈眈；威生于爪，伸缩有力；神威并重，气势凌人。动作变化要做到刚中有柔、柔中生刚、外刚内柔、刚柔并济，具有动如雷霆无阻挡、静如泰山不可摇的气势。

（一）第一式——虎举

动作一：接上式。两手掌心向下，十指撑开，再弯曲呈虎爪状；目视两掌（见图 8-6）。

动作二：随后，两手外旋，由小指先弯曲，其余四指依次弯曲握拳，两拳沿体前缓缓上提（见图 8-7），至肩前时，十指撑开。举至头上方再弯曲呈虎爪状；目视两掌（见图 8-8）。

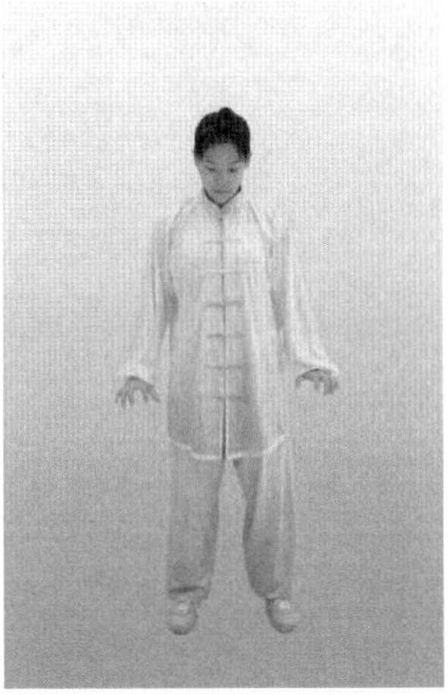

图 8-6　虎举动作一

图 8-7　虎举动作二之两拳上提

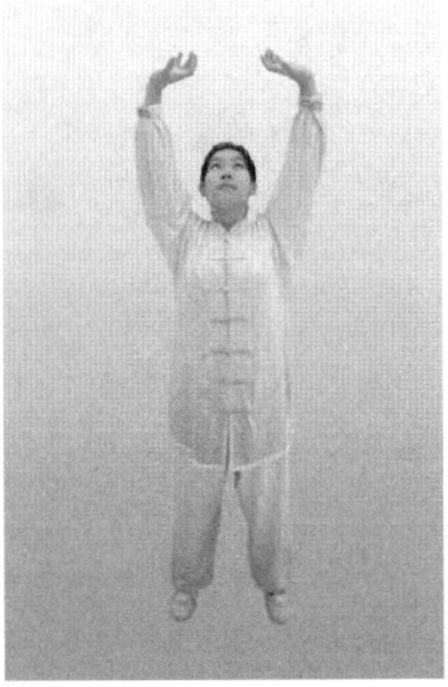

图 8-8　虎举动作二之虎爪状

动作三：两掌外旋握拳，拳心相对；目视两掌。

动作四：两拳下拉至肩前时，变掌下按(见图 8-9)。沿体前下落至腹前，十指撑开，掌心向下，目视两掌(见图 8-10)。重复动作一至动作四 3 遍后，两手自然垂于体侧；目视前方(见图 8-11)。

图 8-9　虎举动作四之变掌下按

图 8-10　虎举动作四之两掌落至腹前

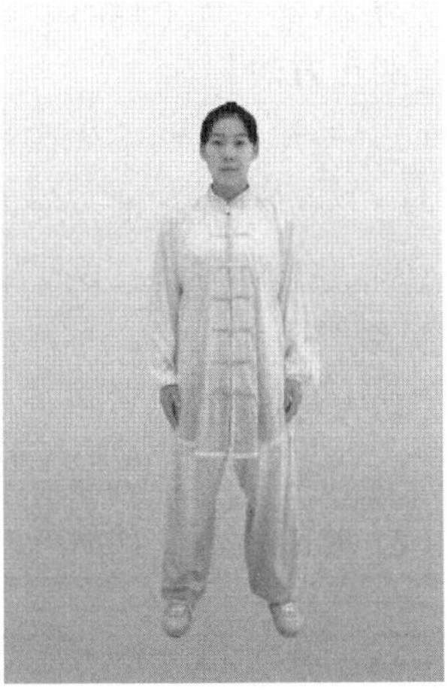

图 8-11　两手自然垂于体侧

【动作要点】

(1) 十指撑开，弯曲成“虎爪”和外旋握拳，三个环节均要贯注劲力。

(2) 两掌向上如托举重物，提胸收腹，充分拔长身躯；两掌下落如拉双环，含胸松腹，气沉丹田。

(3) 眼随手动。

(4) 动作可配合呼吸，两掌上举时吸气，下落时呼气。

【易犯错误】

(1) 手直接由掌变拳，虎爪状不明显。

(2) 两掌上举时，身体后仰，呈反弓状。

【纠正方法】

(1) 十指撑开后，先依次屈第一、第二指关节，再握紧成拳。

(2) 两掌向头部正上方托举，身体与地面保持垂直。

【功理与作用】

(1) 两掌举起，吸入清气；两掌下按，呼出浊气。一升一降，疏通三焦气机，调理三焦功能。

(2) 手由“虎爪”变拳，可增强握力，改善上肢远端关节的血液循环。

(二) 第二式——虎扑

动作一：接上式。两手握空拳，沿身体两侧上提至肩前上方(见图 8-12)。

动作二：两手向上、向前画弧，十指弯曲成“虎爪”，掌心向下；同时上体前俯，挺胸塌腰；目视前方(见图 8-13、图 8-14)。

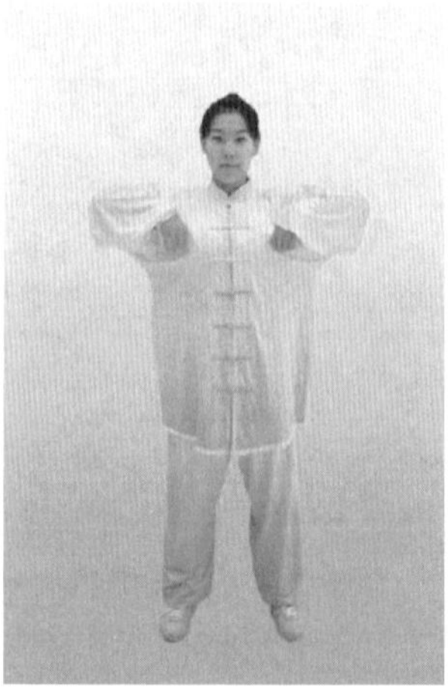

图 8-12　虎扑动作一

图 8-13　虎扑动作二(正面)

图 8-14　虎扑动作二(侧面)

动作三：两腿屈膝下蹲，收腹含胸；同时，两手向下画弧至两膝侧，掌心向下；目视前下方(见图 8-15)。随后，两腿伸膝，送髋，挺腹，后仰；同时，两掌握空拳，沿体侧向上提至胸侧；目视前上方(见图 8-16、图 8-17)。

动作四：左腿屈膝提起，两手上举(见图 8-18)。左脚向前迈出一步，脚跟着地，右腿屈膝下蹲，成左虚步；同时上体前倾，两拳变“虎爪”向前、向下扑至膝前两侧，掌心向下，目视前下方(见图 8-19)；随后上体抬起，左脚收回，开步站立；两手自然垂于体侧；目视前方(见图 8-20)。

动作五至动作八：同动作一至动作四，唯左右相反(见图 8-21～图 8-27)。

重复一至八动作一遍后，两掌向身体侧前方举起，与胸同高，掌心向上；目视前方(见图 8-28)。两臂屈肘，两掌内合下按，自然垂于体侧；目视前方(见图 8-29)。

图 8-15　虎扑动作三之两手向下画弧至两膝侧

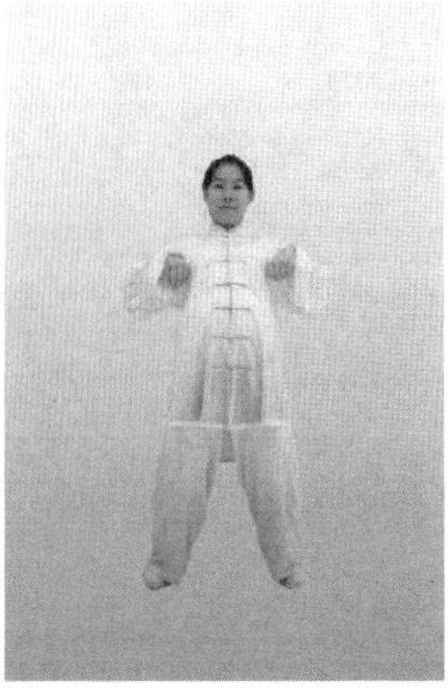

图 8-16　虎扑动作三之掌握空拳提至胸侧(正面)

图 8-17　虎扑动作三之掌握空拳提至胸侧(侧面)

图 8-18　虎扑动作四之左腿屈膝、两手上举

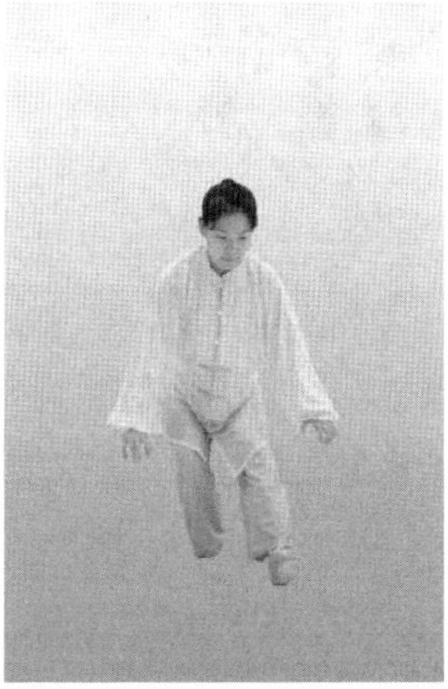

图 8-19　虎扑动作四之两拳变“虎爪”

图 8-20　虎扑动作四之开步站立

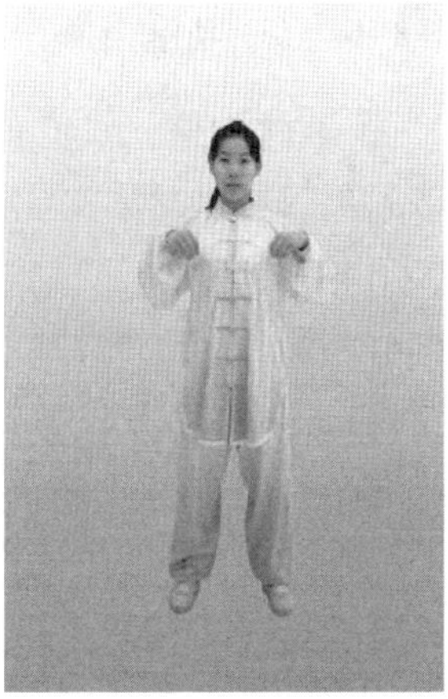

图 8-21　虎扑动作五

图 8-22　虎扑动作六

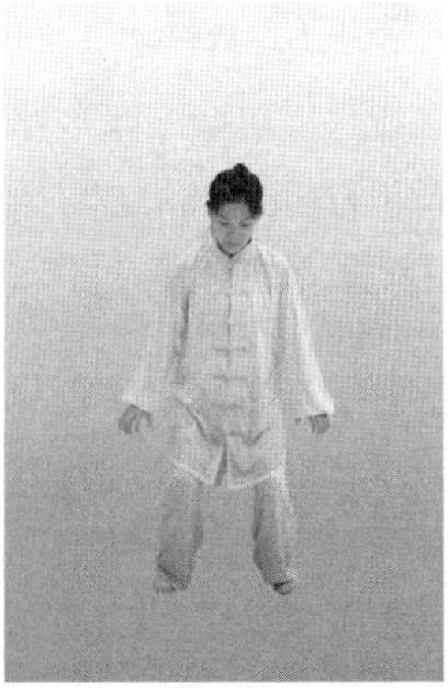

图 8-23　虎扑动作七之两手向下划弧至两膝侧

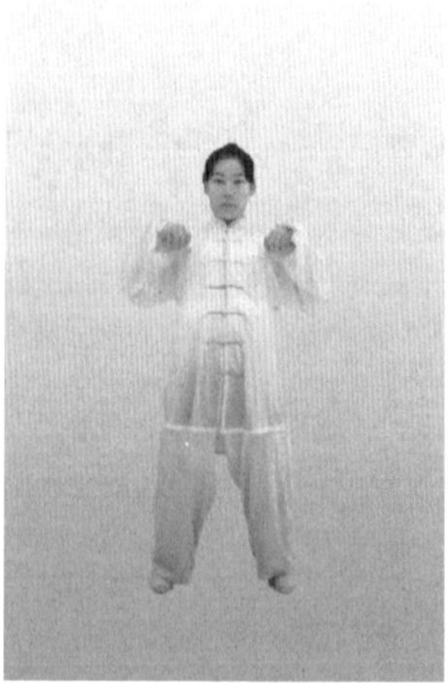

图 8-24 虎扑动作七之掌握空拳提至胸侧

图 8-25 虎扑动作八之左腿屈膝、两手上举

图 8-26 虎扑动作八之两拳变“虎爪”

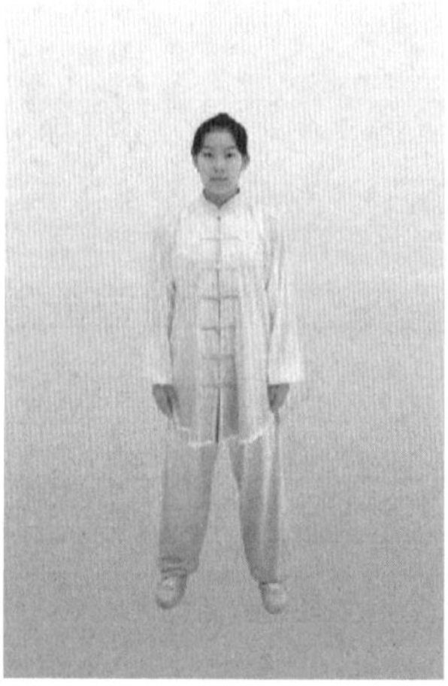

图 8-27 虎扑动作八之开步站立

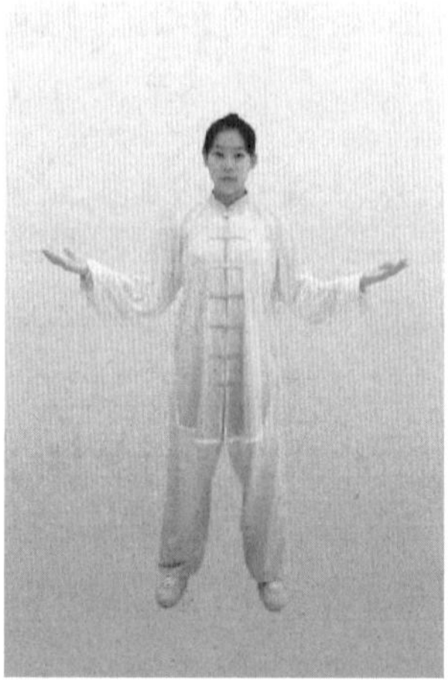

图 8-28 两掌向身体侧前方举起

图 8-29 两掌内合下按，自然垂于体侧

【动作要点】

（1）上体前俯，两手尽力向前伸，而臀部向后引，充分伸展脊柱。

（2）屈膝下蹲、收腹含胸要与伸膝、送髋、挺腹、后仰动作过程连贯，使脊柱形成由折叠到展开的蠕动，两掌下按上提要与之配合协调。

（3）虚步下扑时，速度可加快，先柔后刚，配合快速深呼气，气由丹田发出，以气催力，力达指尖，表现出虎的威猛。

（4）体弱者，可根据情况适当减小动作幅度。

【易犯错误】

（1）“虎爪”和握拳两种手型的变化过程掌握不当。

（2）身体由折弯到展开不够充分，两手配合不够协调。

（3）向前迈步成虚步时，重心不稳，左右摇晃。

【纠正方法】

（1）两手前伸抓扑时，拳变“虎爪”，力达指尖，由柔转刚；两掌向里划弧回收时，“虎爪”屈拢，轻握空拳，由刚转柔。

（2）身体前挺展开时，两手要注意后伸，运行路线要呈弧形，协助身体完成屈伸蠕动。

（3）迈步时，两脚横向间距要保持一定宽度，适当增大稳定角度。

【功理与作用】

（1）虎扑动作形成了脊柱的前后伸展折叠运动，尤其是引腰前伸，增加了脊柱各关节的柔韧性和伸展度，可使脊柱保持正常的生理弧度。

（2）脊柱运动能增强腰部肌肉力量，对常见的腰部疾病，如腰肌劳损、习惯性腰扭伤等症有防治作用。

（3）督脉行于背部正中，任脉行于腹部正中。脊柱的前后伸展折叠，牵动任督二脉，起到调理阴阳、疏通经络、活跃气血的作用。

三、第二戏——鹿戏

鹿喜挺身眺望，好角抵，运转尾闾，善奔走，通任督二脉。习练“鹿戏”时，动作要轻盈舒展，神态要安闲雅静，意想自己置身于群鹿中，在山坡、草原上自由快乐地活动。

（一）第一式——鹿抵

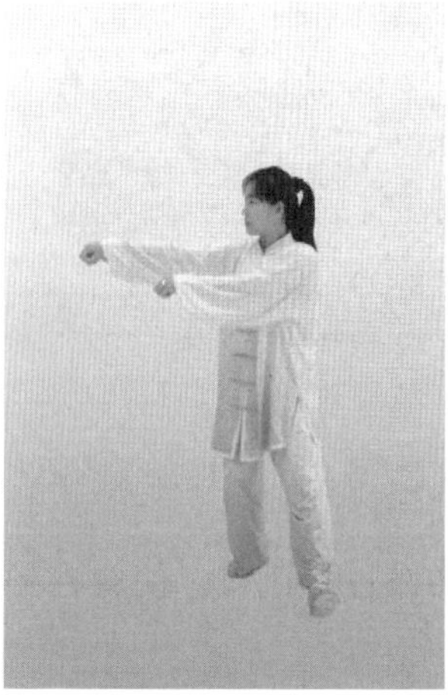

图 8-30　鹿抵动作一

动作一：两腿微屈，身体重心移至右腿，左脚经右脚内侧向左前方迈步；脚跟着地；同时，身体稍右转；两掌握空拳，向右侧摆起，拳心向下，高与肩平；目随手动，视右拳(见图 8-30)。

动作二：身体重心前移；左腿屈膝，脚尖外展踏实；右腿伸直蹬实；同时，身体左转，两掌成“鹿角”，向上、向左、向后划弧，左臂弯曲外展伸直，肘抵靠左腰侧；右臂举至头前，向左后方伸抵，掌心向外，指尖朝后；目视右脚跟(见图 8-31、图 8-32)。随后，身体右转，左脚收回，开步站立；同时两手向上、向右、向下划弧，两掌握空拳下落于体前；目视前下方(见图 8-33)。

动作三、动作四：同动作一、动作二，唯左右相反(见图 8-34~图 8-36)。

动作五至动作八：同动作一至动作四。

重复一至八动作一遍。

图 8-31 鹿抵动作二之伸抵（正面）

图 8-32 鹿抵动作二之伸抵（侧面）

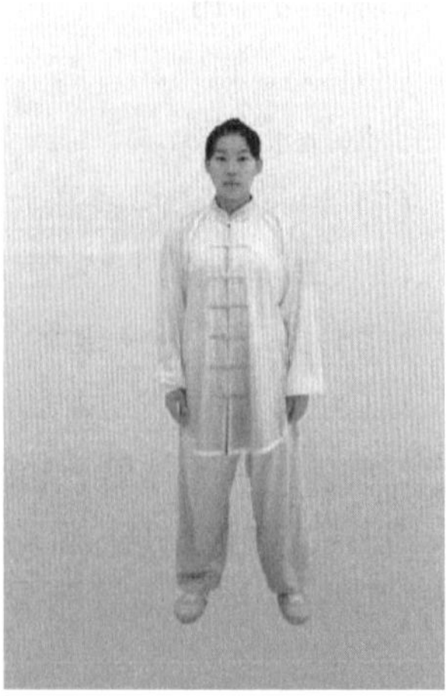

图 8-33 鹿抵动作二之两掌握空拳下落于体前

图 8-34 鹿抵动作三

图 8-35 鹿抵动作四之伸抵

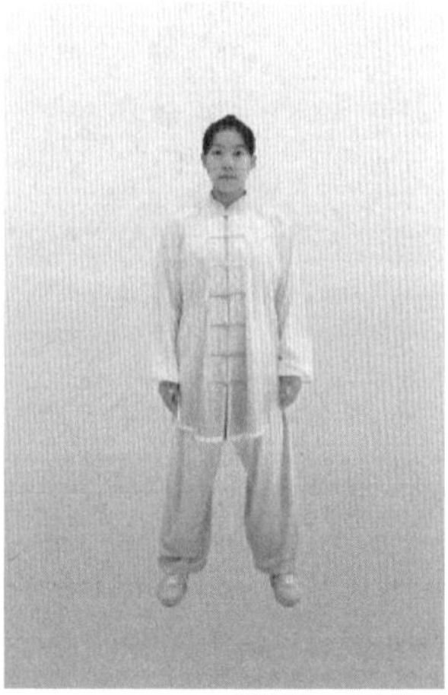

图 8-36 鹿抵动作四之两掌握空拳下落于体前

【动作要点】

（1）腰部侧屈拧转，侧屈的一侧腰部要压紧，另一侧腰部则借助上举手臂后伸，得到充分牵拉。

（2）后脚跟要蹬实，固定下肢位置，加大腰、腹部的拧转幅度，运转尾闾。

（3）动作可配合呼吸，两掌向上划弧摆动时吸气，向后伸抵时呼气。

【易犯错误】

（1）腰部侧屈拧转时，身体过于前倾。

（2）身体侧屈幅度不够，眼看不到脚后跟。

【纠正方法】

（1）后腿沉髋，有助于上体正直，可加大腰部拧转幅度。

（2）重心前移，增加前腿膝关节弯曲度，同时加大上举手臂向后下方伸展的幅度。

【功理与作用】

(1) 腰部的侧屈拧转，使整个脊椎充分旋转，可增强腰部肌肉的力量，也可以防治腰部的脂肪沉积。

(2) 目视后脚跟，加大腰部在拧转时的侧屈程度，可防治腰椎小关节紊乱等症。

(3) 中医认为“腰为肾之府”，尾闾运转，可起到强腰补肾、强筋健骨的功效。

(二) 第二式——鹿奔

动作一：接上式。左脚向前跨一步，屈膝，右腿伸直成左弓步；同时，两手握空拳，向上、向前划弧至体前，屈腕，高与肩平，与肩同宽，拳心向下；目视前方(见图 8-37)。

动作二：身体重心后移；左膝伸直，全脚掌着地；右腿屈膝；低头，弓背，收腹；同时，两臂内旋，两掌前伸，掌背相对，拳变“鹿角”(见图 8-38、图 8-39)。

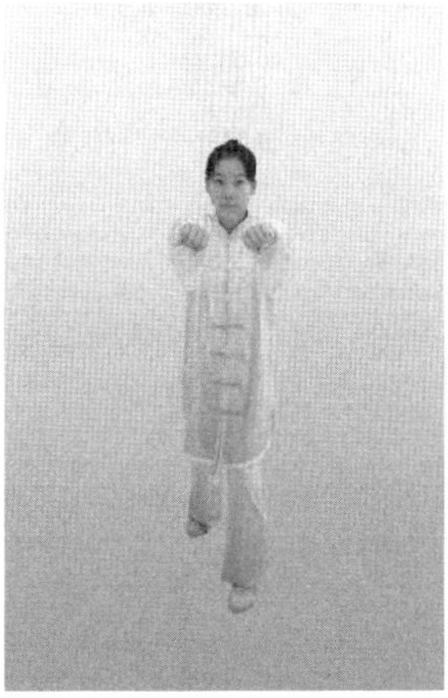

图 8-37　鹿奔动作一

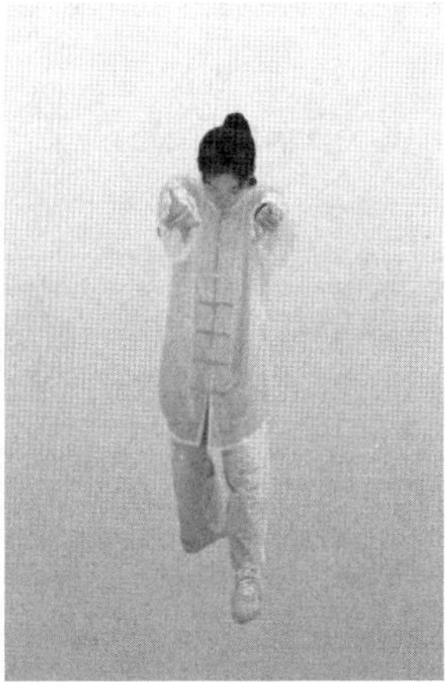

图 8-38　鹿奔动作二(正面)

图 8-39　鹿奔动作二(侧面)

动作三：身体重心前移，上体抬起；右腿伸直，左腿屈膝，成左弓步；松肩沉肘，两臂外旋，“鹿角”变空拳，高与肩平，拳心向下；目视前方(见图 8-40)。

动作四：左脚收回，开步直立；两拳变掌，回落于体侧；目视前方(见图 8-41)。

动作五至动作八：同动作一至动作四，唯左右相反(见图 8-42~图 8-45)。

图 8-40　鹿奔动作三

图 8-41　鹿奔动作四

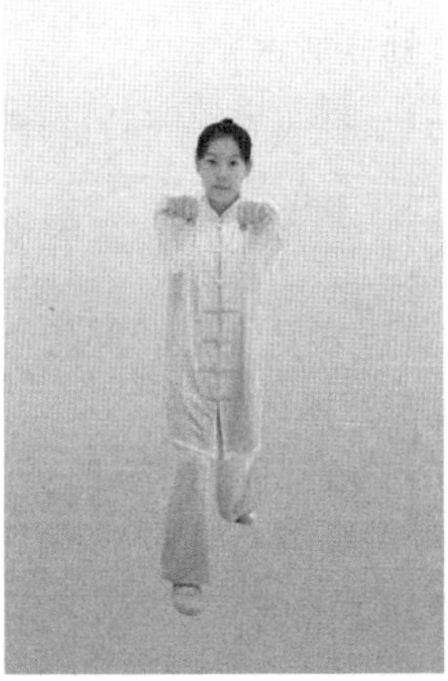

图 8-42　鹿奔动作五

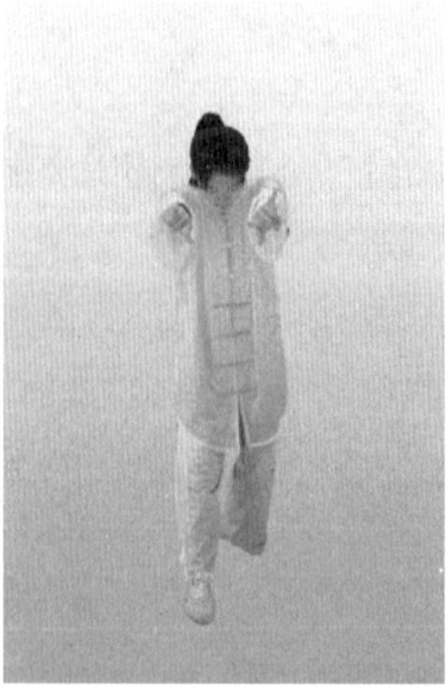

图 8-43　鹿奔动作六

图 8-44　鹿奔动作七

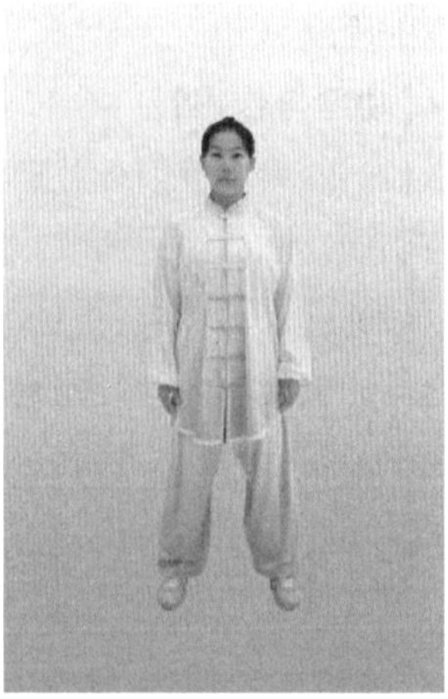

图 8-45　鹿奔动作八

重复一至八动作一遍后，两掌向身体侧前方举起，与胸同高，掌心向上；目视前方（见图 8-46）。屈肘，两掌内合下按，自然垂于体侧；目视前方（见图 8-47）。

图 8-46　两掌向身体侧前方举起

图 8-47　两掌内合下按垂于体侧

【动作要点】

（1）提腿前要有弧度，落步轻灵，体现鹿的安舒神态。

（2）身体后坐时，两臂前伸，胸部内含，背部形成"横弓"状；头前伸，背后拱，腹收缩，臀内敛，形成"竖弓"状，使腰背得到充分拉伸和拔长。

（3）动作可配合呼吸，身体后坐时，配合吸气；重心前移时，配合呼气。

【易犯错误】

（1）落步后两脚成一直线，重心不稳，上体紧张歪扭。

（2）背部"横弓"与躯干"竖弓"不够明显。

【纠正方法】

（1）脚提起后，向同侧肩部正前方跨步，保持两脚横向宽度。

（2）加大两肩内旋幅度，可增大收胸程度；头、髋前伸，收腹后顶，可增大躯干后弯的程度。

【功理与作用】

（1）两臂内旋前伸，肩、背部肌肉得到牵拉，对颈肩综合征、肩关节周围炎症等具有防治作用；躯干弓背收腹，能矫正脊柱畸形，增强腰背部肌肉力量。

（2）向前落步时，气沉丹田；身体重心后坐时，气运命门，加强了人的先天与后天之气的交流。尤其是身体后坐，整条脊柱后弯，内夹尾闾，后凸命门，打开大椎，意在疏通督脉经气，具有振奋全身阳气的作用。

四、第三戏——熊戏

“熊戏”要表现出熊的憨厚沉稳、松静自然的神态。运势外阴内阳，外动内静，外刚内柔，以意领气，气沉丹田；行步外观笨拙拖沓，其实笨中生灵，蕴含内劲，沉稳之中显灵敏。

（一）第一式——熊运

动作一：两掌握空拳成“熊掌”，拳眼相对，垂于下腹部；目视两拳（见图 8-48）。

动作二：以腰、腹为轴，上体做顺时针摇晃；同时两掌随之沿右肋部、上腹部、左肋部、下腹部画圆；目随上体摇晃环视（见图 8-49～图 8-52）。

动作三、动作四：同动作一、动作二。

动作五至动作八：同动作一至动作四，唯左右相反，上体做逆时针摇晃，两拳随之画圆（见图 8-53～图 8-56）。

做完最后一个动作，两拳变掌下落，自然垂于体侧，目视前方（见图 8-57）。

图 8-48　熊运动作一

图 8-49　熊运动作二(1)

图 8-50　熊运动作二(2)

图 8-51　熊运动作二(3)

图 8-52　熊运动作二(4)

图 8-53　熊运动作五

图 8-54　熊运动作六

图 8-55　熊运动作七

图 8-56　熊运动作八

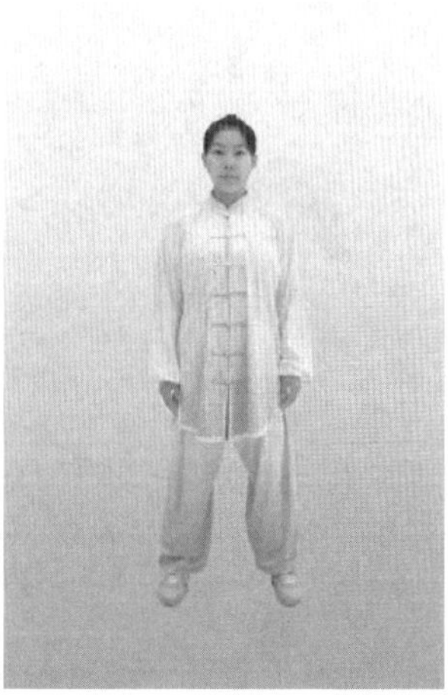
图 8-57　两拳变掌下落，自然垂于体侧

【动作要点】

（1）两掌划圆应随腰、腹部摇晃而被牵动，要协调自然。

（2）两掌划圆是外导，腰、腹摇晃为内引，意念内气在丹田运行。

（3）动作可配合呼吸，身体上提时吸气，身体前俯时呼气。

【易犯错误】

（1）两掌贴腹太紧或主动划圆形成摩腹动作，没有以腰、腹的摇晃来带动两手运行。

（2）以腰、胯为轴进行转动或身体摇晃幅度过大。

【纠正方法】

（1）肘肩放松，两掌轻附于腰、腹，体会用腰、腹的摇晃来带动两手运行。

（2）相对固定腰、胯位置，身体摇晃时，在意念上是做立圆摇晃。因此，当向上摇晃时，做提胸收腹，重复伸展腰、腹；向下摇晃时，做含胸松腹，挤压脾、胃、肝等中交区域的内脏器官。

【功理与作用】

（1）活动腰部关节和肌肉，可防治腰肌劳损及软组织损伤。

（2）腰腹转动，两掌划圆，引导内气运行，可加强脾、胃的运化功能。

（3）运用腰、腹摇晃，对消化器官进行体内按摩，可防治消化不良、腹胀纳呆、便秘腹泻等症。

（二）第二式——熊晃（图 8-58～图 8-68）

动作一：接上式。身体重心右移；左髋上提，牵动左脚离地，左膝微屈；两掌握空拳成“熊掌”；目视左前方（见图 8-58）。

动作二：身体重心前移；左脚向左前方落地，全脚掌踏实，脚尖朝前，右腿伸直；身体右转，左臂内旋前靠，左拳摆至左膝前上方，拳心朝左；右拳摆至体后，拳心向后；目视左前方（见图 8-59）。

动作三：身体左转，重心后坐；右腿屈膝，左腿伸直；拧腰晃肩，带动两臂前后弧形摆动；右拳摆至左膝前上方，拳心朝右；左拳摆至体后，拳心朝后；目视左前方（见图 8-60）。

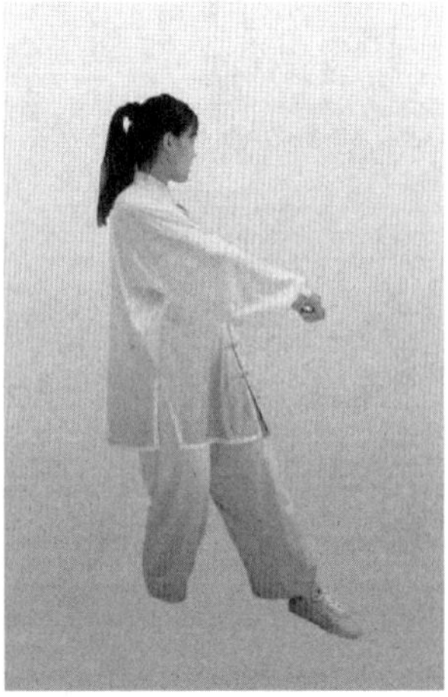

图 8-58　熊晃动作一

图 8-59　熊晃动作二

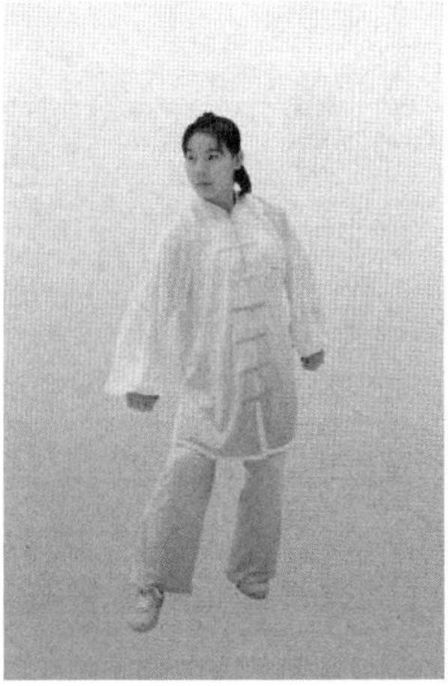

图 8-60　熊晃动作三

动作四：身体右转，重心前移；左腿屈膝，右腿伸直；同时，左臂内旋前靠，左拳摆至左膝前上方，拳心朝左；右拳摆至体后，拳心向后；目视左前方(见图8-61)。

动作五至动作八：同动作一至动作四，唯左右相反(见图8-62~图8-65)。

重复动作一至动作八一遍后，左脚上步，开步站立；同时，两手自然垂于体侧(见图8-66)。两掌向身体侧前方举起，与胸同高，掌心向上；目视前方(见图8-67)。屈肘，两掌内合下按，自然垂于体侧；目视前方(见图8-68)。

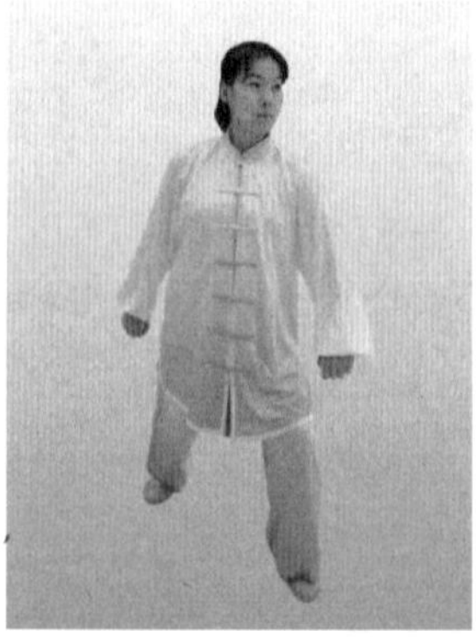

图8-61　熊晃动作四

图8-62　熊晃动作五

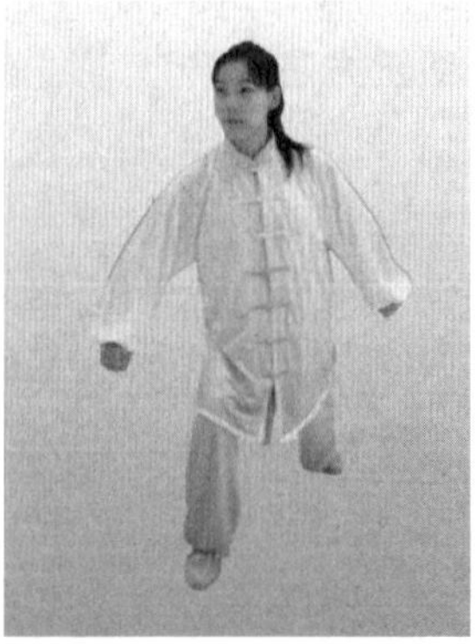

图8-63　熊晃动作六

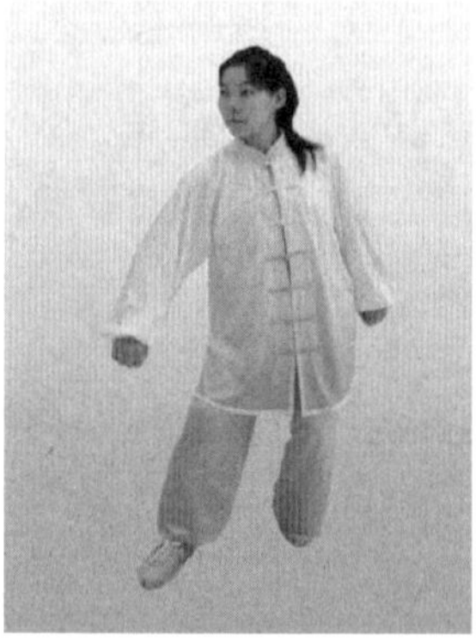

图8-64　熊晃动作七

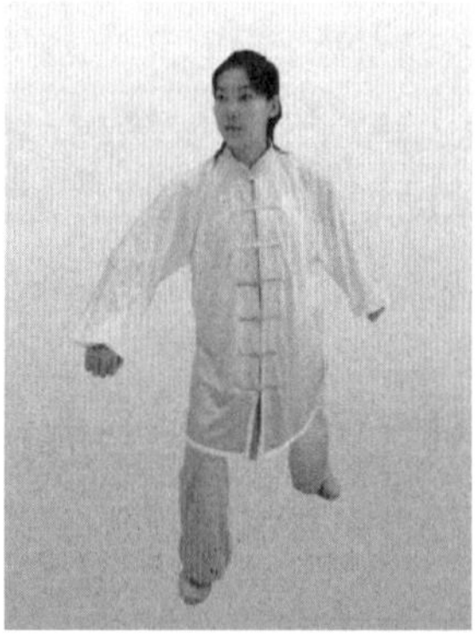

图8-65　熊晃动作八

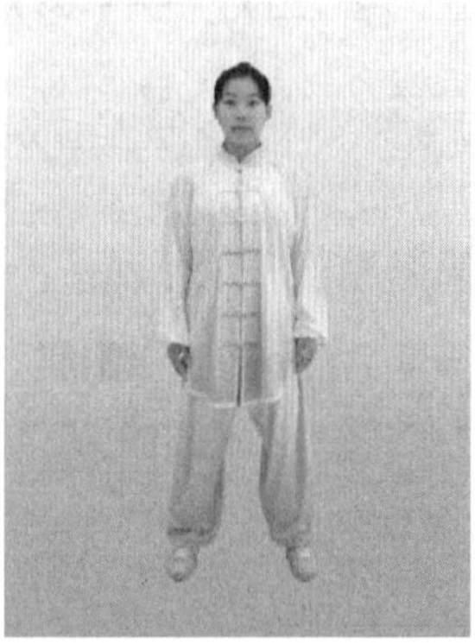

图8-66　开步站立

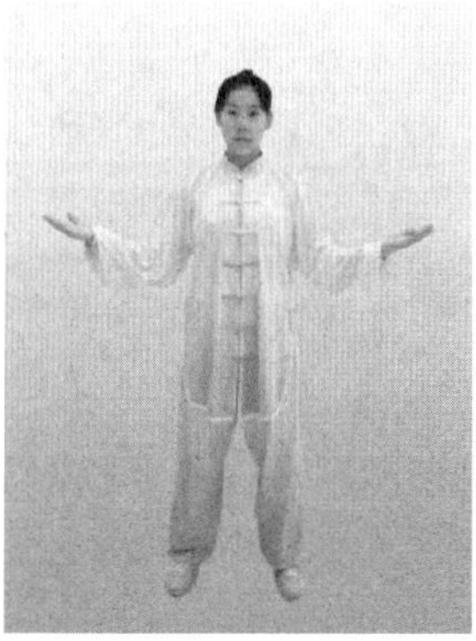

图8-67　两掌向身体侧前方举起

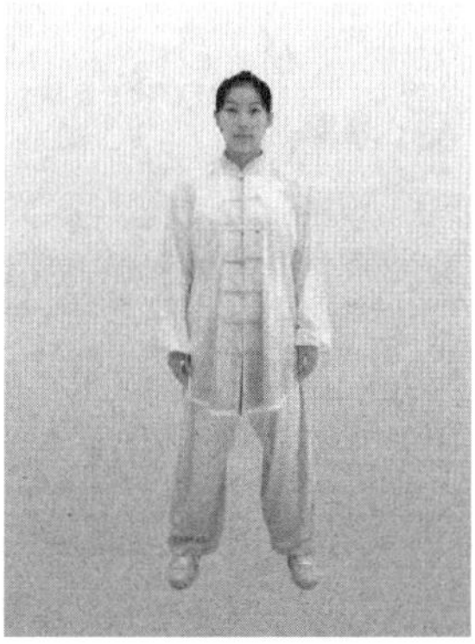

图8-68　两掌内合下按，自然垂于体侧

【动作要点】

（1）用腰侧肌群收缩来牵动大腿上提，按提髋、起腿、屈膝的先后顺序提腿。

（2）两脚前移，横向间距稍宽于肩，随身体重心前移，全脚掌踏实，使震动感传至髋关节处，体现熊步的沉稳厚实。

【易犯错误】

（1）没有提髋动作，直接屈膝提腿，向前迈步。

（2）落步时，脚用力前踏，髋关节处没有震动感。

【纠正方法】

（1）可先练习左右提髋。方法是：两肩保持水平，重心移向右脚，上提左髋，牵动左腿提起，在原处落下；然后重心左移，上提右髋，以此体会腰侧肌群收缩状态。

（2）提髋、屈膝，身体重心前移，脚自然落地，体重落于全脚掌。同时踝、膝关节放松，使震动感传至髋关节处。

【功理与作用】

（1）身体左右晃动，意在两胁，调理肝脾。

（2）提髋行走，加上落步的微震，可增强髋关节周围肌肉的力量，提高平衡能力，有助于防治老年人下肢无力、髋关节损伤、膝痛等症。

五、第四戏——猿戏

猿生性好动，机智灵敏，善于纵跳，折枝攀树，躲躲闪闪，永不疲倦。习练“猿戏”时，外练肢体的轻灵敏捷，欲动则如疾风闪电，迅敏机警；内显精神的宁静，欲静则似静月凌空，万籁无声，从而达到“外动内静”的境界。

（一）第一式——猿提

动作一：两掌在体前，手指伸直分开（见图 8-69），再屈腕撮拢捏紧成“猿钩”（见图 8-70）。

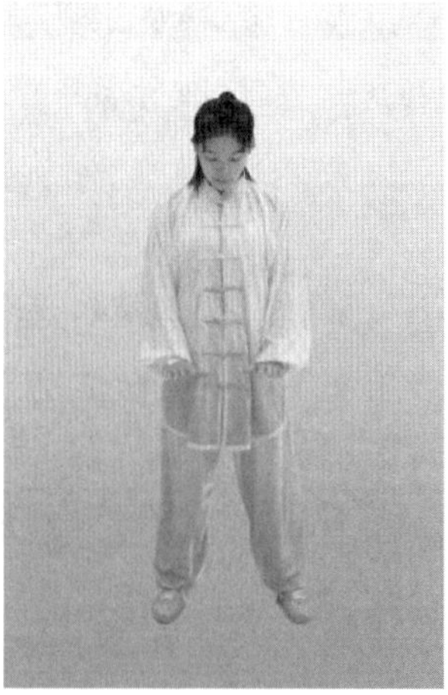

图 8-69　猿提动作一(1)

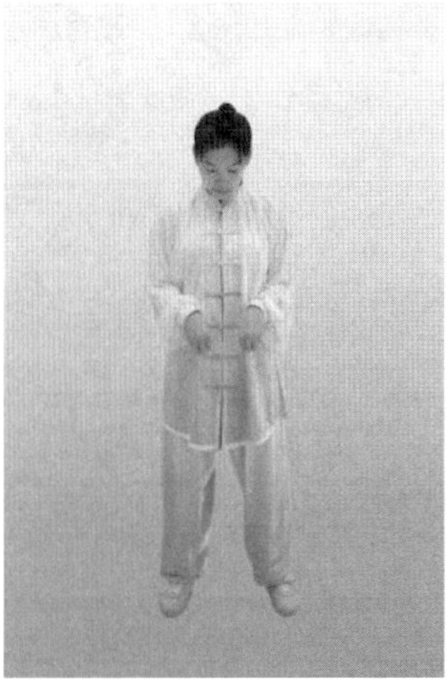

图 8-70　猿提动作一(2)

动作二：两掌上提至胸，两肩上耸，收腹提肛；同时，脚跟提起，头向左转；目随头动，视身体左侧(见图 8-71、图 8-72)。

动作三：头转正，两肩下沉，松腹落肛，脚跟着地；“猿钩”变掌，掌心向下；目视前方(见图 8-73)。

动作四：两掌沿体前下按落于体侧；目视前方(见图 8-74)。

动作五至动作八：同动作一至动作四，唯头向右转(见图 8-75~图 8-78)。

重复一至八动作一遍。

图 8-71 猿提动作二(侧面)

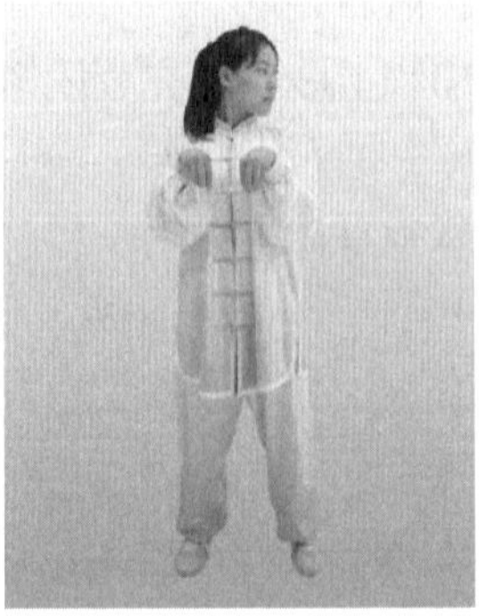

图 8-72 猿提动作二(正面)

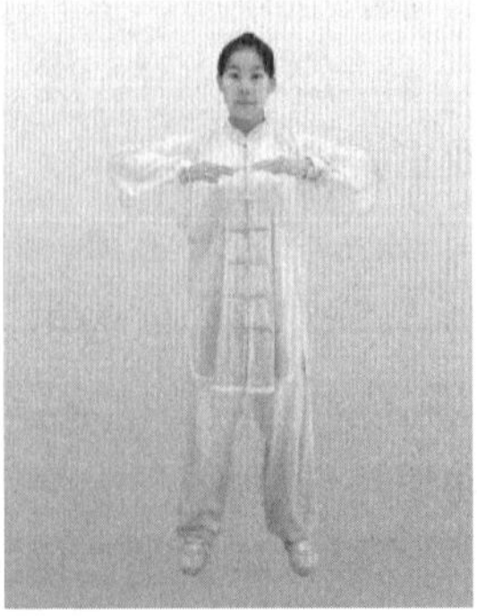

图 8-73 猿提动作三

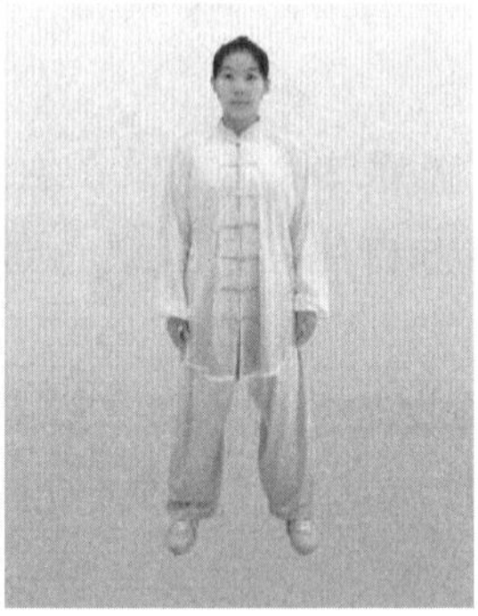

图 8-74 猿提动作四

图 8-75 猿提动作五

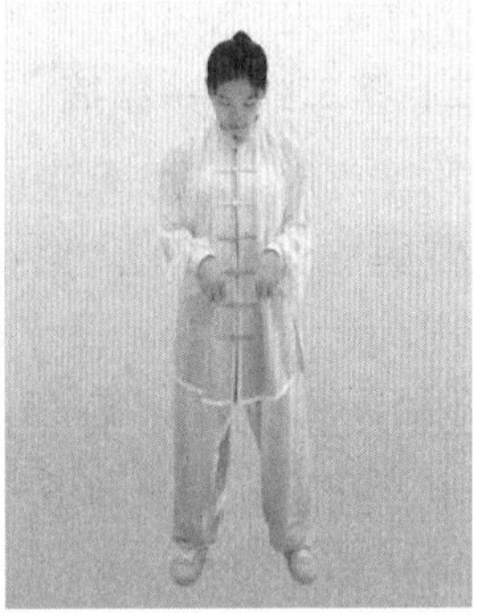

图 8-76 猿提动作六

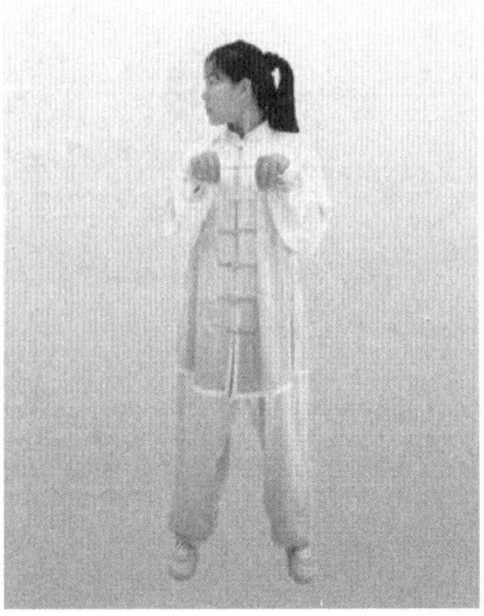

图 8-77 猿提动作七

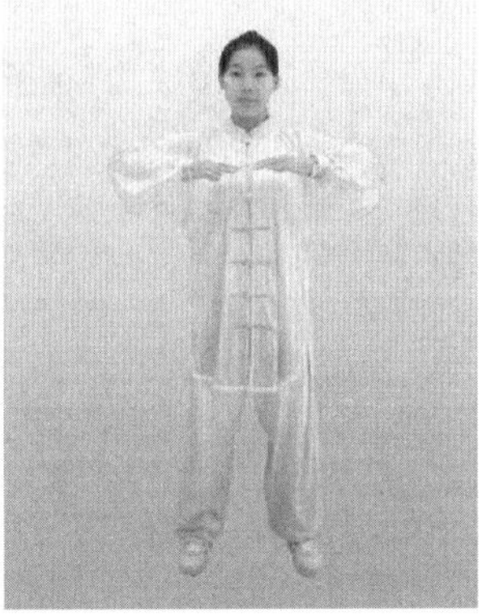

图 8-78 猿提动作八

【动作要点】

(1) 掌指撮拢变钩，速度稍快。

(2) 按耸肩、收腹、提肛、脚跟离地、转头的顺序，上提重心。耸肩、屈肘、提腕要充分。

(3) 动作可配合提肛呼吸，两掌上提吸气时，稍用意提起会阴部；下按呼气时，放下会阴部。

【易犯错误】

(1) 脚跟离地后，重心不稳，前后晃动。

(2) 耸肩不够充分，胸、背部和上肢不能充分团紧。

【纠正方法】

(1) 头部百会穴上顶，牵动整个身体垂直向上，起到稳定重心的作用。

(2) 以胸部膻中穴为中心，缩项、夹肘、团胸、收腹，可加强胸、背部和上肢的团紧程度。

【功理与作用】

(1) "猿钩"的快速变化，意在增强神经—肌肉反应的灵敏性。

(2) 两掌上提时，缩项，耸肩，团胸吸气，挤压胸腔和颈部血管；两掌下按时，伸颈，沉肩，松腹，扩大胸腔体积，可增强呼吸、按摩心脏、改善脑部供血。

(3) 提踵直立，可增强腿部力量，提高平衡能力。

(二) 第二式——猿摘

动作一：接上式。左脚向左后方退步，脚尖点地，右腿屈膝；重心落于右腿；同时，左臂屈肘，左掌成"猿钩"收至左腰侧；右掌向右前方自然摆起，掌心向下(见图 8-79)。

动作二：身体重心后移；左脚踏实，屈膝下蹲，右脚收至左脚内侧，脚尖点地，成右丁步；同时，右掌向下经腹前向左上方划弧至头左侧，掌心对太阳穴；目先随右掌动，再转头注视右前方(见图 8-80)。

图 8-79　猿摘动作一

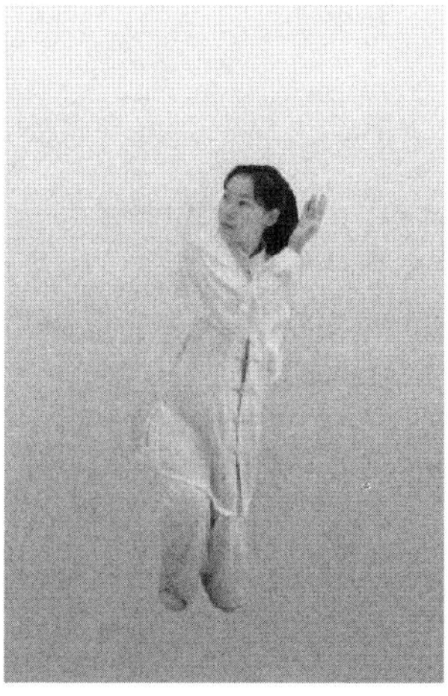

图 8-80　猿摘动作二

动作三：右掌内旋，掌心向下，沿体侧下按至左髋处；目视左掌(见图 8-81)。右脚向右前方迈出一大步，左腿蹬伸，身体重心前移；右腿伸直左脚脚尖点地；同时，右掌经体前向上方划弧，举至右上侧变“猿钩”，稍高于肩；左掌向前、向上伸举，屈腕撮钩，呈采摘状；目视左掌(见图 8-82)。

图 8-81 猿摘动作三(1)

图 8-82 猿摘动作三(2)

动作四：身体重心后移；左掌由“猿钩”变为“握固”；右手变掌，自然回落于体前，虎口朝前(见图 8-83)。随后，左腿屈膝下蹲，右脚收至左脚内侧，脚尖点地，成右丁步；同时，左臂屈肘收至左耳旁，掌指分开，掌心向上，呈托桃状；右掌经体前向左划弧至左肘下捧托；目视左掌(见图 8-84)。

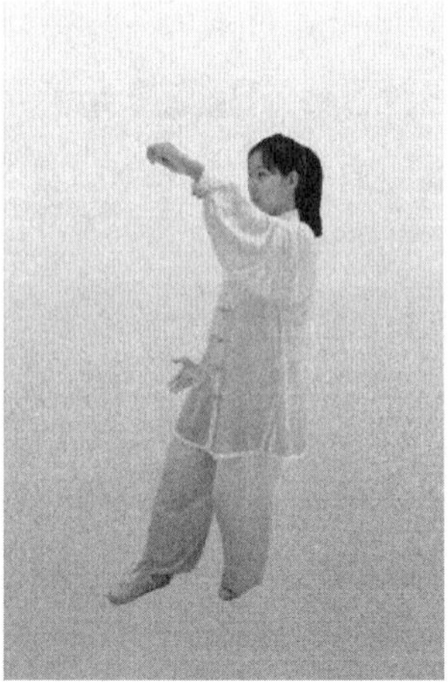

图 8-83 猿摘动作四(1)

图 8-84 猿摘动作四(2)

动作五至动作八：同动作一至动作四，唯左右相反(见图 8-85~图 8-90)。

重复一至八动作一遍后，左脚向左横开一步，两腿直立；同时，两手自然垂于体侧(见图 8-91)。两掌向身体侧前方举起，与胸同高，掌心向上；目视前方(见图 8-92)。屈肘，两掌内合下按，自然垂于体侧；目视前方(见图 8-93)。

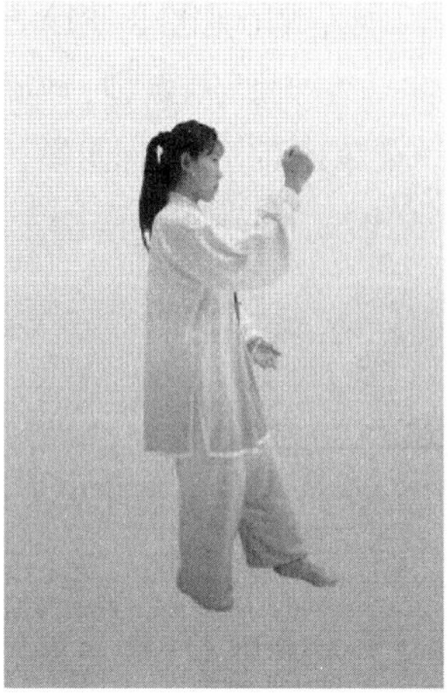

图 8-85　猿摘动作五

图 8-86　猿摘动作六

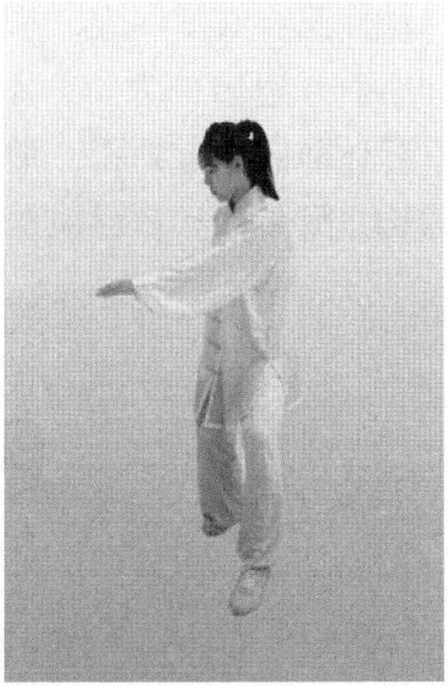

图 8-87　猿摘动作七(1)

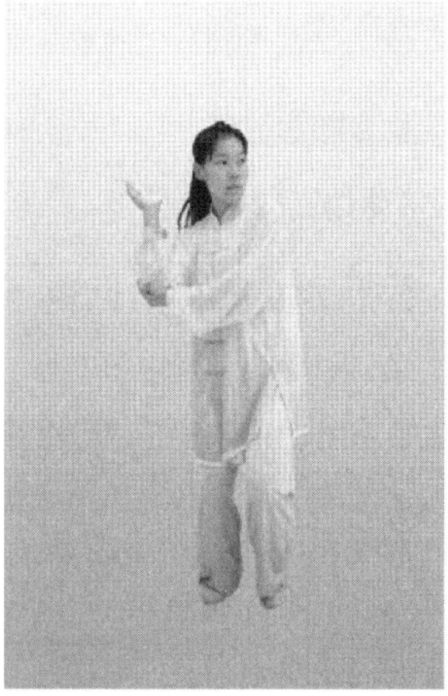

图 8-88　猿摘动作七(2)

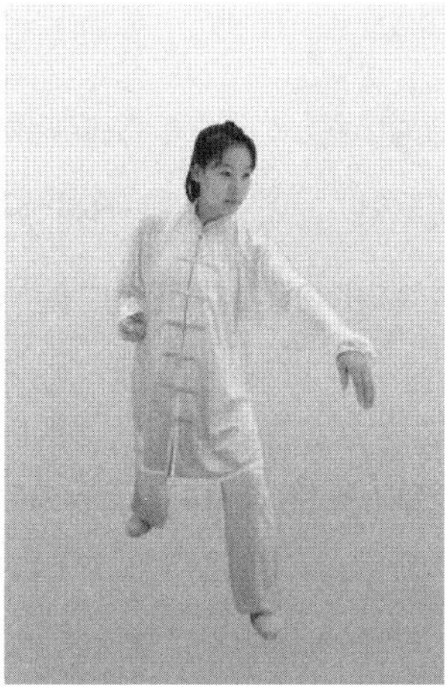

图 8-89　猿摘动作八(1)

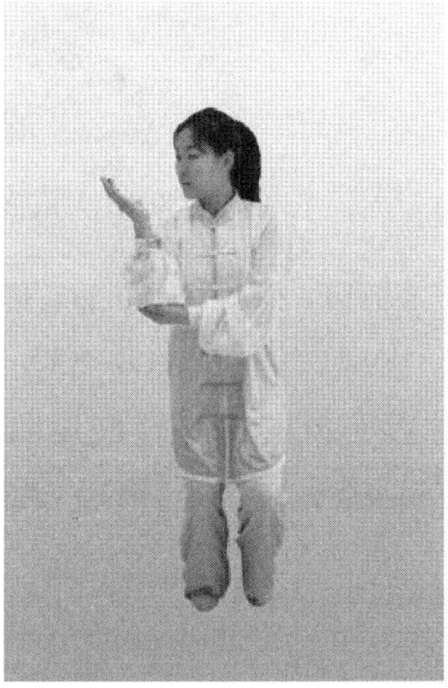

图 8-90　猿摘动作八(2)

图 8-91　两腿直立，两手自然垂于体侧

图 8-92　两掌向身体侧前方举起

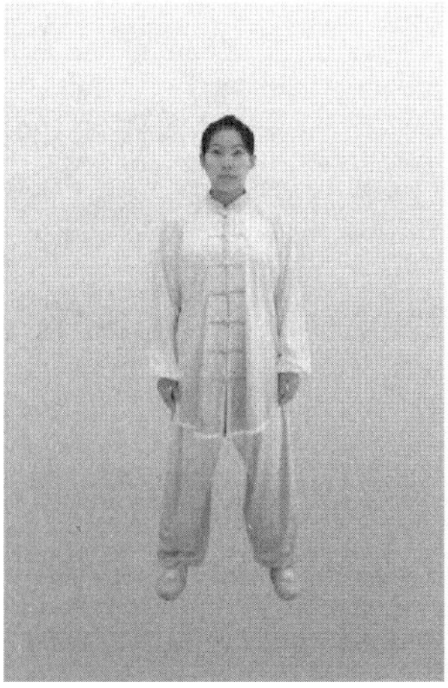

图 8-93　两掌内合下按，自然垂于体侧

【动作要点】

(1) 眼要随上肢动作变化左顾右盼，表现出猿猴眼神的灵敏。

(2) 屈膝下蹲时，全身呈收缩状。蹬腿迈步，向上采摘，肢体要充分展开。采摘时变“猿钩”，手指撮拢快而敏捷；变握固后，呈托桃状时，掌指要及时分开。

(3) 动作以神似为主，重在体会其意境，不可太夸张。

【易犯错误】

(1) 上下肢动作配合不够协调。

(2) 摘桃时，手臂向上直线推出，“猿钩”变化的时机掌握不准。

【纠正方法】

(1) 下蹲时，手臂屈肘，上臂靠近身体；蹬伸时，手臂充分展开。

(2) 向上采摘，手的运行路线呈向上弧形，动作到位时，手掌才变猿钩状。

【功理与作用】

(1) 眼神的左顾右盼，有利于颈部运动，促进脑部的血液循环。

(2) 动作的多样性体现了神经系统和肢体运动的协调性，模拟猿猴在采摘桃果时愉悦的心情，可减轻大脑神经系统的紧张度，对神经紧张、精神忧郁等症有防治作用。

六、第五戏——鸟戏

鸟戏取形于鹤。鹤是轻盈安详的鸟类，人们对它进行描述时往往寓意它的健康长寿。习练时，要表现出鹤的昂然挺拔、悠然自得的神韵。仿效鹤翅飞翔，抑扬开合。两臂上提，伸颈运腰，真气上引；两臂下合，含胸松腹，气沉丹田。活跃周身经络，灵活四肢关节。

（一）第一式——鸟伸

动作一：两腿微屈下蹲，两掌在腹前相叠(见图8-94)。

动作二：两掌向上举至头前上方，掌心向下，指尖向前；身体微前倾，提肩，缩项，挺胸，塌腰；目视下方(见图8-95、图8-96)。

图8-94　鸟伸动作一

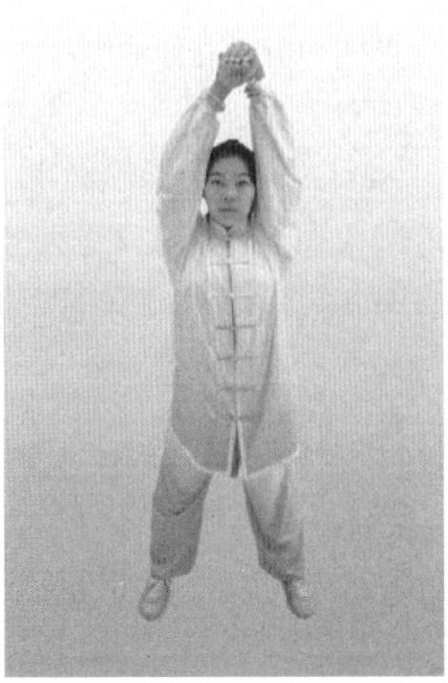

图8-95　鸟伸动作二(正面)

图8-96　鸟伸动作二(侧面)

动作三：两腿微屈下蹲，同时，两掌相叠下按至腹前；目视两掌(见图 8-97)。

动作四：身体重心右移；右腿蹬直，左腿伸直向后抬起；同时，两掌左右分开，掌呈“鸟翅”状，向体侧后方摆起，掌心向上；抬头，伸颈，挺胸，塌腰；目视前方(见图 8-98、图 8-99)。

动作五至动作八：同动作一至动作四，唯左右相反(见图 8-100~图 8-103)。

重复一至八动作一遍后，右脚下落，两脚开步站立，两手自然垂于体侧；目视前方(见图 8-104)。

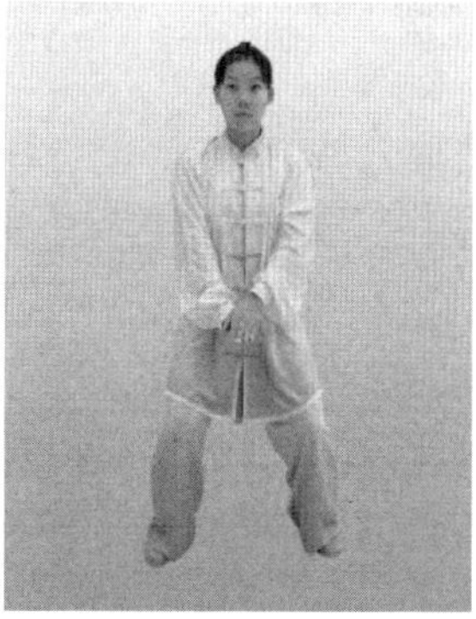

图 8-97　鸟伸动作三

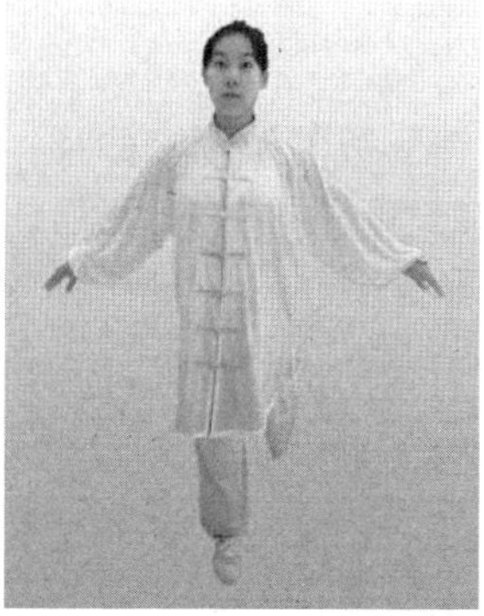

图 8-98　鸟伸动作四(正面)

图 8-99　鸟伸动作四(侧面)

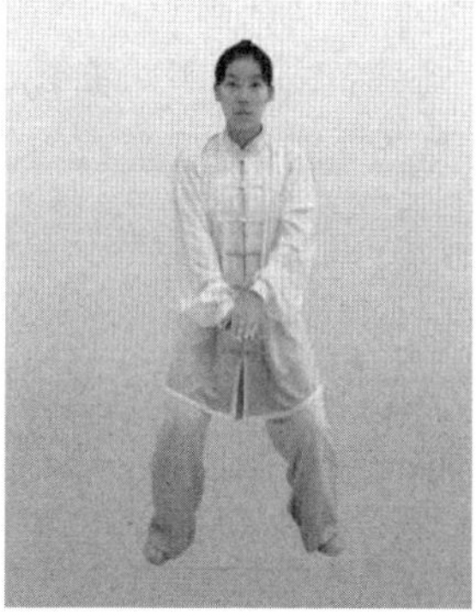

图 8-100　鸟伸动作五

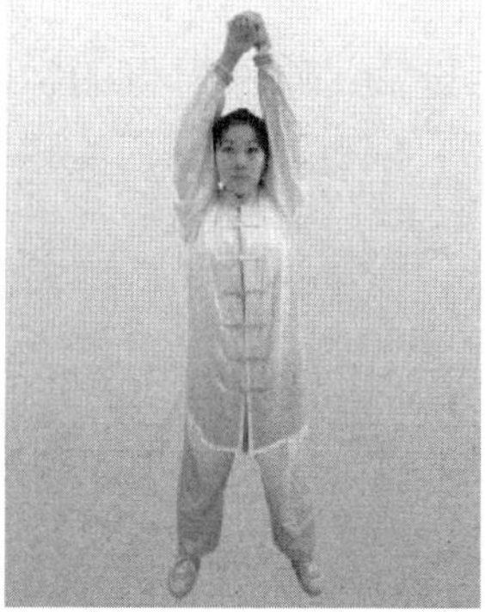

图 8-101　鸟伸动作六

图 8-102　鸟伸动作七

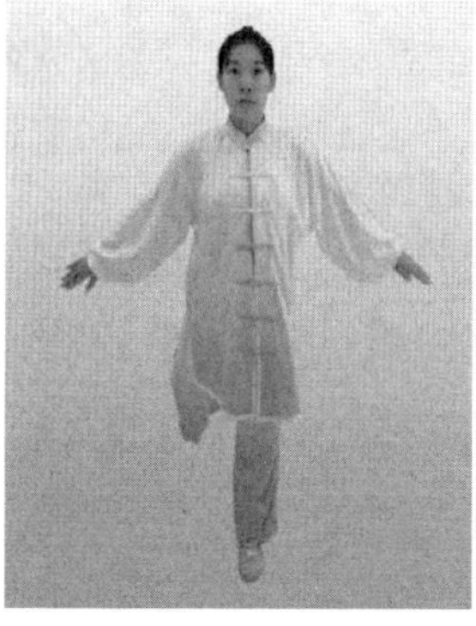

图 8-103　鸟伸动作八

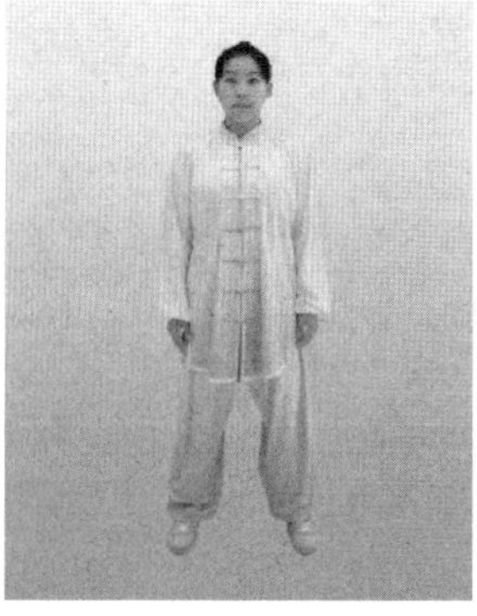

图 8-104　两脚开步站立，两手垂于体侧

【动作要点】

(1) 两掌向体前相叠，上下位置可任选，以舒适自然为宜。

(2) 注意动作的松紧变化，掌上举时，颈、肩、臀部紧缩；下落时，两腿微屈，颈、肩、臀部松沉。

(3) 两臂后摆时，身体向上拔伸，并形成向后反弓状。

【易犯错误】

(1) 松紧变化掌握不好。

(2) 单腿支撑时，身体重心不稳。

【纠正方法】

(1) 先练习两掌相叠，在体前做上举下落动作，上举时收紧，下落时放松，逐步过渡到完整动作。

(2) 身体重心移到支撑腿后，另一腿再向后抬起，支撑腿的膝关节挺直，有助于提高动作的稳定性。

【功理与作用】

(1) 两掌上举吸气，扩大胸腔；两手下按，气沉丹田，呼出浊气，可加强肺的吐故纳新功能，增加肺活量，改善慢性支气管炎、肺气肿等病的症状。

(2) 两掌上举，作用于大椎和尾闾，督脉得到牵动；两掌后摆，身体呈反弓状，任脉得到拉伸。这种松紧交替的练习方法，可增强疏通任、督两脉经气的作用。

(二) 第二式——鸟飞

接上式。两腿微屈；两掌成“鸟翅”合于腹前，掌心相对；目视前下方(见图 8-105)。

动作一：右腿伸直独立，左腿屈膝提起，小腿自然下垂，脚尖朝下；同时，两掌呈展翅状，在体侧平举向上，稍高于肩，掌心向下；目视前方(见图 8-106)。

图 8-105　两掌成“鸟翅”合于腹前

图 8-106　鸟飞动作一

动作二：左脚下落在右脚旁，脚尖着地，两腿微屈；同时，两掌合于腹前，掌心相对；目视前下方(见图 8-107)。

动作三：右腿伸直独立，左腿屈膝提起，小腿自然下垂，脚尖朝下；同时，两掌经体侧向上举至头顶上方，掌背相对，指尖向上；目视前方(见图 8-108)。

动作四：左脚下落在右脚旁，全脚掌着地，两腿微屈；同时，两掌合于腹前，掌心相对；目视前下方(见图 8-109)。

动作五至动作八：同动作一至动作四，唯左右相反(见图 8-110~图 8-113)。

重复一至八动作一遍后，两掌向身体侧前方举起，与胸同高，掌心向上；目视前方(见图 8-114)。屈肘，两掌内合下按，自然垂于体侧；目视前方(见图 8-115)。

图 8-107　鸟飞动作二

图 8-108　鸟飞动作三

图 8-109　鸟飞动作四

图 8-110　鸟飞动作五

图 8-111　鸟飞动作六

图 8-112　鸟飞动作七

图 8-113　鸟飞动作八

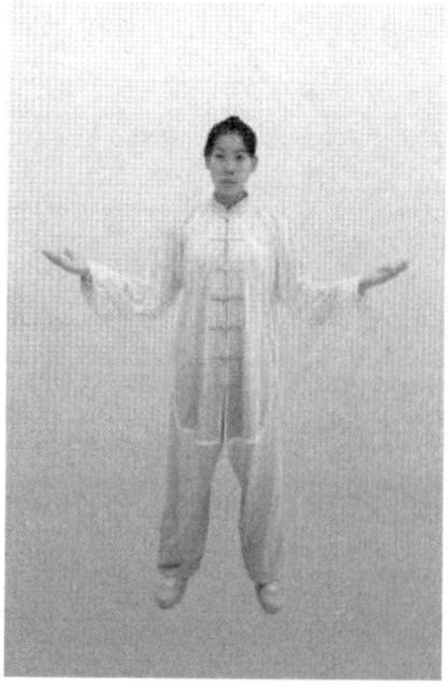

图 8-114　两掌向身体侧前方举起

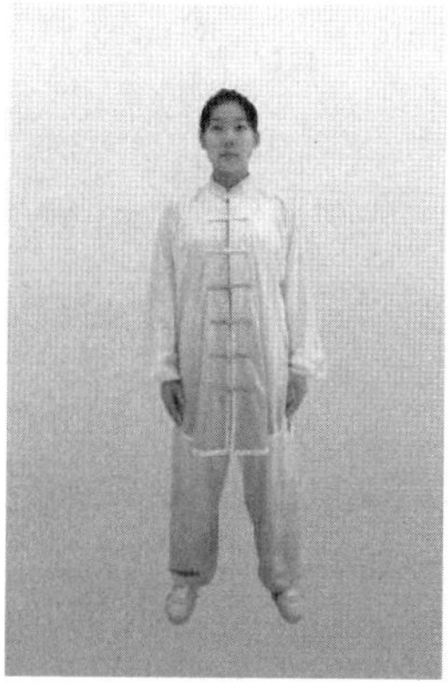

图 8-115　两掌内合下按，自然垂于体侧

【动作要点】

(1) 两臂侧举，动作舒展，幅度要大，尽量展开胸部两侧；两臂下落内合，尽量挤压胸部两侧。

(2) 手脚变化配合协调，同起同落。

(3) 动作可配合呼吸，两掌上提时吸气，下落时呼气。

【易犯错误】

(1) 两臂伸直摆动，动作僵硬。

(2) 身体紧张，直立不稳，呼吸不畅。

【纠正方法】

(1) 两臂上举时，力从肩发，先沉肩，再松肘，最后提腕，形成手臂举起的蠕动过程；下落时，先松肩，再沉肘，最后按掌合于腹前。

(2) 两臂上举吸气，头部百会穴上领，提胸收腹；下落呼气，松腰松腹，气沉丹田。

【功理与作用】

(1) 两臂的上下运动可改变胸腔容积，若配合呼吸运动，可起到按摩心肺作用，增强血氧交换能力。

(2) 拇指、食指的上翘紧绷，意在刺激手太阴肺经，加强肺经经气的流通，提高心肺功能。

(3) 提膝独立，可提高人体平衡能力。

七、收势——引气归元

动作一：两掌经体侧上举至头顶上方，掌心向下(见图 8-116)。

动作二：两掌指尖相对，由体前缓慢下按至腹前；目视前方(见图 8-117)。

动作三：两手缓慢在体前划平弧，掌心相对，高与脐平；目视前方(见图 8-118)。

动作四：两手在腹前合拢，虎口交叉，叠掌；眼微闭静养，调匀呼吸，意守丹田(见图 8-119)。

图 8-116 引气归元动作一

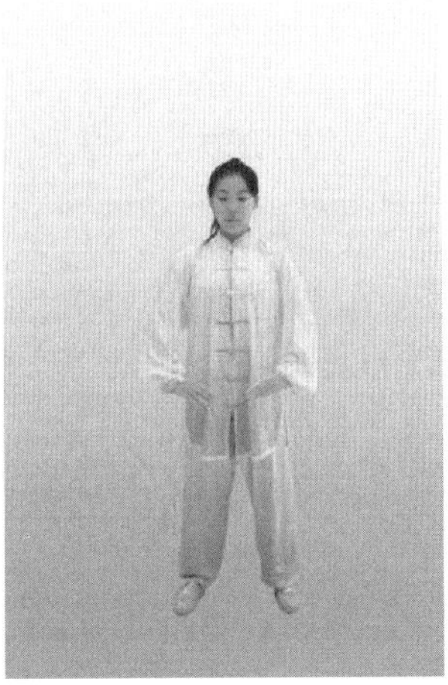

图 8-117 引气归元动作二

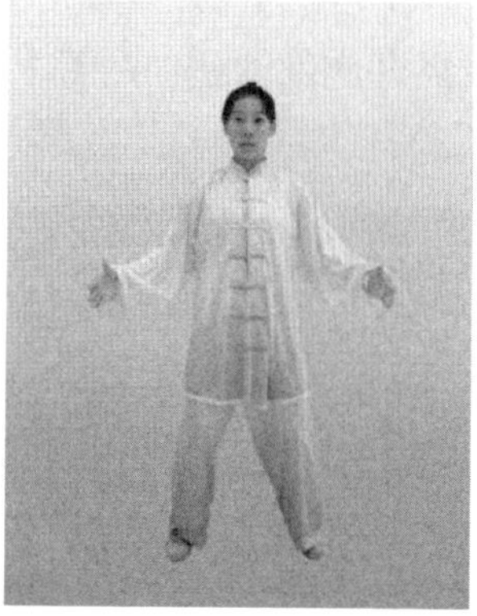

图 8-118　引气归元动作三

图 8-119　引气归元动作四

动作五：数分钟后，两眼再慢慢睁开，两手合掌，在胸前搓擦至热(见图 8-120)。

动作六：掌贴面部，上下摩擦，浴面 3~5 遍(见图 8-121)。

动作七：两掌向后沿头顶、耳后、胸前下落，自然垂于体侧；目视前方(见图 8-122)。

动作八：左脚提起向右脚并拢，前脚掌先着地，随之全脚踏实，恢复成预备式；目视前方(见图 8-123)。

图 8-120　引气归元动作五

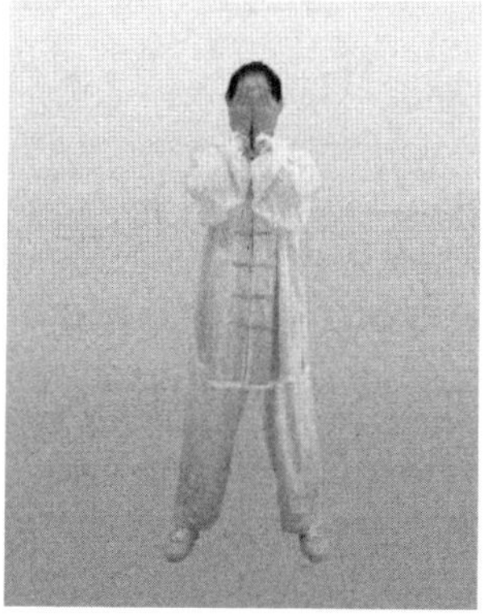

图 8-121　引气归元动作六

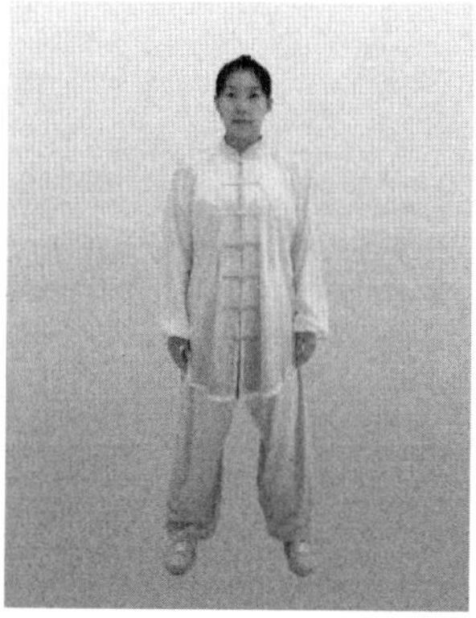

图 8-122　引气归元动作七

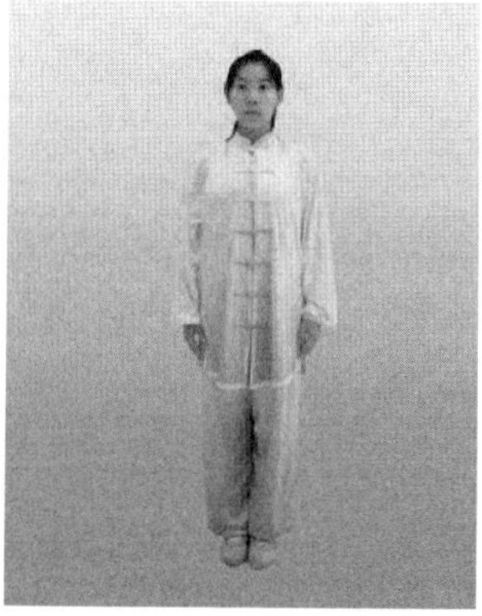

图 8-123　引气归元动作八

【动作要点】

(1) 两掌由上向下按时，身体各部位要随之放松，直达脚底涌泉穴。

(2) 两掌腹前划平弧动作，衔接要自然、平滑，有向前收拢物体之势，意将气息合抱引入丹田。

【易犯错误】

(1) 两掌上举带动两肩上抬，胸廓上提。

(2) 两掌运行路线不清。

【纠正方法】

(1) 身体重心相对固定，两掌上举时，注意肩部下沉放松。

(2) 两掌在体侧向上做立圆和在腹前向前划平弧时，意念要放在掌心。

【功理与作用】

(1) 引气归元就是使气息逐渐平和，意将练功时所得体内外之气导引归入丹田，起到和气血、通经脉、理脏腑的功效。

(2) 通过搓手、浴面，恢复常态，收功。

第九章　24 式太极拳

第一节　概　　述

一、24 式太极拳的推广及其特点

1954 年，国家体委对武术工作制定了“挖掘、整理、研究、提高”的方针，成立了武术研究室。决定从太极拳着手，编定统一规范的武术教材，为普及开展武术活动创造条件。为此，国家体委邀请吴图南、陈发科、高瑞周、田镇峰、李天骥、唐豪等太极拳名家共同商讨，制定了精简太极拳初稿，其内容由各流派太极拳的代表性动作组成。初稿公布后，普遍反映内容不够简明，广泛普及比较困难。1955 年，国家体委武术处毛伯浩、李天骥、唐豪、吴高明等专家再次研究，决定以流传面和适应性最广泛的杨式太极拳为基础，按着简练明确、易学易练的原则，选择主要内容重新编排，保留太极拳的传统风貌，突出太极拳的群众性和健身性。遵循上述方案，经过反复修订，终于产生了新中国第一部由国家体育主管部门编审的统一武术教材——简化太极拳，由于其全套共有 24 个动作，故又称 24 式太极拳。24 式太极拳具有以下特点：

（1）全部内容选自传统杨式太极拳，动作柔和均匀，姿势中正平稳，老幼咸宜，人人可练，易于推广。

（2）全套 24 个动作，练习时间为 4～6 分钟，内容精练，约为传统套路的 1/4～1/3，适于在早操、工间操活动中开展。

（3）内容尽量减少重复。保留了传统太极拳的主要技术内容及基本规格要领，同时又避免了传统套路中半数以上为重复动作的现象。

（4）内容编排突破了固有程序。按着由简而繁、由易到难的原则，首先安排直进动作，其次安排后退和侧行动作，最后穿插蹬脚、下势、独立和复杂转折动作，体现由浅入深、循序渐进的教学原则。

（5）努力做到锻炼全面、均衡。重点动作增加了左右势对称练习，避免了传统套路中只有左下势、右揽雀尾的偏重现象，使学者便于收到全面锻炼的效果。

24 式太极拳于 1956 年正式公布后，立即受到广大群众的欢迎，全国城乡出现了普

及太极拳的热潮。目前，24 式太极拳不仅在国内，而且在国际上也广泛流传，成为各国太极拳爱好者喜欢的入门教材，对太极拳走向世界发挥了积极作用。

《24 式太极拳》的编写，为武术遗产的整理和武术教材编写提供了经验，对武术界某些狭隘保守思想也是一次冲击。一些担心太极拳简化改编会违反传统、丢掉精华的人，通过事实逐渐改变了看法，认识到传统武术运动，只有在与社会发展和群众需要不断适应的变化进步中，才能表现出强大的生命力。太极拳的历史和现实都证明了这一真理。

二、太极拳拳名的认识

太极拳，由“太”和“极”组成，意为天地，“太”形容宇宙之大，“极”用来表示开始或极限的界点。太极拳最早被称为“长拳”“绵拳”“十三势”。因为太极拳动作如长江之水，滔滔不绝，意为长拳；又根据太极拳动作连绵不断的特点，称为绵拳；还因为太极拳所包含的八法五步，意为十三势。太极一词源于《易经 · 系词》：“易有太极，是生两仪，两仪生四象，四象生八卦。”两仪就是太极，太极之理即阴阳的对立、统一、互化，太极拳用来解释其刚柔、虚实、动静、开合的变化。

三、太极拳的起源和发展

关于太极拳的起源与创始人，众说纷纭，大致有：张三丰创拳说(历史上有关张三丰的传说众多，争论亦最大，众多人称其为太极拳鼻祖)；陈王庭创拳说；有人认为是老子所传；也有人称是王宗岳所传。太极拳绝非一个偶然体，必然有一个萌生、发展、壮大、成形的过程，是经过数代人努力形成的，这也正说明了太极拳的源远流长、精深意筹。

四、太极拳的主要流派和运动特点

现今流传于世的比较有代表性的有五大流派，即陈、杨、吴、武、孙等太极拳。这五大流派，由于代代传人，师承不同，随之又有演变。

陈式太极拳：明末清初陈王庭所创。运动特点：缠丝旋转、松活弹抖、刚柔相济、快慢相间。

杨式太极拳：河北省永年县人杨澄甫所创。运动特点：舒展大方、柔和缓慢、中正圆满、连绵不断。

吴式太极拳：在杨式小架太极拳的基础上逐步修订，经吴鉴泉改进修润而形成了一个流派，即“吴式太极拳”。运动特点：小巧灵活、紧凑有度、川字步型、斜中寓正。

武式太极拳：起源于清朝道光年间，由河北省永年县人武禹襄所创。运动特点：起承开合、进退自如、小巧紧凑、中正雅致。

孙式太极拳：由孙禄堂所创，综合了孙式三拳(太极、形意、八卦)的精华而成。运动特点：开合相接、步法灵活、进退相随、敏捷轻灵。

第二节　太极拳技术图解

预备势

身体自然直立，两脚并拢，两腿自然伸直。胸腹放松，双臂下垂，手指微屈，双手垂于大腿外侧。头颈正直，下颌微收，口闭齿扣。舌抵上腭。精神集中，表情自然，双眼平视前方。

（一）起势

左脚向左分开半步，足距与肩同宽，两脚平行向前，成开立步。

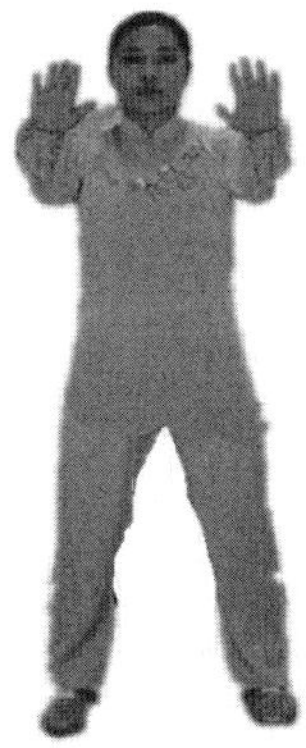

两臂慢慢向前平举，两手与肩同高、同宽，双臂自然伸直，肘关节向下微屈；双手心向下，指尖向前。

上体保持挺直，双腿慢慢屈膝半蹲，重心落于双腿之间，成马步；同时双掌轻轻下按至腹前，上体舒展正直，双眼平视前方。

【动作要点】

（1）起势中的马步是太极拳的基本步型，教练应按照步型的基本要求，要求学生从一开始就建立起正确的动作定型。

（2）开立步时，应抓住“轻起轻落，点起点落”这个步法规律，先将重心移至右腿，左腿放松，而后轻轻提起左脚跟，以不超过右踝的高度向左分开半步。落脚时前脚掌先着地，并且使脚尖朝正前方，随之全脚掌逐渐踏实。

（3）手臂的前举和下按应抓住“匀速，缓慢”这个关键。手臂的移动要有逆水前进的感觉，既要有一定的紧张度，又不可僵硬，既要放松，又不可松懈。

（4）手臂前举时，双手先在双腿外侧将掌心转向后方，随即再慢慢地向前平举。

（5）两掌下按时手心朝下，要有主动下按的动作，按到双手与腹同高时，须展掌、舒指。

（6）屈膝的高度要视学生的素质，因人而异，不要一概而论。太极拳的全套练习中，除少数招式外，整套拳术都是在半蹲的状态中进行的。开始的屈膝高度基本就是整套拳的拳架高度，练习中间不允许忽高忽低。因此，教练不要让学生将起势的架子蹲得过高或过低，以免拳架高度起伏不定。

（7）上体要保持正直，脊背、臀部、脚跟基本在同一垂面上。

【易犯错误】

（1）向左开步时，身体左右摇晃。

（2）两臂前举和下按时，两肘间外撑、上扬，两肩上耸。

（3）屈膝下蹲时上体前俯或后仰。

（4）手臂前举和双掌下按时，腕关节过于松软，造成手臂前举时指尖朝下、双掌下按时指尖朝上的折腕“错误”。

（二）左右野马分鬃

上体稍右转；身体重心移至右腿，同时右臂屈抱于右胸前，手高不过肩，肘略低于手，手心向下；左手经体前向右下划弧放在右手下，屈抱于腹前，手心向上，双手上下相对，如在右肋前抱球状；左脚收至右脚内侧，脚尖点地；眼看右手。

上体左转；左脚向左前方迈出一步，右脚跟后蹬，脚跟轻轻着地，重心仍在右脚上。

上体继续左转；重心前移，左脚踏实，左腿屈膝前弓；右腿自然蹬直，右脚跟外展，成左弓步；同时双掌前后分开，左手分至体前，高与眼平，肘微曲，手心斜向上；右手按至右胯旁，手心向下，指尖朝前；双臂微屈；眼看左掌。

上体慢慢后坐，身体重心移至右腿，左脚尖翘起外撇（45~60度），上体稍左转；双手准备翻转“抱球”；眼仍看左手。

上体继续左转，左手翻转成手心向下，在左肋前屈抱。右手翻转前摆，手心向上，在腹前屈抱，双手上下相对，如在左肋前抱球；重心移至左脚，左脚踏实，右脚收至左脚内侧，脚尖点地；眼看左手。

上体稍右转；右脚向右前方迈出一步，脚跟轻轻着地。

上体继续右转；重心前移，右脚踏实，右腿屈膝前弓；同时左腿自然蹬直，左脚跟外展，成右弓步；双手前后分开，右手向左上方划弧放在左手下，分至体前，高与眼平，手心斜向上；左手按至左胯旁，手心向下，指尖向前；双臂微屈；眼看右手。

重心稍后移，右脚尖翘起外撇，上体稍右转；双手准备翻转“抱球”。

上体继续右转；右手翻转成手心向下，在右胸前屈抱；左手翻转前摆，在腹前屈抱，双手上下相对，犹如在右肋前抱球；重心前移，右脚踏实，左脚收至右脚内侧，脚尖点地；眼看右手。

上体左转；左脚向左前方迈出一步，脚跟轻轻着地，重心仍在右腿上。

上体继续左转；重心前移，左脚踏实，左腿屈膝前弓；右腿自然蹬伸，右脚跟外展，成左弓步；同时两掌前后分开，左手分至体前，高与眼平，手心斜向上；右手按在右胯旁，手心向下，指尖向前；双臂微屈；眼看左掌。

【动作要点】

1. 左野马分鬃

（1）转体和抱手的动作是同时进行的。要在转体的带动下协调一致地完成。“抱球”是一个形象的比喻，双臂之间犹如抱一个气球，既要抱得住，又不使气球触及身体，故此两臂的动作要松而不软。右臂呈弧形，高与肩平；肩部放松，肘略低于肩，腕略低于手，五指微屈，自然分开；前臂与胸部之间的距离一般保持 20～30 厘米。左臂的划弧，除手掌走弧形外，还要伴随着前臂的旋转，定势时左臂也要呈弧形。

（2）“左脚收到右脚内侧，脚尖点地”，这时身体重心大部分应落在右腿上，左腿只起辅助支撑的作用。初学时可以这样做，待动作熟练之后，左脚收向右脚内侧时，脚尖不应点地。右野马分鬃也同样如此。这里的“脚尖点地”，指的是前脚掌着地。

（3）假设起势时面向南方，第一个“野马分鬃”弓步要朝向东方。在上步时上体先转至偏东，弓步时再转向接近正东。在连贯练习时，两个转体应是连贯的，中间不可间断。

（4）左脚上步时要脚跟先着地。太极拳的步法，均要求一腿屈膝支撑身体，稳定重心，另一腿轻灵地迈出，不可落脚沉重，身体重心过早转移。弓步过程要由腰部旋转、左腿屈弓和右腿后蹬三者协调配合，不可先蹬直右腿，再屈左膝，这样会使腰胯紧张、重心起伏。

（5）太极拳的弓步，后腿自然蹬直即可，不能像长拳那样挺劲绷直，以致腰胯不能松开，但也不可过于放松，使膝部出现较大弯曲，显得软弱无力。另外，在右腿自然蹬直以后，右脚要全脚踏实，不允许出现脚外侧离地（掀脚）和脚后跟离地（拔跟）的现象。弓步时前、后腿分担体重的虚实比例是：前脚承担约 2/3，后脚承担约 1/3。

（6）分手时左手手心斜向上，力点在前臂外侧，向左斜上方“靠”出。此时左肩要松沉，肘部微屈。分到顶点时，要展掌、舒指，体现出由轻灵走向沉稳的气势。同时，右手要随之向右下方分开，按至右胯旁。手心向下，指尖朝前，肘微屈。按到顶点时也要求展掌、舒指、坐腕、沉肩。

（7）眼神是太极拳的重要组成部分。本势的眼神运用：由起势眼看前方，转为注视右手，再转视左手。定势时眼看左手。视线应有张有弛，合理调节。

（8）在完成姿势的一瞬间，应有一点向四肢、头顶膨胀贯力的意念，同时呼气下沉。这样可使完成姿势更臻沉稳，虚实变化更为分明。但是，贯力的意念不宜过分，尤其不要故意两臂绷紧、弯腿下沉。

2. 右野马分鬃

（1）转体翘脚时，身体重心平稳地稍向后移，与上体左转协调并进。运转过程中，上体要保持正直，重心移动至左脚轻灵地转动即可。

（2）两手翻掌划弧“抱球”时，两手先略放松（由实变虚），随即再左掌内旋、右掌外旋划弧，同时收拢后脚。

（3）收脚时，主要是通过重心前移，以大腿的力量轻轻地把后脚提起，慢慢地屈膝向前，使后脚在前脚的内侧落下。

（4）连续上步的步法是本势的教学重点。教学中，可将弓步和连续上步的步法专门提出来练习，以免连贯动作练习中出现顾手顾不了脚的问题。

（5）其他要点同左野马分鬃。

【易犯错误】

（1）第一个野马分鬃由于转体不够，左脚落地偏右，造成左弓步两脚“扭麻花”的错误。后面两个弓步容易出现横向宽度不够，形成“走钢丝”的错误。

（2）弓步时前脚脚尖外撇，这主要是由于学生平时习惯外八字脚造成的。

（3）弓步时后脚跟没有外展后蹬，造成野马分鬃挺胸、侧肩和开胯的错误。

（4）手指过于僵硬或松软。

（5）动作过程中，上体俯仰歪斜，或低头弯腰，眼睛死盯着手。

（三）白鹤亮翅

上体稍左转；左脚向前跟半步，前脚掌轻轻落地，与右脚后跟相距约一脚长；同时左掌翻转向下，左臂平屈胸前，左手向左下划弧，双手翻转相对，在胸前屈臂“抱球”。左手在上，掌心向下，右手在下，手心向上；眼看左手。

右脚跟进半步，重心后移，右脚踏实；同时上体后坐，并向右转体面向右前方；两手开始交错分开，右手上举，左手落；眼看右手。

上体转正；左脚稍向前移动，前脚掌着地，面向左方成左虚步；同时上体再微向左转，面向前方，两手随转体慢慢向右上、左下分开，右手向上提停至右额前，掌心向左后方向内，左手按在左胯旁，掌心向下，指尖向前，眼平视前方。

【动作要点】

（1）这一势的动作不是太难，在学练中应把重点放在步型和步法上。本势的步型是虚步，步法是跟步。虚步应做到规格正确、上体松正、两腿虚实分明、重心稳定。跟步时，应先移动重心，轻轻提起右脚，向前跟进半步。落脚时与左脚距离约一脚长，重心慢慢后移，右脚逐渐踏实，右腿由虚变实，支撑大部分体重，最后将左脚轻缓地前移，调整成左脚前脚掌着地的左虚步。整个过程要求步法轻灵，重心移动平稳，两腿虚实转换清楚。

（2）做上述步法变换时，应注意腰部的旋转，保证全身动作协调完整，即右脚前跟时腰部微左转，身体后坐时腰部微右转，最后调整步型时身体再转向正前方。眼神要与手的运动协调配合。跟步抱手时眼看左手；后坐转体时，向右转看右手；最后上体转正，眼平视前方。

（3）随着两手右上、左下分开，应注意顶头竖脊，两手分撑，松腰松胯，全神贯注，显示出定势时的沉着与稳定。

【易犯错误】

（1）虚步时出现上体后仰，挺髋挺腹；上体前俯，挺胸突臀；虚步时膝部挺直，实腿时膝部里裹；两脚横向距离过大或过小；两腿虚实不明，体重落于两腿之间。

（2）两手外撑不够，肘部过于弯曲，造成夹腋折臂。

（四）左右搂膝拗步

上体稍左转；右手摆至体前，手心转向上；眼看右手。

上体右转；两臂交叉摆动，右手自头前下落，经右胯侧向右后方上举，与头同高，手心向上；左手自左侧上摆，经头前向右划弧落至右肩前，手心向下；左脚回收落在右脚内侧，脚尖点地；头随身体转动，眼看右手。

上体稍左转；左脚向左前方迈出一步，脚跟轻轻落地；右臂屈肘，右手收至肩上头侧，虎口对耳，掌心斜向前；左手落在腹前；眼看前方。

上体继续左转；重心前移，左脚踏实，左腿屈弓，右腿自然蹬直成左弓步；左手经左膝前向左搂过，按于左腿外侧，掌心向上，指尖向前；右手向前推出，指尖与鼻尖相对，掌心向前，指尖向上，右臂自然伸直，肘微屈垂；眼看右手。

重心稍后移，左脚尖翘起外撇，上体左转；两臂外旋，开始向左摆动；眼看右手。

上体继续左转；重心前移，左脚踏实，右脚收至左脚内侧，脚尖点地；右手经头前划弧至左肩前，掌心向下；左手向左上方划弧上举，与头同高，掌心向下，左臂自然伸直，肘部微屈；头转看左手。

上体稍右转；右脚向右前方迈出一步，脚跟轻轻落地；左臂屈肘，左手收至肩上头侧，虎口对耳，掌心斜向前；同时右手下落至腹前，掌心向下，肘部微屈；头转看前方。

上体继续右转；重心前移，右脚踏实，右腿屈弓，左腿自然蹬直成右弓步；右手经右膝前上方向右搂过，按于右腿外侧，掌心向下，指尖向前；左手向前推出，指尖与鼻尖相对，掌心向前，指尖向下，左臂自然伸直，肘部微垂；眼看左手。

重心稍后移，右脚尖翘起外撇，上体右转；两臂外旋，开始向右摆动；眼看左手。

上体继续右转；重心前移，右脚踏实，左脚收至右脚内侧，脚尖点地；左手划弧，经头前摆至右肩前，掌心向下；右手向右上方划弧上举，与头同高，掌心向下，右臂自然伸直，肘部微屈；头转看右手。

上体稍左转；左脚向左前方迈出一步，脚跟轻轻落地；右臂屈肘，右手收至肩上头侧，虎口对耳，掌心斜向前；同时左手下落至腹前，掌心向下，肘部微屈；头转看前方。

上体继续左转；重心前移，左脚踏实，左腿屈弓，右腿自然蹬伸成左弓步；左手经左膝前上方向左搂过，按于左腿外侧，掌心向下，指尖向前；右手向前推出，指尖与鼻尖相对，掌心向前，指尖向上，右臂自然伸直，肘部微垂；眼看右手。

【动作要点】

(1) 搂膝拗步与野马分鬃同为连续向前的三个弓步，所不同的是搂膝拗步是手脚左右异侧的拗弓步。为了保证重心的稳定，两脚的左右宽度一定要保持 30 厘米左右，切忌两脚踩在一条直线上或左右交叉，防止上体歪扭。

（2）在上步过程中，后脚收至支撑脚内侧，脚尖点地，是为了照顾初学者支撑无力、重心掌握不稳而提出的。一旦动作熟练以后，教练应让学生取消脚尖点地这个环节，使后脚经支撑脚内侧时不停不落，连贯稳健地向前迈出。上步中的停顿只是对初学者教学中采用的过渡手段，控制能力强的学生，完全可以直接连续上步，这样动作会更加完整。

（3）在做“搂膝拗步”时，前推、下搂的两掌和弓腿同时到位，教练应在教学中加以强化提示，使学生控制住弓腿和搂推掌的速度，做到动作上下合拍、同步行动。

【易犯错误】

（1）推掌过直过远，搂手屈肘后拉，造成肩、臂紧张，上体前俯。

（2）摆臂时腰部不转动，单纯地抡摆两臂，动作和木偶一样生硬机械。

（3）弓步横向宽度不够，上体紧张歪扭，重心不稳。

（4）前推、下搂的两掌和弓腿顾此失彼、快慢不一、互不协调，形成下搂的掌已搂完，前推的掌尚未启动；或弓腿已达顶点，两手仍在途中，令人看起来动作支离破碎、很不舒服。

（五）手挥琵琶

右脚向前收拢半步，脚前掌轻落于左脚后，与左脚相距约一脚长；右臂稍向前伸展，腕关节放松。

重心后移，右脚踏实，上体右转；左手向左、向上划弧摆至体前，手臂自然伸直，掌心斜向下；右手屈臂后引，收至胸前，掌心斜向下；眼转看左手。

上体稍向左回转，左脚稍向前移，脚跟着地，成左虚步；两臂外旋，屈肘合抱，两手前后交错，侧掌合于体前。左手与鼻相对，掌心向右；右手与左肘相对，掌心向左，两臂犹如抱琵琶的样子；眼看左手。

【动作要点】

（1）本势教学应注意身法与手法、步法的协调，防止动作生硬僵化。例如，在做后坐引手动作时，要让学生体会以重心后坐和转体来带动两臂的前摆和后引；在做两臂的合手和虚步时，要以身体的向左回转来协调上下肢动作。

（2）定势时，两臂应半屈成弧，舒展圆满。同时还要顶头竖脊，松腰沉气，屈腿落胯，充分体现出沉稳、挺拔、饱满的气势。

【易犯错误】

(1) 身法与手法不协调。常出现两种倾向：一是转体过大，动作散乱，上体忽侧忽正，腰肢脱节；二是转体过小，手法漂浮，动作呆板。

(2) 定势时两臂没有保持弧形，肘部过分弯曲，两臂紧缩，夹肋夹腋，动作不展。

(3) 虚步步型不正确，俯身突臀或仰身挺腹。

(六) 左右倒卷肱

上体稍右转；两手翻转向上，右手随转体向下经腰侧向后上方划弧，右臂微屈，手与头同高。左手翻转停于体前；头随身体转动，眼先看右手，再转看左手。

上体稍左转；左脚提收向后退一步，脚前掌轻轻落地；右臂屈卷，右手收至肩上耳侧，掌心斜向下方；左手开始后收；眼看左手。

上体继续左转；重心后移，左脚踏实，右脚以脚掌为轴扭直，脚跟离地，右膝微屈成右虚步；右手推至体前，腕与肩同高，掌心向前；左手向后、向下划弧，收至左腰侧，手心向上；眼看右手。

上体稍左转；左手向左后上方划弧，与头同高，掌心向上，左臂微屈；右手翻转停于体前；头随身体转动，眼先看左手，再转看右手。

上体稍右转；右脚提收向后退一步，脚前掌轻轻落地；左臂屈卷，左手收至肩上耳侧，掌心斜向前下方；右手开始后收；眼看右手。

上体继续右转；重心后移，右脚踏实，左脚以脚掌为轴扭直，脚跟离地，左膝微屈，成左虚步；左手推至体前，腕与肩同高，掌心向前；右手向后、向下划弧，收至右腰侧；眼看左手。

上体稍右转；右手随转体向后上方划弧，右臂微屈，手与头同高，手心向上；左手翻转停于体前；头随身体转动；眼先看右手，再转看左手。

上体稍左转；左脚提收向后退一步，脚前掌轻轻落地；右臂屈卷，右手收至右肩上耳侧，掌心斜向下方；左手开始后收；眼看左手。

上体继续左转；重心后移，左脚踏实，右脚以脚掌为轴扭直，脚跟离地，右膝微屈成右虚步；右手推至体前，腕与肩同高，掌心向前；左手向后、向下划弧，收至左腰侧；眼看右手。

上体稍左转；左手随转体向后上方划弧，手与头同高，掌心向上，左臂微屈；右手翻转停于体前；头随身体转动；眼先看左手，再转看右手。

上体稍右转；右脚提收向后退一步，脚前掌轻轻落地；左臂屈卷，左手收至肩上耳侧，掌心斜向前下方；右手开始后收；眼看右手。

上体继续右转；重心后移，右脚踏实，左脚以脚掌为轴扭直，脚跟离地，左腿微屈，成左虚步；左手推至体前，腕与肩同高，掌心向前；右手向后、向下划弧，收至右腰侧；眼看左手。

【动作要点】

（1）本势的步法是在虚步基础上的连续退步。教学中要抓住“重心平稳”“点起点落”“轻起轻落”的要点。“重心平稳”是指提腿时身体重心不要升高，落步时重心不要降低，身体不要在退步中出现明显的起伏现象。“点起点落”“轻起轻落”是指动作轻灵柔和，由点及面。提脚前先提脚跟，落脚时先落脚掌（向前上步先落脚跟），不可平起平落；提脚防止猛蹬急收，落脚避免沉重“砸夯”。

（2）卷肱动作应重点强调屈肘折臂，避免屈指卷腕，不要让学生把卷肱做成卷腕花。当推掌到顶点时，要有意识地坐腕、展掌、舒指，体现由虚到实的劲力变化。

（3）撤手时，手要走弧线，不要直抽到胸。另外，两掌的推撤要协调配合，在体前有一个两掌交错的过程，不要距离太远。

（4）本势的眼神，应随着转体先向侧看，再转看前手。

【易犯错误】

（1）学生分不清哪里是定势，所以造成动作配合混乱。定势应是“倒卷肱”的第三动即“虚步推掌”的完成姿势。这时，眼睛注视前手，上体舒展伸拔，然后转接下一个动作。有些学生常常推掌后，头转看后方，手眼脱节。教练应在教学中注意纠正。

（2）退步时落脚过于偏内，形成上体歪扭，两脚“拧麻花”的错误。

（3）退步时重心控制不稳，体重过早后坐，造成落脚沉重、脚快手慢、上下不协调的错误。

（七）左揽雀尾

上体微右转；右手由腰侧向右上方划弧，右臂微屈，手与肩同高，掌心斜向上；左手在体前放松，手心向下；头随身体转动，眼向右平视。

右手屈臂抱于右胸前，掌心翻转向下；左手划弧下落，屈抱于腹前，掌心转向上，两手上下相对如“抱球”状；左脚收至右脚内侧，脚尖点地；眼看右手。

上体微左转，左脚向左前方迈出一步，脚跟轻轻落地；眼看前方。

上体继续左转；重心前移，左脚踏实，左腿屈膝前弓，右腿自然蹬直，成左弓步；两手前后分开，左臂半屈向体前掤，腕与肩同高，掌心向内；右手向下划弧按于右胯旁，掌心向下，五指向前；眼看左手。

上体稍左转；左手向左前方伸出，掌心转向下；同时右臂外旋，右手经腹前向上、向前伸至左前臂内侧，掌心向上；眼看左手。

上体右转；两手同时向下经腹前向右后方划弧后捋，右手举于身体侧后方，与头同高，掌心向外；左臂平屈于胸前，掌心向内；重心后移，身体后坐，右腿屈膝，左腿自然伸直；眼看右手。

上体左转，正对前方；右臂屈肘，右手收至胸前，搭于左腕内侧，掌心向前；左前臂仍屈收于胸前，掌心向内，指尖向右；眼看前方。

重心前移，左腿屈弓，右腿自然蹬直成左弓步；右手推送左前臂向体前挤出，与肩同高，两臂撑圆；眼看前方。

重心后移，上体后坐，右腿屈膝，左腿自然伸直，左脚尖翘起；左手翻转向下；右手经左腕上方向前伸出，掌心也转向下。两手左右分开与肩同宽，两臂屈收，两手后引，经胸前收到腹前，手心斜向下；眼向前平视。

重心前移，左脚踏实，左腿屈弓，右腿自然蹬直成左弓步；两手沿弧线推按至体前，两腕与肩同高、同宽，两掌心向前，指尖向上；眼看前方。

【动作要点】

（1）揽雀尾的教学应重视上下肢的配合。掤、挤、按时要与弓步协调一致；捋手和引手要与屈膝后坐一致。前弓和后坐时，重心移动要充分，要让学生注意保持上体松正舒展。弓腿时要顶头沉肩、竖脊、展背；坐腿时要松腰、敛臀、屈膝、落胯。

（2）揽雀尾包括掤、捋、挤、按四个分势。每个分势完成时，肢体要掤展，劲力要贯注，动作要沉稳，要体现出动作由虚到实的变化。然而，太极拳的特点是绵绵不断，前一个势子的完成恰好是后一个势子的开始，所以拳势之间要有虚实转换，不可间断，做到势变劲不断、劲变意不断。

（3）本势的步型是顺弓步，两脚间的横向距离以不超过 10 厘米为宜。第二动抱手收脚后，应逐渐做到提收，脚尖不点地。

（4）做“掤势”时，转体分手和屈膝弓腿要同时到位。捋势时，两臂的后捋要与腰部旋转协调一致。捋势完成时，两手向侧后方约斜向 45 度，同时保持上体端正、下肢稳固。“后坐引手”时，左脚尖翘起，左腿膝部不要挺直，上体勿挺腹后仰。同时，两手保持与肩同宽，收至胸前，手心斜向下，两肘微向外开。弓步前按时，两手要沿弧线向上、向前推按。

【易犯错误】

（1）做“掤势”和“挤势”时，两臂不松展，出现紧张夹腋或松软无力的错误。

（2）前弓和后坐过程中，后脚脚跟随意扭动，全脚不能踏实地面。

（3）前按时两手向两侧分开划弧，或两掌自下划弧上挑。

（4）手脚配合不协调，腿快手慢或手快腿慢。

（八）右揽雀尾

重心后移，上体右转，左脚尖内扣；右手经头前划弧右摆，掌心向外，两手平举于身体两侧；头及目光随右手移动。

左腿屈膝，重心左移，右腿收至左脚内侧，脚尖点地；左手屈抱于左胸前，手心向下；右手屈抱于腹前，手心向上，两手上下相对，在左肋前“抱球”；眼看左手。

上体微右转，右脚向右前方迈出一步，脚跟轻轻落地；眼看前方。

上体继续右转；重心前移，右脚踏实，右腿屈膝前弓，左腿自然蹬直，成右弓步；两手前后分开。右臂半屈向体前掤，腕与肩同高，掌心向内；左手向下划弧按于左胯旁，手心向下，指尖向前；眼看右手。

上体稍右转；右手向右前方伸出，掌心转向下。同时左臂外旋，左手经腹前向上、向前伸至右前臂内侧，掌心向上；眼看左手。

上体左转；两手同时向下经腹前向左后方划弧后捋，左手举于身体侧后方，与头同高，掌心向外。右臂平屈于胸前，掌心向内；重心后移，身体后坐，左腿屈膝，右腿自然伸直；眼看左手。

上体右转，正对前方；左臂屈肘，左手收至胸前，搭于右腕内侧，掌心向前，右前臂仍屈于胸前，掌心向内，指尖向左；眼看前方。

重心前移，右腿屈弓，左腿自然蹬伸成右弓步；左手推送右前臂向体前挤出，与肩同高，两臂撑圆；眼看前方。

重心后移，上体后坐，右腿屈膝，右腿自然伸直，右脚尖翘起；右手翻转向下，左手经右腕上方向前伸出，掌心也转向下。两手左右分开与肩同宽，两臂屈收，两手后引，经胸前收到腹前，手心斜向下；眼向前平视。

重心前移，右脚踏实，右腿屈弓，左腿自然蹬直成右弓步；两手沿弧线推按至体前，两腕与肩同高、同宽，两掌心向前，指尖向上；眼看前方。

【动作要点】

（1）随身体右转，右手水平向右划弧，两手分开不超过 120 度。此时左手不要随之向右摆动。

（2）身体右转时，左右腿屈膝后坐，重心不可升高。同时左脚尖内扣，扣的角度以大于 90 度为宜。

（3）其余要点与“左揽雀尾”相同。

【易犯错误】

（1）身体右转时，左脚尖内扣角度不够，导致右脚出脚方向不正，上体紧张歪扭。

（2）其余错误同“左揽雀尾”。

（九）单鞭

重心左移，上体左转，右脚尖内扣；两臂交叉运转，左手经头前向左划弧至身体左侧，掌心向外；右手经腹前向左划弧至左肋前，掌心转向上；视线随左手运转。

上体右转，重心右移，右腿屈膝，左脚收至右脚内侧，脚尖点地；右手向上向右划弧，掌心向内，经头前至身体右前方变成勾手，勾尖向下，腕高与肩平；左手向下、向右划弧，经腹前至右肩前，掌心转向内；视线随右手移转，最后看勾手。

上体稍左转；左脚向左前方迈出一步，脚跟落地；左手经面前向左划弧，掌心向内；眼看左手。

上体继续左转，重心前移，左脚踏实，左腿屈弓，右腿自然蹬直，脚跟外展，成斜向左前方的弓步；左手经面前翻转向前推出，腕与肩同高，左肘与左膝上下相对；眼看左手。

【动作要点】

（1）单鞭的弓步应斜向左前方，以不超过30度为宜。两脚的左右宽度约10厘米。前臂、前腿的方向应一致。勾手时右臂伸举方向为斜后方45度。

（2）身体左右转动时，重心移动要充分，两腿虚实要分明。

（3）推掌时，随着上体左转，左腿前弓，左手一边翻掌一边向前推出，到达顶点时，配合松腰、松胯、沉气，同时沉腕、展掌、舒指。

（4）动作熟练后，应做到收脚后脚尖不点地，有基础的学员也可在开始时直接提收，不经过点地过程。

【易犯错误】

（1）勾手时腕部故意绕转，形成“腕花”；五指先后不一，不同时捏拢；腕关节僵直，勾尖向后。

（2）定势时，右脚跟蹬转不够，造成弓步开裆展胯，上体侧倾。

（3）定势时还易出现挺胸塌腰或身体前俯的错误。

（十）云手

重心后移，上体右转，左脚尖内扣，右腿弯曲；左手向右划弧，经腹前至右肩前，掌心向内。右勾手松开变掌，掌心向外；眼看右手。

上体左转，重心左移；右脚向左脚并拢，脚前掌先着地，随之全脚踏实，两腿屈膝半蹲，两脚平行，脚尖向前，两脚相距约10厘米；左手经头前向左划弧云转，掌心渐渐翻转向外。右手向下经腹前同时向左划弧云转，掌心渐渐翻转向内；左掌停于身体左侧，高与肩平，右手停于左肩前；视线随左手转移。

上体右转，重心右移；左脚向左横开一步，脚前掌先着地，随之全脚踏实，脚尖向前；右手经头前向右划弧云转，掌心渐渐翻转向外；左手向下经腹前同时向右划弧云转，掌心渐渐翻转向内。右掌停于身体右侧，高与肩平，左手停于右肩前；视线随右手转移。

【动作要点】

（1）此势的教学重点是让学生做到以腰为轴、转腰带手、身手合一。两手的左右摆动不是孤立的，要与重心的移动、腰的旋转和侧行步法协调完成。两臂的旋转和脚步的移动要轻柔渐进，配合恰到好处。

（2）本势的步型为小开步。小开步的要求是双脚平行向前，相距10~20厘米。

（3）云手的步法是侧行步，做侧行步时要注意以下四点：

第一，要掌握“点起点落”“轻起轻落”的步法规律。在侧行中，两脚由点及面提落踏实，轮换支撑体重。重心移动要充分，两腿虚实要分明。左脚轻灵地提起向左分开，右脚轻灵地向左脚并拢。

第二，步幅要适度。侧行步的步幅是以一腿屈膝支撑体重，另一腿自然伸直横向迈出一步。

第三，移步时上体不可俯仰歪斜或摆晃。

第四，身体不可起伏。重心应平稳、均匀地运动，始终保持拳架的同一高度。

（4）云手手法是两手交错向左或向右划立圆，同时伴随旋臂翻掌。手臂经过面前划圆时应半屈成弧，距头不要过近。向下划圆时，肘微屈，臂自然伸直。

【易犯错误】

（1）侧行步出现“八字脚”或两脚靠拢的错误。

（2）眼神随划弧的上手移动时，没有张弛的变化，始终紧张、死板地盯着手掌。

（3）两臂的运动不是在腰脊的带动下运转，造成腰不旋转、单纯两臂抡摆的错误。

（4）下肢的动作与手臂的动作没有协调配合，造成上下脱节、扭摆腰胯。

（十一）单鞭

上体右转，重心移向右腿，左脚跟提起；右手经头前向右划弧，至右前方掌心翻转变勾手；左手向下经腹前向右划弧云转至右肩前，掌心转向内；眼看勾手。

上体稍左转；左脚向左前方上步，脚跟落地；左手经面前向左划弧，掌心向内；眼看左手。

上体继续左转；重心前移，左脚踏实，左腿屈弓，右腿自然蹬直，脚跟外展，成斜向左前方的弓步；左手经面前翻转向前推出，腕与肩平，左肘与左膝上下相对；眼看左手。

（十二）高探马

后脚向前收拢半步，脚前掌着地，距前脚约一脚长；眼看左手。

上体稍右转；重心后移，右脚踏实，右腿屈坐，左脚跟提起；右勾手松开，两手翻转向上，两臂前后平举，肘关节微屈；眼看右手。

上体左转，右肩前送；右手屈收，经头侧再向前推出，腕与肩同高，手心向前；左臂屈收，左手收至腹前，掌心向上；眼看右手。

【动作要点】

虚步推掌应在转腰顺肩的配合下完成。身体保持中正、舒展，动作协调一致。

【易犯错误】

（1）身体后坐时，过分转头看后方的右手，造成歪头扭颈。

（2）定势时两腿伸直、重心升高。

（3）右臂过于靠紧身体，夹肋紧腋。

（十三）右蹬脚

左脚提收至右踝内侧；右手稍向后收，左手经右手背上向右前方穿出，两手交叉，腕关节相交，左掌心斜向上，右掌心斜向下；眼看左手。

上体左转；左脚向左前方迈出，脚跟着地；左手内旋，两手合举于头前，手心皆向外；眼看左手。

重心前移，左脚踏实，左腿屈弓，右腿自然蹬直；两手同时向左右分开，掌心向前，虎口相对，两臂外撑；眼看右手。

右脚收至左脚内侧，脚尖点地；两手向腹前划弧相交合抱，举至胸前，右手在外，两掌心皆向内；眼看右前方。

左腿支撑，右腿屈膝上提，右脚脚尖上勾，脚跟用力慢慢向右前上方蹬出。左腿微屈，右腿伸直；两手手心向外撑开，两臂展于身体两侧，肘关节微屈，两腕与肩平。右腿与右臂上下相对，方向为右前方约30度；眼看右手。

【动作要点】

（1）蹬脚的动作要求具有较高的腿部力量和支撑平衡能力。在教学时，应重点抓住“稳”和“协调”两个关键。要做到“稳”，首先收脚时要稳定重心，初学者利用脚尖点地，调整重心，逐步做到收脚不落地也能控制好重心。提膝、蹬脚的动作要均匀缓慢，不可突然加速，以免失去平衡。同时还要注意加强基本功的操练，提高桩步的稳固性和韧带柔韧性。要做到“协调”应抓住六个一致，即穿掌与收脚一致、上步与翻手一致、弓步与分手一致、收脚与抱手一致、提膝与举抱一致、蹬脚与分手撑臂一致。在做动作中，抓住了这六个一致，整个动作就会协调。

（2）本势手臂的动作较为复杂。在“穿掌—分手—合抱—撑开”的整个过程中，双手两次交叉和分开，在教学中应将划弧的路线、前臂的旋转等细节交代清楚。第一动的穿掌应随着转体先微向右再向左上步，左手经右手背向前上方伸穿。两手手背相对，两腕交叉，与肩同高，两肘微屈；第二、三动的分手与抱手，是一个完整的两臂回环过程。分手时，两手边内旋翻掌，边经面前向左右划弧分开。随后，两手不停顿地一边外旋翻掌，一边向下经腹前交叉合抱举于胸前；第四动分手外撑动作，两手右前、左后分开划弧，举手不要超过头的高度。两肘保持微屈。这时重心上升，支撑腿自然伸直。本势“穿、分、抱、撑”的掌法变化，在教学中可单独抽出来练习，学生较容易掌握。

（3）此势的眼神处理应是：第一动眼看左手；第二动眼看右手；第三动眼看右前方的蹬脚方向；第四动眼看右手。

（4）定势时顶头立腰，蹬脚高于水平，重心保持稳定。初学者一时做不到，不必勉强。教练应因人而异，循序渐进地提出要求。

【易犯错误】

初学者在做此势时容易出现的错误较多。

（1）单腿支撑不稳。

（2）上体后仰或前倾。

（3）撑开的两臂一高一低。

（4）独立的左腿过于弯曲。

（5）右臂和右腿上下不相对应。

（6）肩部紧张上耸，胸部紧张憋气。

（7）弯腰低头。

上述错误的主要是由全身紧张、勉强用力、身体素质达不到要求造成的，教练应根据具体情况，区别对待，加以纠正和帮助。

（十四）双峰贯耳

右腿屈膝回收，脚尖自然下垂；左手经头侧向体前划弧，与右手并行落于右膝上方，掌心皆向上，指尖向前；眼看前方。

右腿向右前方上步，脚跟落地，脚尖斜向右前方约30度；两手收至两腰侧，掌心向上。

重心前移，右腿踏实、屈弓，左腿自然蹬直，成右弓步；两手握拳从两侧向上、向前划弧摆至头前。两臂半屈成弧，两拳相对成钳形，相距同头宽，前臂内旋，拳眼斜向下；眼看前方。

【动作要点】

（1）定势方向应与右蹬腿的方向一致。

（2）落脚前支撑的左脚先屈蹲，降低重心，然后右脚再向前上步落地。

（3）贯拳时力点在拳面，两拳眼斜向下，立身中正，沉肩坠肘。

【易犯错误】

（1）贯拳时两臂平直，拳眼相对。

（2）定势时耸肩缩脖，低头拱背，俯身突臀。

（十五）转身左蹬脚

重心后移，上体左转，左腿屈坐，右脚尖内扣；两拳松开，左手经头前向左划弧，两臂微屈举于身体两侧，掌心向外；眼看左手。

重心右移，右腿屈膝后坐，左脚收至右脚内侧，脚尖点地；两手向下划弧，于腹前交叉合抱，举至胸前，左手在外，两手心皆向内；眼看前方。

右脚支撑，左腿屈膝高提，左脚脚尖上勾，脚跟用力向左前上方慢慢蹬出；两臂内旋，两掌心转向外，左前右后划弧分开，两臂微屈举于身体两侧；左腿蹬直，与左臂上下相对；眼看左手。

【动作要点】

（1）转体分手时，右脚尽量内扣，重心移动要充分，两手同时向两侧划弧分开。

（2）左蹬脚与右蹬脚方向相反，与中轴线保持约 30 度的斜向。

【易犯错误】

转身时低头弯腰，身体前俯。

（十六）左下势独立

左腿屈收，左脚下垂收于右小腿内侧；上体右转；右臂稍内合，右手变勾手。左手经头前划弧摆至右肩前，掌心向右，指尖向上；眼看右勾手。

右腿屈膝半蹲，左脚前掌落地，沿地面向左侧伸出，随即全脚踏实，左腿伸直；左手落于右肋侧；眼看勾手。

右腿屈膝全蹲，上体左转成左仆步；左手经腹前沿左腿内侧向左穿出，掌心向外，指尖向左；眼看左手。

重心移向左腿；左脚尖外撇，左腿屈膝前弓；右脚尖内扣，右腿自然蹬伸。重心恢复至弓步高度；左手继续前穿并向上挑起；右勾手内旋，背于身后，勾尖朝上；眼看左手。

上体左转，重心前移；右腿屈膝前提，脚尖自然下垂，左腿微屈独立支撑，成左独立步；左手下落按于左胯旁；右勾手变掌，经体侧向前挑起，掌心向左，指尖向上，高与眼平；右臂半屈成弧，肘关节与右膝上下相对；眼看右手。

【动作要点】

（1）教学中应抓住两个重点：一是仆步步型要正确，二是重心升降和移动要平稳连贯。为了使仆步转独立步时身体平稳过渡，仆步的两脚前后应保持一脚长的距离，以仆出腿的脚尖和下蹲腿的脚跟置于中轴线上为宜。重心由仆步转向前弓步时，两脚要注意尽量外撇或内扣，这样便可轻松地完成提腿独立。

（2）仆步前要先把左脚收靠在右小腿内侧。初学时可以收脚点地，稳定重心，逐渐过渡为脚不着地。此时视线随左手右移，转看右勾手。勾手的方向是侧后方约45度。

（3）左脚仆出时应沿地面向左伸出。仆步完成时右腿全蹲，左腿伸直，两脚全脚掌踏实地面。

（4）向左穿掌时，左臂先屈后伸，上体微向前倾，以助其势。

（5）定势时，右臂要舒展撑圆，左手向下沉按，左臂微屈。独立腿微屈站稳，前提腿大腿高于水平。上体保持正直、舒展。

【易犯错误】

（1）屈蹲开步时眼看左侧，转头过早，上体倾斜。

（2）仆步时左脚掌外侧“掀脚”，右脚跟离地“拔跟”。

（3）由仆步转弓腿时，右脚不是脚尖内扣，而是后蹬脚跟，致使两腿距离过大，屈膝提腿困难。或是左脚没有充分外撇，造成独立支撑不稳、上体紧张歪扭。

（4）仆步时右腿屈蹲不到位，出现弯腰、抬臀、低头等错误。

（十七）右下势独立

右脚落于左脚右前方，脚前掌着地；上体左转，左脚以脚掌为轴随之扭转；左手变勾手提举于身体左侧，高与肩平；右手经头前划弧摆至左肩前，掌心向左；眼看左手。

右脚提收至左小腿内侧，然后以脚前掌落地，沿地面向右伸出，随即右腿伸直，右脚全脚踏实；右手落至左肋侧；眼看勾手。

左腿屈膝全蹲，上体右转成右仆步；右手经腹前沿右腿内侧向右穿出，掌心向外，指尖向右；眼看右手。

重心移向右腿；右脚尖外撇，右腿屈膝前弓。左脚尖内扣，左腿自然蹬直，重心恢复至弓步高度；右手继续前穿并向上挑起；左勾手内旋，背于身后，勾尖向上；眼看右手。

上体右转，重心前移；左腿屈膝前提，脚尖向下，右腿微屈独立支撑，成右独立步；右手下落按于右胯旁，左勾手变掌，经体侧向体前挑起，掌心向右，指尖向上，高与眼平；左臂半屈成弧，肘关节与左膝相对；眼看左手。

【动作要点】

（1）第一动右脚应落在左脚右前方约 20 厘米处，这样当左脚跟内转之后，右脚的位置恰在左脚弓内侧。

（2）向左转身时，身体重心应始终落在左腿上。

（3）右腿仆出时应先提起右脚再伸出，不要直接擦地而出。

【易犯错误】

（1）第一动落脚后重心移向右腿，造成以右腿为轴转身，转后重心再移向左腿。

（2）右手向下划弧，经腹前摆至左肩前。

（十八）左右穿梭

左脚向左前方落步，脚跟着地，脚尖外撇，上体左转；左手内旋，手心翻转向下；眼看左手。

上体左转；右脚收于左踝内侧；两手在左肋前上下相抱，左手心向下，右手翻转向上；眼看左手。

上体右转；右脚向右前方上步，脚跟着地；右手由下向前上方划弧；左手向上向后下方划弧，两手交错；眼看右手。

上体继续右转；重心前移，右脚踏实，右腿屈膝前弓，成右弓步；右手翻转上举，架于右额角前上方，掌心斜向上。左手推至体前，高与鼻平；眼看左手。

重心稍右移，右脚尖稍外撇，上体右转；右手下落于头前，右手稍向左划弧，落至腹前，准备“抱球”；眼看右手。

两手在右肋前上下相抱；左脚收至右脚内侧；眼看右手。

上体左转；左脚向左前方上步，脚跟着地；左手由下向前上方划弧，右手由上向后下方划弧，两手交错；眼看左手。

上体继续左转；重心前移，左脚踏实，左腿屈膝前弓，成左弓步；左手翻转上举，架于右额角前上方；右手推至体前，高与鼻平；眼看右手。

【动作要点】

（1）左右穿梭均是拗步推掌，弓步方向和推掌方向一致，与中轴线约成 30 度斜角。两脚的横向宽度保持 30 厘米左右，两脚不可过窄，以利重心稳定、上体松正。

（2）本势的手法是一手上架、一手前推。上架手翻掌举于额前上方，力点在前臂；前推手先收到肋前或腰间蓄劲，而后随转腰顺肩向前推出。

【易犯错误】

（1）架掌时耸肩抬肘，上体歪扭。

（2）定势时，推掌方向与弓步方向不一致。

（3）右脚尖外撇过大，造成左脚上步困难。

（十九）海底针
上体稍右转；右脚向前收拢半步，脚前掌落地，距前脚跟约一脚长；眼看前方。

上体右转；重心后移，右腿屈坐，左脚跟提起；右手下落经体侧屈臂抽提至耳旁，掌心向左，指尖向前；左手向右划弧下落至腹前，掌心向下，指尖斜向右；眼看前方。

上体左转，向前俯身，右手从耳侧向前下方斜插，掌心向左，指尖斜向下；左手经左膝前划弧搂过，按至大腿外侧；左手稍前移，脚前掌着地成左虚步；眼看右手。

【动作要点】

（1）虚步插手时上体要舒展伸拔，上体前倾角度不超过 45 度。

（2）两手的动作路线是：右手随转体在体侧划一个立圆；左手随转体下落，经体前划平弧按于左胯旁；插掌时力点放在指尖。

（3）跟步后，右脚随转体后坐，以前脚掌为轴内转脚跟。定势时，虚步前脚正向前方，右脚外撇约 45 度。

【易犯错误】

（1）右手插掌易做成“前劈”或“下砍”的动作。

（2）腰肢脱节，动作散乱，没有用腰部的转动来带动和协调全身的动作。

（3）定势时出现低头、弯腰、两腿虚实不清等错误。

（二十）闪通臂
上体恢复正直，右腿屈膝支撑，左脚回收，以脚尖点地落至右脚内侧，右手上提至身前，指尖朝前，掌心向左；左手屈臂收举，指尖贴近右腕内侧；眼看前方。

左脚向前上步，脚跟着地；两手内旋分开，手心皆向前；眼看前方。

【动作要点】

(1) 上下肢的配合应协调一致，同时到位。

(2) 闪通臂是顺弓步，两脚左右不宜过宽，前臂、前腿要上下相对。弓步与推掌方向皆为正前方。

【易犯错误】

(1) 架掌时耸肩抬肘。

(2) 定势时扭胯侧身，做成侧弓步。

(3) 脚快手慢，上下动作不合拍。

上体右转；重心前转成左弓步；左手推至体前，与鼻尖对齐；右手撑于头侧上方，掌心斜向上，两手前后分展；眼看左手。

(二十一) 转身搬拦捶

重心后移，右腿屈坐，左脚尖内扣，身体右转；两手向右侧摆动，右手摆至身体右侧，左手摆至头侧，两掌心均向外；眼看右手。

重心左移，左腿屈坐，右脚以脚掌为轴扭直；右手握拳向下、向左划弧收于左肋前，拳心向下；左手撑举于左额前上方；眼向右平视。

右脚提收至左脚踝关节内侧，再向前迈出，脚跟着地，脚尖外撇；右拳经胸前向前搬压，拳心向上，高与胸平，肘部微屈；左手经右前臂外侧下落，按于左胯旁；眼看右拳。

上体右转，重心前移，左脚收于右脚内侧；右臂内旋，右拳向右划弧至体侧，拳心向下，右臂半屈。左臂外旋，左手经左侧向体前划弧；眼平视右拳。

左脚向前上步，脚跟着地；左掌拦至体前，高与肩平，掌心向右，指尖斜向上；右拳翻转收至腰间，拳心向上；眼看左拳。

上体左转；重心前移，左腿屈弓，左脚踏实，右腿自然蹬直，成左弓步；右拳自胸前打出，肘微屈，拳心转向左，拳眼向上；左手微收，掌指附于右前臂内侧，掌心向右；眼看右拳。

【动作要点】

（1）此势包含有搬拳、拦拳和打拳三个手法，在教学中须将三个手法的规格及用法向学生讲明，以便正确掌握动作要领。

（2）搬拦捶的转身动作要做到虚实清楚、转换轻灵、重心平稳。转换中要注意重心的移动、脚的扣转、腿的屈伸，切不可重心起伏、上体摇摆。

【易犯错误】

（1）拦掌，收拳时两臂划弧过大，与转腰配合不协调。

（2）转身时右腿不屈坐，出现挺髋、重心升高及上体歪斜等错误。

（二十二）如封似闭

左手翻转向上，从右前臂下向前穿出；同时右拳变掌，也翻转向上，两手交叉伸举于体前；眼看前方。

重心后移，右腿屈坐，左脚尖翘起；两臂屈收，两手边分边内旋后引，分至与肩同宽，收至胸前，掌心斜向下；眼看前方。

重心前移，左腿屈弓，左脚踏实，右腿自然蹬直成左弓步；两手翻转，经腹前向上、向前推出，与肩同宽，腕高与肩平，掌心向前，五指向上；眼看前方。

【动作要点】

（1）后坐引手时，两手要屈肘旋臂后引，不可前臂上卷、两肘夹肋。

（2）按掌时，两掌要平行向前，沿弧线向前推出。

【易犯错误】

（1）后坐引收右腿屈坐不够，上体挺髋后仰。

（2）按掌时身体前俯。

（二十三）十字手

上体右转，重心右移，右腿屈坐，左脚尖内扣；右手向右摆至头前；眼看右手。

上体继续右转，右脚尖外撇，右腿屈弓，左腿自然伸直，成右横裆步（侧弓步）；右手继续向右划弧，摆至身体右侧，两臂平举于身体右侧，掌心皆向外，指尖斜向上；眼看右手。

上体左转，重心左移，左腿屈弓，右腿自然伸直，脚尖内扣；两手下落划弧，在腹前交叉，抱于胸前，右手在外，掌心向内；眼平视前方。

上体转正；右脚轻轻向左收回半步，随之全脚踏实，两腿慢慢直立，体重平均放于双腿，两脚平行向前，与肩同宽，成开立步；两手交叉合抱于体前，两臂撑圆，两腕交搭成斜十字形，高与肩平；眼平视前方。

【动作要点】

(1) 此势的手、腰转动和重心移动幅度比较大，同时配合两脚的扣转、外撇和收并。整个动作要保持平稳连贯、完整一气，中途不要断劲。

(2) 收脚合抱，要求上体保持端正，不可低头弯腰。两臂要撑圆，不可抱得过紧。

【易犯错误】

(1) 第一、二动身体右转时，动作不连贯，中途停顿。

(2) 重心左右移动中，两腿直立，低头弯腰，上体摇晃。

(3) 合抱动作耸肩、夹肘，两臂没有掤满。

(二十四) 收势

两臂内旋向外翻掌，手心向下，两手翻转左右分开，与肩同宽；眼平视前方。

两臂徐徐下落，两手落于身体两侧，与肩同宽；眼平视前方。

左脚轻轻提起与右脚并拢，脚前掌先着地，随之全脚踏实，恢复成预备姿势；眼看前方。

【动作要点】

(1) 翻掌分手时，两手应分边翻转。

(2) 并步还原时，左脚应注意“点起点落”、轻匀沉稳。

【易犯错误】

（1）翻掌分手时腕关节屈折形成“腕花”。

（2）垂臂落手时两臂屈伸、两手收按。

第三节　如何练好 24 式太极拳

一、学练提示

1. 树立信心

树立信心，勤学多练，避免贪多求快、马虎草率，练上几个月的时间，摸清了太极拳的基本规律，就能打得很好。

2. 持之以恒

太极拳可以提高人体生理机能，增强对疾病的抵抗力，但需要经过一定时期系统的锻炼，不是练几下就能见效的。

3. 循序渐进

太极拳锻炼的效果和质量密切相关，没有正确的姿势和动作，就收不到健身和医疗的功效。一旦形成了错误的定型，纠正起来比学习新的动作更困难。学太极拳要循序渐进地学、扎实地学，宁要少，但要好，打好基础，这样才能收效大、进步快。

4. 适当掌握运动量

运动量大小与练拳的时间长短、姿势的高低、动作的准确程度相关。恰当的运动量，要根据个人的体质条件来定。一般来说，练完拳以后，感到轻松舒服、情绪很高，说明运动量大小合适。

5. 打拳速度的掌握

初学打拳时，要先想后做、边想边做，所以动作的速度宜慢不宜快，甚至中途可以有小的停顿。慢的好处是：能够照顾每个动作的细节，及时检查和纠正动作的缺点，容易做到心静、体松，同时可以保持重心稳定。动作熟练以后，可以稍快一些，动作之间不要停顿，力求连贯平滑、均匀自然。练 24 式太极拳动作熟练时，一套拳可用 5~6分钟，也可快到 4 分钟；初学者慢练可用 8 分钟甚至 10 分钟。练起来要求由始至终气势完整，不能忽快忽慢。

6. 选好练拳的时间和场地

练拳的时间最好安排在清晨或傍晚。清晨练拳，可以帮助摆脱睡眠时的抑制状态，使头脑清醒，为工作和学习做好准备；傍晚练拳，可以帮助消除疲劳，起到积极休息的作用。清晨和傍晚时，环境较安静，便于思想集中。练拳之后，不要马上吃饭和睡觉，最好稍微平静一会儿，使运动时的兴奋状态逐渐消失。此外，工间和课余也是进行太极拳锻炼的好时光。练拳最好找空气新鲜和安静的环境，避免风沙和烟雾。公园、河边、树林和庭院中都是很好的地方。如果在室内，最好在空气流通和有阳光的地方。

打拳时，最好穿宽大柔软的便服和运动服，不要穿西装和硬底鞋，以免妨碍动作。天太冷时可戴上帽子和手套。练完以后，要把汗擦干，以免感冒。

7. 做好准备活动和整理活动

由于太极拳是一项柔缓的运动，因此不少人往往忽视了练习前的准备活动和练习后的整理活动。准备活动是使身体进入运动状态的必要手段。身体肌肉、关节没有摆脱僵滞，大脑处于紧张思维之中，打起拳来就难以入静和入境，这是联系着的共同体会。太极拳的准备活动包括两个方面：一是生理准备，目的是克服人体惰性和肌肉的黏滞性，使运动器官从相对静止的状态进入工作状态，相关的肌肉、关节、韧带活动开，运动中枢走向兴奋，以便更准确地支配运动器官；二是心理准备，目的是消除思维的紧张状态，使心里平静、精神集中。准备活动可采取慢跑、体操、站桩、压腿、活腰等内容。活动强度要小但要充分和认真。整理活动是为了使运动器官恢复平静、消除疲劳，可以采取放松体操、散步、活动性游戏、按摩等，以避免肌肉持续紧张，防止膝关节过度疲劳。有人打拳以后，习惯性马上坐下来休息或静止站立，这是很不好的习惯，很容易造成膝关节损伤，应该改正。

8. 全面锻炼，合理调配

太极拳是一项有益的健身运动。任何健身运动都会存在一定的局限性。太极拳最明显的局限是，缺少上肢力量性活动和身体缺氧训练。为了使身体全面发展，有条件、有能力者应该选择其他适当的运动加以补充及调配。

二、练习步骤和技术要求

24 式太极拳与传统套路相比，内容有所精练，但不能降低技术标准，放松质量要求。24 式太极拳为初学者入门提供了方便，但不等于它的技术标准和要求可以放松和简化。一般说来，24 式太极拳的学练提高可以分成三个阶段：第一阶段打好形体基础；第二阶段力求完整协调；第三阶段注重内外相合、形神兼备。

1. 基础阶段

打太极拳要首先做到姿势动作正确，符合要求，打好形体基础。形的基础指身型、手型、步型、身法、手法、步法、腿法、眼法等型法符合规格，避免错误定型。武术家常说“学拳容易改拳难”，一旦形成错误习惯，纠正会更困难，所以从学练之初就要十分注意型和法的规范要求。体的基础是指体力、素质和基本功的训练，为技术提高打好物质基础。这一阶段的技术要求和练习要点如下。

(1) 体松心静

打拳时要求身体放松、心里安静、精神集中、呼吸自然，要学会调整自己的身体，消除紧张。有些初学者，尤其是青年学生，认为认真就要多用力气，结果常常周身紧张僵硬、面红气喘，违背了太极拳的特点。也有人打拳三心二意，边打拳边思考问题，精神处于紧张和烦恼之中，影响了锻炼效果。体松和心静是太极拳的基本修养，只有消除身体的紧张和思想的杂念，不断调整、控制自己的身心状态，才能进入太极拳的修炼境界。

（2）立身中正

打太极拳要求中正安舒、端正自然。有的人长期形成了不良习惯，打拳时拱肩驼背、低头弯腰；也有人动作紧张生硬，造成身体前俯后仰、摆臀扭胯。这些都要认真纠正，在打拳中努力保持良好的体型、体态。

（3）型法准确

对每种型法的规格、要领都要清楚，一招一式力求准确。因此，希望初学者不要贪多求快、囫囵吞枣，切忌照猫画虎、似是而非。有些人常有先比划动作，再追求规格的想法。实践证明，改正错误习惯比学习新动作更困难。从一开始就力求准确、宁可少学一点也要做得好一点的学习态度，是最扎实、最有效的途径。

（4）重心平稳

24 式太极拳除少数动作重心有明显升降，大部分过程保持屈腿半蹲状态，身体好像端正坐在自己腿上。步法移动要求一腿半屈支撑、稳定重心，另一腿轻轻移动，迈步如猫行。这样不仅加大了运动量，也使动作轻灵、柔和、稳固，表现出太极拳的特点。

（5）舒展柔和

24 式太极拳的姿势和动作，既不能紧张生硬，也不能软缩干瘪。它好像一个充满气的气球，柔和而饱满，具有向外膨胀、支撑八面的张力。初学者一时掌握这种技巧比较困难，但应做到姿势舒展、动作柔和、柔而不软、展而不硬、刚柔适度，在放松自然状态下，轻柔饱满地展现自身。

2. 熟练阶段

这一阶段要求打拳完整协调、连贯平滑，动作如行云流水，和谐流畅，不发生“断劲”现象。这是衡量一个人技术熟练与否的重要标志。

（1）上下相随

任何太极拳都要求手、眼、身、步协调配合，周身形成一个整体。例如“云手”动作，腰脊旋转，带动两臂交叉划圆和双手云转，同时重心左右移动和两脚侧行，眼神随时注视交换的上手。这样就形成了一个节节贯串、上下相随的全身活动。初学者往往顾此失彼，发生手脚脱节，四肢与躯干分家，以及运动中生硬转折、忽轻忽重等现象，武术术语称为“断劲”。太极拳技术的提高和熟练，首先应表现出运动的协调性、完整性。

（2）运转平滑

这也是技术熟练的具体表现。好像优秀司机驾驶车辆时，尽量平稳柔和、避免冲击摇晃一样，太极拳也要力求平滑和顺、转接自然，避免直来直往、生硬转换。要做到这一点，需要特别重视腰和臂的旋转，以腰为轴带动四肢，以臂为轴牵引双手，使手脚动作和躯干连成一体。

（3）动作连贯

太极拳动作之间要前后衔接、绵绵不断，不允许有明显的停顿和割裂。在教学中，为使初学者便于对照检查，常采用分解教学的方法。但是动作熟练以后，一定要消除割裂痕迹。前一动作的完成即转入后一动作的开始，做到“势断劲不断，劲断意不断”。

两个动作之间，先由意念和起势联结转换，再由腰腿带动四肢，由内而外、由微见著地发生形变，切忌生硬突然、急起急停。

3. 自如阶段

这一阶段的重点是意念引导和呼吸调整，力求气势流畅、内外相合、形意统一、得心应手。

(1) 以意导体，分清虚实

练太极拳自始至终要求思想专一，但是初学时思想只能集中于记忆动作和规格要领，其表现是精力用在手脚上。动作熟练以后，思想集中于周身协调，精力重点用在腰腿上。技术再提高，思想就会转入动作的虚实和劲力的刚柔运用方面，表现为精力放在意念引导动作上。好像演员最终要以情感人，塑造角色内心世界，而不能停留在形体外表上一样，太极拳最终也要求“重意不重形”“不在形式在气势”。太极拳表面平淡均匀，实际上充满了丰富变化，表现在动作的虚实、劲力的刚柔、拳法的蓄发、身法的开合等方面。一般说来，太极拳每个动作都有起、转、蓄、发不同的阶段。起和转的过程属虚的阶段，劲力要轻柔，步法要舒松；蓄的过程为由虚转实阶段，劲力要轻灵收缩，身法要内开外合；发的过程为实的阶段，劲力要沉稳充实、充满张力，身法要内合外开、对拉互拔。这些变化和运用，都要以意念为主导，“先在心，后在身”，意动身随，气势相合，才能得到完善体现。所以说，太极拳绝不是死水一潭，而是充满生机和变化。

(2) 以气运身，气力相合

初学太极拳只要求自然呼吸，当吸则吸，当呼则呼，通畅自然，不必受动作的约束。技术提高以后，应该有意识地引导呼吸与动作配合，使动作和劲力得到更好发挥。这种呼吸叫作“拳势呼吸”。一般来说，当动作转实时，应该有意识地呼气、沉气，以气助力；当动作转虚时，有意识地吸气，以利于动作转换。所以，太极拳经典理论说“能呼吸然后能灵活”。实际上，无论意识与否，我们日常的呼吸总是与劲力运用和身体动作相配合的。随着动作的起、升、伸、开，胸腔舒张而吸气；随动作的落、降、缩、合，胸腔收缩而呼气，随双手伸接而吸气，随双手推送而呼气。拳势呼吸只是把这种自发的配合转成自觉的引导。因此它是积极的，也是顺乎自然的。那么，是否有了拳势呼吸就不要自然呼吸了呢？不是。因为 24 式太极拳不是呼吸体操，它的动作变化不是根据呼吸节奏而是根据拳法要求编定的，不仅不同的太极拳套路其呼吸次数、节奏不相同，就是同一 24 式太极拳，不同体质、年龄、技术水平的人练起来呼吸也不一致。所以，太极拳总是拳势呼吸和自然呼吸二者并用，只有把二者的调整呼吸作为过渡，才能保证太极拳做到“气以直养而无害”。

第十章　太　极　剑

第一节　理论架构

一、太极剑的起源和发展

铸剑的历史可以追溯到公元前两千五百年的黄帝时代，佩剑不仅代表了人们的地位和修养，并且在战争中也具有相当重要的作用，故剑在冷兵器时代被称为“百兵之王”。

太极剑是在太极拳的基础上，结合剑器的外形特点，形成的一系列剑的技术。太极剑作为太极短兵器械，其发生、发展与作为其母体的太极拳息息相关，都是经过数代武术人以及仁人志士的不懈努力，是中华文化博大精深的体现。

二、太极剑的特点

1. 剑身合一

剑是手臂的延长，作为身体的一部分，要与身体协调统一，做到行剑贴身走立圆，剑随手走，眼随剑走。

2. 避实击虚

太极图是圆形的，寓意太极拳处处走圆、引化落空的特点。太极的思想糅合进剑术之中，因此，在太极剑的运动过程中，圈引圈发，不用蛮力硬拼，而是避实击虚、借力打力。这是太极剑在技击中的独特特点。

3. 以腰带剑

太极拳的劲起于脚，由脚而腿，由腿而腰，由腰而手，然后形于手指。剑是手臂的延长，因此太极剑的劲力达剑尖。腰是连接上下肢的枢纽，太极拳的智慧之处在于懂得整合身体的力量，募集更多的神经元参与工作，达到最大的肌肉力量。腰为力量从下而上节节贯通传递的关键，在运动过程中，以腰带剑，用力时，力起于脚，通过腰的传递到达剑尖。

4. 剑法灵活

太极剑强调剑是手臂的延长、剑身合一，表现出灵活多变的剑法，持握剑的手法是关键。太极剑的握法要求手心空，手的力度适中，多种握法灵活变化。

三、太极剑的主要流派和技术特点

太极剑与太极拳是一根同生，同种流派的太极拳、太极剑在拳法、拳理和技术等方面特点相同。太极剑的演练方法与技术要领要以太极拳为准则，行剑的过程中注意虚实变化、阴阳转换，如行云流水，连绵不绝，同时也要体现出剑术的刺、劈、撩、截、扫、挂、挑、崩、点、抹等基本技术特点。

太极拳的流派有很多，技术风格不同，相应不同流派的太极剑也各有自身的特点。

第二节　太极剑常识与基本技术

一、剑的常识

1. 结构与各部分的名称

（1）剑身：剑尖到剑格的全部。

（2）剑尖：剑身最前端的锋锐部位。

（3）剑格：剑身和剑柄之间，作为护手的部位，有“Y”和“A”两种形状。

（4）剑脊：剑身中间隆起的部分。

（5）剑刃：剑身两侧锋利的部分。

（6）剑柄：也称剑铗、剑茎、剑把，是指剑格后手握的部分。

（7）剑穗：系在剑镡的穗子称剑穗，又称剑袍。古代作战中，为了使用方便和防止脱落，往往用皮绳将剑柄拴在马鞍或手腕上。剑穗是“文剑”的标志。系在剑镡的皮绳称剑疆，为“武剑”的标志。

二、剑的握法

（1）左手握剑法。具体做法：拇指、中指、无名指、小指反手紧握剑柄，食指按于剑柄。

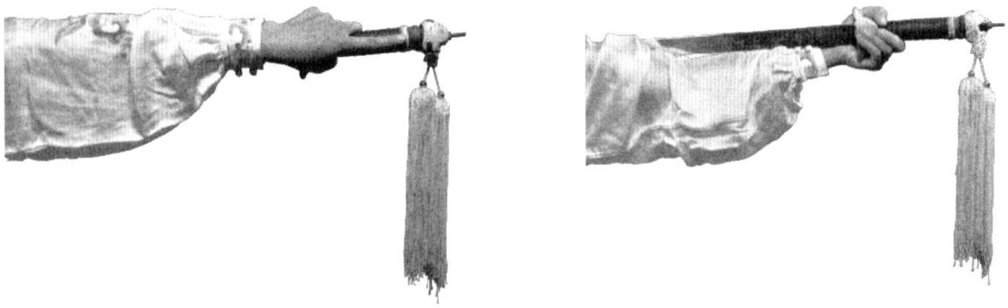

（2）正握剑。具体做法：食指、中指、无名指和小指的第一指节紧贴在剑柄上，依次排开成“螺旋”形，拇指顶住剑格。

三、剑的基本技术

（1）刺剑。具体做法：在正握剑握法下，剑尖向前直刺，着力点在剑尖。

（2）劈剑。具体做法：立剑，持剑手挥臂，自上而下，力达剑的下刃。

（3）崩剑。具体做法：持剑手屈腕向上翘，呈立剑，剑尖从下往上，力达剑尖。

(4) 撩剑。具体做法：立剑，反向虎口一侧剑刃前面，由下向上移动，根据技击的方向，可分为前、后、正和反四种撩剑方法。

(5) 挂剑。具体做法：立剑，剑尖贴近身体，由前向上，向右或者向下、向后，屈肘屈腕。

(6) 点剑。具体做法：两脚左右开立直刺，手腕下压，力点在剑尖。

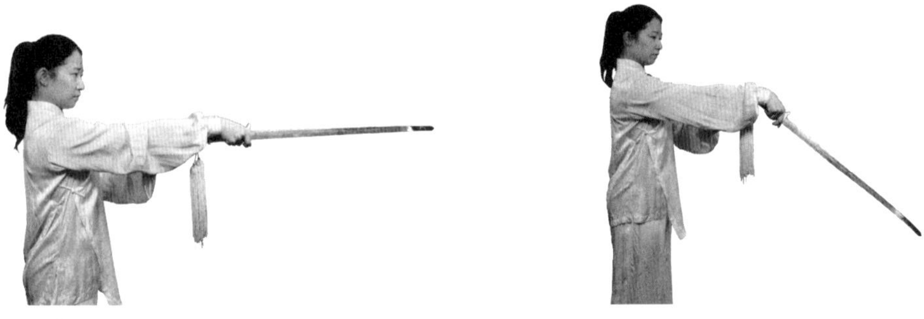

(7) 带剑。具体做法：两脚左右开立，持剑手由前向斜后回收。

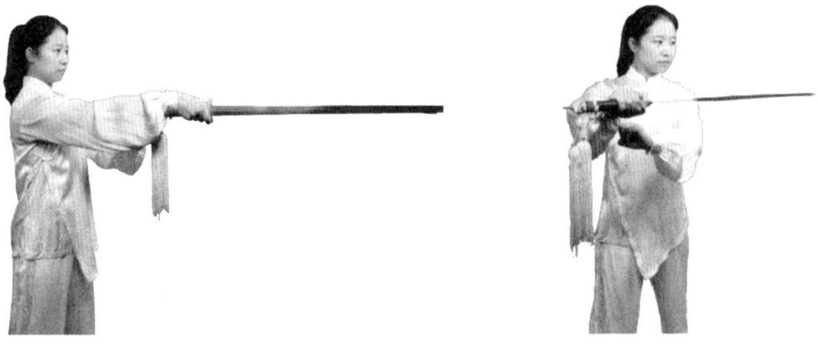

第三节　简化太极剑

一、预备式

【动作要领】眼平视前方；剑尖向上，剑身竖直，剑身在左臂后以不接触身体为限；两肩自然松沉；挺胸、收腹，均匀呼吸。

【动作路线】两脚开立，与肩同宽，脚尖向前。

【动作要领】两手宽度不超过两肩；两臂放松，手肘微屈，抬起上臂；右手成剑指。

【动作路线】两臂缓慢平举，高与肩平，掌心向下。

二、起势

1. 起手

【动作要领】剑身在左臂下要平，剑尖不可下垂。

【动作路线】头随身体右转；左手持剑向右平摆；右臂沉肘下落至腹部右前方；上体略向右转，身体重心移于右腿，屈膝下蹲。

2. 左臂掤圆

【动作要领】左臂掤圆。

【动作路线】右手剑指外旋，向右前托起；左脚虚提稍内收。

3. 上体右转

【动作要领】目视托指方向；掌心斜向上。

【动作路线】屈臂弧形收于头部右侧；持剑下落置于左膝右前上方；身体左转；左脚向前偏左上步。

4. 剑指推出

【动作要领】剑立于身前；重心留于右腿；脚跟着地。

【动作路线】剑指由头侧向前指出，剑指推出时要沉肩、坠肘、坐腕；左手持剑经膝前搂至左胯的左前方；屈膝弓腿成左弓步。

5. 弓步推剑指

【动作要领】剑指与鼻尖同高，位于身体中线处。

【动作路线】右手剑指外旋；重心前移，右脚收至左脚内侧。

6. 盖步剑指前穿

【动作要领】眼看穿指方向；掌心向上；剑提至腰侧。

【动作路线】剑柄沿剑指上方前穿；右手剑指屈臂收至右腰侧；右脚盖步，脚尖外展落地。

7. 身体右转

【动作要领】脚尖外展。

【动作路线】左手持剑继续穿出；右手剑指继续向后引至肩高；身体向右拧转；重心前移。

8. 上步

【动作要领】目视右手剑指方向；剑指掌心向下、指尖向右后方。

【动作路线】右手剑指举至头部右上方；重心前移，左脚向前上步。

9. 弓步穿剑指

【动作要领】左手持剑仍在身前。

【动作路线】右手剑指向前下落于剑柄上准备接剑；重心前移，成左弓步。

三、第一组

1. 并步点剑

【动作要领】伸臂提腕；力达剑锋；屈腿半蹲。

【动作路线】剑尖上翘；剑柄向下；身体稍右转，右脚后撤一步落地。

2. 独立反刺

【动作要领】左手剑指附于右手腕关节上；脚尖外展 90 度落地。

【动作路线】右手立剑，经身体前下方向右引至身体右下方；身体右转；重心右移；左脚内扣。

【动作要领】目视剑尖；左手剑指置于右腕关节处。

【动作路线】右手持剑外旋 180 度，变成正握姿势，使剑尖上挑；重心右移，左脚收至右脚内侧成丁步。

【动作要领】目视剑尖；左手剑指置于右腕关节处；成丁步。

【动作路线】右手持剑由身体右侧向上挑起，经头部前上方向左反刺，力达剑尖；左手剑指随剑上行至肩高时，与刺剑同时向左平指，头左转；右腿自然伸直，左腿提膝成独立步。

【动作要领】立剑横于头部前上方，剑尖向左；目视剑尖方向；指尖向上与肩同高。

【动作路线】左手剑指附于右手腕关节上；右手持剑由上向右前立剑平劈；身体右转，重心下降；左脚向左后方撤一步成右弓步。

3. 仆步横扫

【动作要领】目视剑尖；成右弓步。

【动作路线】右手外旋，平托剑于身体右侧；左手外旋，屈臂收至腹前，前臂内旋，屈指由肋侧指向身后。

【动作要领】头转左，目视前方；身体正直；右腿屈膝成左仆步。

【动作路线】左手剑指内旋向身体左后方穿出，再上举至头部左上方；屈膝弓腿成左弓步；右手托剑，由右向左前方平扫，力达剑刃；重心左移，左脚尖外展；右脚脚尖内扣。

【**动作要领**】左弓步平带至身体左侧成丁步。

【**动作路线**】左手剑指下落合在剑柄上；右手持剑由左前平剑回抽；身体微左转，重心前移，右脚收至左脚内侧。

4. 向右平带

【**动作要领**】剑柄置于左髋旁。

【**动作路线**】右手托剑向前送出；右脚向右前方上步，重心留在左脚。

【**动作要领**】左手剑指附于右手腕关节处；重心在左脚。

【**动作路线**】右手持剑内旋 180 度，掌心向下；剑由左向前、向右，平剑弧形抹带；重心前移，成弓步。

【**动作要领**】力达剑刃；左手剑指始终附于右手腕关节处。

【**动作路线**】剑与剑指同时回收；重心前移，左脚收至右脚内侧。

5. 向左平带

【动作要领】剑柄置于右髋旁；左手剑指依然附于右手腕关节上方。

【动作路线】右手剑向右前方送出；左手剑指经腹前向左前掤开；左脚向左前方上步，脚跟着地。

【动作要领】目视前方；重心留于左脚。

【动作路线】左手剑指微内旋向左，向上架于头部左上方；右手持剑外旋，平剑向左前抹带；身体左转，重心前移，屈膝弓腿。

【动作要领】左手架于头部左上方；掌心向上。

【动作路线】左手剑指下落合于右手腕关节处；右手持剑内旋90度，立剑下落至左髋前；上体左转约45度，重心前移，右脚收于左脚内侧。

6. 独立抡劈

【动作要领】头随剑左转面向剑身，目视左下方；剑指合于右手腕关节处；剑尖朝向左下方。

【动作路线】右手持剑内旋，立剑由左侧沿立圆上举；左手剑指向左侧掤开，掌心向下；右脚向前上步，脚跟着地，重心置于后脚。

【动作要领】横剑于头上；重心置于后脚。

【动作路线】右手持剑由上向右下方立剑劈出；左手剑指由左下沿立圆上举至头部左上方；左腿屈膝提起；身体右转，重心右移，右脚掌着地踩实成独立步。

【动作要领】头随剑右转，目视劈剑；剑与臂成直线，剑身与地面成45度角。

【动作路线】右手剑外旋，立剑上撩，剑柄向上、向左、向下划圆收至腹前左侧；左手剑指随之沿圆弧下落与剑柄合于左腹前；重心左移，左脚向左撤步，脚尖外展落地；右脚随即收至身前成虚步。

7. 退步回抽

【动作要领】右手托剑于腹前；身体右转，右脚右移一步，脚跟着地。

【动作路线】目视剑尖；左手剑指合于剑柄处，掌心朝剑柄两臂掤圆；右手钳握立剑；剑身斜在身前，与地面约成45度角，剑尖斜向右上方；左脚脚尖外展落地。

8. 独立上刺

【动作要领】剑尖指向前上方；左手剑指附于右腕关节处；右脚跟着地。双手托剑至胸前，剑尖指向前上方，力达剑尖，剑尖与头顶同高；左手剑指附于右手腕关节处。

【动作路线】右手持剑，由胸前向前上方平剑斜直刺出，力达剑尖；重心前移，右腿独立，左腿屈膝提起。

【动作路线】右手持剑外旋，立剑沿弧线向左引剑；左手剑指向下、向左收至左髋旁；身体微左转，左脚向左落地。

四、第二组

1. 虚步下截

【动作要领】头微低，目视前下方；剑身斜在膝前，剑尖向左下方。

【动作路线】左手剑指上举至头部左前上方；右手持剑由膝前向身体右下方截剑；身体右转，右脚向右前方下落，脚前掌点地，脚尖外摆约 30 度。

【动作要领】头随截剑右转，眼随剑向右下，定势时慢抬头目视右前方；剑身与地面成约 45 度角，剑尖向身体前下方；成右虚步。

【动作路线】左手剑指合于右手腕关节上；右手持剑向前，立剑送出；身体左转，右脚后撤一步成左弓步。

2. *左弓步刺*

【动作要领】目视剑尖，剑同肩高。

【动作路线】立剑屈臂回抽至头部右上方；左手剑指随剑回收附于小臂靠近腕关节处；右手持剑内旋正握；重心后移，左脚收回至右脚内侧。

【动作要领】剑尖朝前，目视剑尖。

【动作路线】身体微左转，左脚向前上步，脚跟着地；右手持剑外旋，平剑向下落至右腰侧平托；左手剑指随剑向下至肩前，继续向下经腹前向上步方向伸臂指出。

【动作要领】目视剑指方向；剑指指尖朝上。

【动作路线】左手剑指上架于头部左上方；右手持剑向前平刺出；重心前移，屈膝弓腿成左弓步。

【动作要领】目视剑尖，力达剑尖。

【动作路线】左手剑指下落至剑柄上；右手持剑屈臂回抽至体前；重心后移，翘起左脚脚尖。

3. 转身斜带

【动作要领】剑指下落至剑柄；重心后移。

【动作路线】右手持剑内旋平剑；身体右转，左脚尖内扣约 135 度，重心左移；右脚收至左脚内侧。

【动作要领】目视剑尖；剑尖朝向身体左前方；掌心向上，剑身横于身前。

【动作路线】右手持剑向身前横剑推出；身体右转，右脚向右前方上步。

【动作要领】目视剑尖；剑指附于右手腕关节处。

【动作路线】左脚跟步至右脚内侧；右手持剑，屈臂平剑回抽至左髋关节处，剑指与剑同时回收。

4. 缩身斜带

【动作要领】左手剑指附于右手腕关节处；平剑回抽于右髋旁。

【动作路线】右手持剑，向前伸平将剑送出；左手剑指外旋，掌心朝上收至左腰侧，随即裹肩、合肘、屈指向身体左后方反穿；身体微左转，左脚向后撤一步。

【动作要领】目视剑尖前方。

【动作路线】右手持剑，手臂外旋，掌心朝上，平剑向左划弧抹带至左髋旁；左手剑指微外旋，屈臂收回按在剑柄上，掌心向下；身体继续左转，重心后移，右脚收回半步，成高虚步。

【**动作要领**】目视剑尖；左手掌心向上，右手掌心向下，剑在左髋，成高虚步。

【**动作路线**】右手持剑向左前方平剑送出；身体微右转，右脚后撤一步。

5. 提膝捧剑

【**动作要领**】左手剑指附于右手手腕关节处。

【**动作路线**】右手持剑内旋，向右抹剑至右前方，随之下压至右髋的右前方；左手剑指随抹剑向左前分开，下压按在左髋的左前方；重心后移，左脚向右脚前方回收，前脚掌落地成虚步。

【**动作要领**】目视前方。

【**动作路线**】右手持剑与左手剑指同时外旋，由身体两侧向身体前方相合；重心提起时，左手托剑柄至胸前；重心继续前移至左脚独立，右膝提起。

【**动作要领**】目视剑尖方向；托剑高度不过肩，剑尖略上扬。

【**动作路线**】双手捧剑，下落至腹前；重心前移，右脚前落。

6. 跳步平刺

【动作要领】目视前方；剑尖朝前。

【动作路线】双手捧剑，经腹前上托至胸前；重心前移。

【动作要领】手同肩高，剑尖略高于肩；右脚留于身后。

【动作路线】右手持剑内旋，平剑下压至右髋旁，掌心向下，剑尖向前；左手内旋握成剑指，随右手剑下压的同时按在左髋旁，掌心向下，指尖向前；重心失去平衡时，左脚前跨一大步落地；右脚随即收至左脚内侧，成丁步。

【动作要领】左手在左髋旁，掌心向下，指尖向前；右手在右髋旁，掌心向下，指尖向前；成丁步。

【动作路线】左手剑指在右髋旁向后划弧，举至头部右后上方；右手持剑外旋，托剑于腰间，随弓腿向前平刺；身体左转，重心前移，右脚向前上步，成右弓步。

【动作要领】剑指举至头部左后上方；目视剑尖方向；剑同肩高，剑尖朝前。

【动作路线】左手剑指附于右手腕关节处；右手持剑外旋，立圆沿圆上撩回引，剑柄与剑指合于头部左前方；身体左转，重心后移，右脚收至左脚前。

7. 左虚步撩

【动作要领】目视剑尖；剑柄与剑指合于头部左前方。

【动作路线】右手持剑，向后、向下划圆落于腹前，剑尖斜向左下；身体微右转，右脚向前方偏右侧上步，脚尖外展。

【动作要领】眼睛平视前方；左手剑指附于右手腕关节处；剑尖斜向左下；脚尖外展。

【动作路线】身体右转，重心前移，左脚上步成虚步；右手持剑向右前上方立剑撩出，力达剑身。

【动作要领】面朝撩剑方向，眼睛平视前方；左手剑指附于右手腕关节处，剑横于头部前方，剑尖朝前，略高于剑柄；成虚步。

【动作路线】右手持剑，立剑沿圆弧引剑向右后方；左手剑指沿右肩落至腹前；身体微右转，提左脚回收。

8. *右弓步撩*

【动作要领】头随剑转向右后方，目视剑尖；左手剑指落至腹前。

【动作路线】左手剑指继续沿圆弧向前撩出上架；右手持剑外旋立剑向下，随右脚上步向前下运动，剑尖向下；身体左转，重心前移，左脚上步，脚跟先着地，脚尖外展；右脚再上一步。

【动作要领】剑尖向下；右脚脚尖翘起；左脚脚尖外展。

【动作路线】重心前移，屈膝弓腿成右弓步；右手持剑外旋小指一侧朝上，立剑前撩，力达剑刃，剑柄不过肩；剑指沿圆弧上架至头部左后上方。

【动作要领】目视撩剑方向；剑柄不过肩；成弓步。

【动作路线】左手剑指合于右手腕关节处；右手持剑，立剑屈臂回抽，剑柄收回至头部左前方；身体左转，重心后移，右脚脚尖内扣，左脚脚尖外展。

五、第三组

1. *转身回抽*

【动作要领】目视剑尖；剑身横于头部前上方，剑尖向右；剑柄至头部左前方；弓左腿。

【动作路线】身体继续左转，右手持剑向左前方立剑平劈。

【动作要领】面朝剑尖方向，眼睛平视前方；剑臂成直线；剑略高于肩。

【动作路线】右手持剑，立剑回抽，剑柄收至左髋右后方，立剑横于髋旁；身体右转，重心后移，左手剑指附于右手腕关节处。

【动作要领】目视剑尖；立剑横于髋旁，剑尖指向斜前方。

【动作路线】左手剑指经胸前向斜前方指出，高不过鼻尖；身体微左转，左脚移至右脚前方，成左虚步。

【动作要领】目视剑指方向；剑指高不过鼻尖；成左虚步。

【动作路线】左手剑指下落至左髋旁；身体左转；右手持剑随转体收至右髋旁；左脚向左前方移一步。

2. 并步平刺

【动作要领】剑指向前。

【动作路线】左手剑指外旋，再捧抱剑柄于腹前；右手持剑外旋，平剑托于腹前，剑尖朝向正前方；重心前移。

【动作要领】平剑于腹前。

【动作路线】双手托剑向前上，与胸同高，再向前平刺，力达剑尖，高不过头，目视正前方；重心继续前移，右脚收至左脚内侧并步，两腿自然伸直。

【动作要领】腿自然蹬直。

【动作路线】右手持剑内旋约 270 度，立剑向头部右前上方回抽；左手掌换成剑指附于右手腕关节处，身体右转，重心右移，右脚尖外展约 45 度；左脚跟以前脚掌为轴外展，两腿屈膝下蹲。

3. 左弓步拦

【动作要领】剑身回抽；目视前方；屈膝下蹲。

【动作路线】左手剑指向下经腹前向左前撩出；右手持剑，立剑向后，再随身体左转向下至腹前，剑尖向下；身体左转，左脚向左前方约 30 度方向上步，脚跟着地。

【动作要领】左脚向左前方约30度方向落脚；剑尖向下。

【动作路线】左手剑指上架于头部左上方；右手持剑外旋斜立剑，由右髋向左前方拦截，力达剑刃；身体继续左转，重心前移，左脚踏实，成左弓步。

【动作要领】左手剑指上架于头部左上方；目视拦剑方向，力达剑刃，剑尖低于剑柄。

【动作路线】左手剑指合于右手腕关节处；右手持剑微外旋，立剑向上、向后引至身前左侧；身体左转，重心稍后移，左脚尖上翘。

4. *右弓步拦*

【动作要领】目视右前方；剑柄置于身前，剑尖向右上。

【动作路线】左手剑指附于右手腕关节处；右手持剑微内旋，屈臂立剑画弧下落。身体右转，重心前移，左脚踏实；右脚经左脚内侧向右前方跟步。

【**动作要领**】眼睛余光随剑至左前下方；剑身斜立于腹部前方，剑尖朝向左下方；脚跟着地。

【**动作路线**】右手持剑微内旋，立剑由身前向右前方拦剑，力达剑尖；左手剑指仍附于右手腕关节上；身体继续右转，重心前移，右脚踏实，成右弓步。

【**动作要领**】目视右前方；剑柄与肩同高，剑尖略低于剑柄。

【**动作路线**】右手持剑，立剑向上再向右后引剑，剑柄置于身体右侧，剑尖斜向上；左手剑指经右肩前下落至腹前，掌心向下；身体右转，重心后移，右脚脚尖上翘。

5. *左弓步拦*

【**动作要领**】剑柄置于身体右侧，剑尖斜向上；头随剑转，目视剑身。

【**动作路线**】左手剑指由腹前向左前方撩出；身体左转，重心前移，右脚踏实，左脚向左前方上步，脚跟着地；右手持剑外旋，立剑画弧下落，剑柄置于腹前，剑身斜立，剑尖朝向右下。

【**动作要领**】目视左前方；剑柄与头同高，剑尖低于剑柄。

【**动作路线**】右手剑外旋；左手剑指合于右手腕关节处；剑尖向下经右腿外侧向右下方挂剑，剑尖朝向右下方；身体右转，重心前移，右脚向左脚前方盖步，脚尖外展，两腿交叉。

6. 进步反刺

【动作要领】头随身体右转，目视剑尖。

【动作路线】剑向上挑起，剑尖向上；左手剑指向左、向上至与肩同高；右手持剑，立剑向后刺出；左脚再上一步，重心留在右腿；身体稍左转，重心前移，右脚踏实。

【动作要领】右手持剑同肩高；目视右后方。

【动作路线】右手持剑稍内旋，立剑剑尖向前横于头上方，向前刺剑；左手剑指合于右手腕关节上；身体左转，重心前移，屈膝弓腿，成左弓步。

【动作要领】头部左转，目视刺剑方向；身体随刺剑动作稍向前倾。

【动作路线】右手持剑，立剑上举横剑于头上；左手剑指下落至左髋旁；身体右转，重心后移，左脚脚尖内扣 135 度。

7. 反身回劈

【动作要领】横剑，目视前方。

【动作路线】右手持剑向前，下落至同肩高，剑尖朝向后上方；左手剑指上提至与头同高；身体继续右转，重心左移；右脚收回至左脚前。

【动作要领】剑尖朝向后上方；剑指上提至与头同高；头部随身体右转，目视前方；重心左移。

【动作路线】左手剑指上举至头部左后上方；右手持剑，立剑平劈，力达剑刃；右脚向右前方约 30 度方向上步。

【动作要领】目视劈剑方向；剑臂成一线，剑与肩同高。

【动作路线】左手剑指由头上下落合于右前臂内侧；右手持剑下落至身体右下方；身体右转，重心前移，左脚收至右脚内侧。

8. 虚步点剑

【动作要领】头随身体右转，目视剑尖方向；剑尖朝向右下方。

【动作路线】右手持剑外旋，立剑上举至头部右上方；身体左转，左手剑指经腹前画弧摆至左髋旁；左脚上步，脚尖上翘。

【**动作要领**】目视正前方。

【**动作路线**】左手剑指以肩关节为轴，在身体左侧向后、向上、向前再向下绕环一周，合于右手腕关节处；右手持剑，立剑由上向前下方点剑，力达剑尖，剑尖向前下方，剑与右脚方向一致；身体重心前移，左脚尖外展约 45 度踏实，随即右脚向前提脚前落，成右虚步。

【**动作要领**】目视前下方；剑尖向前下方，剑与右脚方向一致。

【**动作路线**】右手提剑；右手持剑外旋，手指、手腕松握，剑尖朝下；右脚绕过左脚向后插步，前脚掌着地。

六、第四组

1. 独立平托

【**动作要领**】剑尖朝下。

【**动作路线**】右手持剑内旋，剑身以腕关节为轴逆时针绕环一周。

【动作要领】目视剑尖方向；左手剑指附于右手腕关节处。

【动作路线】剑身以腕关节为轴逆时针绕环；两脚前脚掌同时辗转，重心由左脚慢慢移至右脚，身体右转约 90 度。

【动作要领】平剑横于身前；重心在右脚。

【动作路线】右手持剑，内旋立剑沿圆弧向上横剑托起；左手剑指附于右手腕关节上；重心右移，右脚蹬地独立，左膝提起。

【动作要领】目视剑尖方向。

【动作路线】右手持剑微内旋，由上向前、向下至左腿外侧立剑下挂，剑尖朝向左后方；身体左转同时稍前俯，左脚脚尖外展前落。

2. 弓步挂劈

【动作要领】目视剑身方向；剑指合于右手腕关节处。

【动作路线】右手持剑内旋，沿立圆向后上举至头上，剑尖朝后；左手剑指向下、向后至身体左后方；身体继续左转，重心前移，左脚向前一步，脚跟着地。

【动作要领】剑尖朝后；目视左后方。

【动作路线】立剑向弓腿方向平劈，剑臂成一线；左手剑指向后上举至头部左后上方；身体右转，重心前移，屈膝弓腿，成右弓步。

【动作要领】剑指举至头部左后上方；目视劈剑方向。

【动作路线】左手剑指随转体落至右肩关节处；身体右转，重心稍后移，右脚脚尖翘起并外展，重心再向前移动，右脚踏实；右手持剑，立剑由身体右下方向后引剑，剑尖朝向右后下方。

3. *虚步抡劈*

【动作要领】目视右后剑的方向；剑尖朝向右后下方。

【动作路线】立剑上举至头上；右手持剑外旋；左手剑指向下，经腹前向左落至左髋旁；身体左转，重心前移，左脚上前一步。

【动作要领】目视前方；剑指落至左髋旁。

【动作路线】右手持剑，立剑向前下劈，剑臂成直线，力达剑刃，剑身与地面成45度角；剑指以肩关节为轴，向后、向上、向前、向下抡划一周合于右前臂中间；重心前移，左脚尖外展着地踏实，右脚上前一步，脚尖点地，成右虚步。

【动作要领】目视劈剑方向；剑指合于右前臂中间；剑与臂成一直线。

【动作路线】右手持剑外旋；平托剑于身前；右脚向右后方撤一大步，脚尖外展落地，重心落于左腿。

4. 撤步反击

【动作要领】左手剑指附于右手腕关节上；目视剑尖方向；重心落于左腿。

【动作路线】右手剑随身体右转移动，屈臂托剑抱于身前，再挥臂向右上方平剑击出，力达剑刃；左手剑指按于左髋的左前方；身体右转，重心右移；左脚脚尖内扣，随即右脚脚尖外展，屈膝弓腿，成右弓步。

【动作要领】剑尖略高于头；头随身体左转；目视剑尖。

【动作路线】右手持剑随身体左转向左前平剑抹至身体左前方；身体左转，重心左移；左脚脚尖外展，向左弓腿，右脚脚尖内扣。

5. 进步平刺

【动作要领】头随身体左转；目视剑尖方向；左手剑指合于右手腕关节上。

【动作路线】屈臂向身体右前方提剑，剑柄置于右肩前，剑尖向左，略低于剑柄；右手持剑内旋；身体右转，重心右移。

【动作要领】右腿伸直独立；左膝提起。

【动作路线】头部左转，目视剑尖方向；左手剑指附于右手腕关节上。

【动作要领】目视剑尖方向。

【动作路线】左手剑指外旋收至腰间，屈指向身后；右手持剑外旋托剑，收于右腰侧；身体左转，左脚向前落脚，脚尖上翘。

【动作要领】目视前方；右手持剑托剑，收于右腰侧；左手剑指收至腰间，屈指向身后。

【动作路线】右手托剑屈臂向前送，托剑置于身体右前；左手剑指随身体转动向身体左后方穿出；继续左转，重心前移，左脚脚尖外展踏实，右脚向前上步。

【动作要领】目视前方。

【动作路线】左手剑指由后向上举至头部左后上方，掌心斜向上；右手持剑随弓腿平剑前刺；身体稍左转，重心前移，屈膝弓腿，成右弓步。

【动作要领】掌心斜向上；目视刺剑方向。

【动作路线】左手剑指沿弧线下落附于右手腕关节上；右手持剑外旋，立剑向上撩起，沿弧线回抽钳握剑，剑柄置于腹部左前，剑尖朝向右上方；身体左转，重心后移，右脚收至左脚内侧，前脚掌着地，成丁步。

6. 丁步回抽

【动作要领】头部右转；剑柄置于腹部左前，剑尖朝右上方；成丁步。

【动作路线】平剑抱于身前左侧，剑身置于左上臂中间，剑尖朝左后上方；右手持剑内旋；身体右转，左脚扣步向右前上步。

7. 旋转平抹

【动作要领】剑尖向左；左手剑指向左前掤开。

【动作路线】右手持剑，平剑向右后平抹，剑柄收于身体右侧，左手剑指同时向左掤开至身体左侧；身体继续向右后转体 180 度；右脚随转体向右后撤一步，外展落地，身体朝向正南；左脚内扣。

【动作要领】目视前方。

【动作路线】剑与剑指下落至髋关节两侧，目视前方；左脚移步在右脚前方，成左虚步。

8. 弓步平刺

【动作要领】剑臂成直线，与肩同高；目视刺剑方向。

【动作路线】右手持剑外旋立剑，经腰间上提至胸前；左手剑指附于右手腕关节上；随弓步立剑向前刺出，力达剑尖，剑臂成直线；重心前移，左脚上前一步，成左弓步。

七、收式

【动作要领】目视前方，剑指随剑回抽至胸前，剑指变掌，手指向后，两掌心相对，剑柄在两手中间，右手剑交左手，左手抓握剑柄，如起势时左手持剑手势，右手换成剑指。

【动作路线】右手剑指向后上方划弧；身体左转；左手持剑向左前下方落。

【动作要领】目视前方。

【动作路线】右手剑指向前下落至右髋旁；左手持剑向左前下落至左髋旁；身体左转，重心前移，右脚收在左脚内侧，成开立步，缓慢站立。

【动作要领】目视前方。

【动作路线】身体重心右移，左脚收于右脚内侧，两脚并立。

第十一章　拔　河

第一节　拔河的起源

拔河运动在我国有着渊远的历史，最早的拔河源自春秋时期的军事。《墨子·鲁问》：“公输子自鲁南游焉，始为舟站之器，作为强钩之备，退者钩之，进者强之，量其钩强之长，而制之为兵(兵器)。楚之兵节，越之不兵节，楚人因此若势，亟败越人。”说的是春秋时期，楚、越两国的水军交战，鲁国的工匠公输子(鲁班)设计了一种称为“钩强”的兵器，用于阻挡和钩住敌船，当敌船前进时就阻挡它，当敌船后退时就钩住它。楚国水军由于运用“钩强”这种兵器的作战方法，打败了敌军。后来人们研究，楚国的这种兵器叫“钩强”不妥，清代学者毕沅曾对《墨子·鲁问》中的“钩强”提出疑义，他认为不应该称之为“钩强”，而应该称之为“钩拒”。清代学者孙治让在《墨子闲诂》中指出：“退者以物钩之则不能退，进者以物拒之则不得进，此作‘钩强’无义。凡‘强’字当从《太平御览》作‘拒’。”孙治让认为，应把用于钩和拒两种动作的兵器称为“钩拒”。

由于楚国以“钩拒”之兵器取得了军事胜利，楚人“以为教战，流迁不改，习以相传”(《隋书·地理志》)。在没有战争的情况下，平日军队也经常用“钩拒”的兵器进行军事训练，在将领的指挥下，士兵分成两组，手挽竹编的篾缆，伴着惊天动地的战鼓和呐喊，奋力钩拉牵拖。这种紧张激烈、扣人心弦的军事演练时称“钩拒之戏”。它模拟水军作战形式，在钩或拒时需要士兵强大的力量和技巧，并需集体配合同时用力，才能发挥最大的效力。这就使它奠定了拔河的基本属性，成为我国拔河运动的起源。当时的“钩拒之戏”，没有规则，器具粗糙，是用竹皮编成的篾缆，但演练起来能够锻炼士兵的意志品质，又具有较好的刺激性和观赏性，因此从军队流传到民间。南朝称之为“施钩之戏”，隋代称之为“牵钩之戏”。

最早记载“施钩之戏”的古籍是南朝梁代宗懔的《荆楚岁时记》。其曰：“打球、秋千、施钩之戏。施钩之戏，以绠作篾缆相罥，绵亘数里，鸣鼓牵之。”打球和秋千是我国古老的民间体育项目，《荆楚岁时记》中把施钩之戏和打球、秋千并提，足以证明拔河运动也是我国最早的体育项目之一。

“牵钩之戏”广泛传播后，除作为一种军事训练方法外，引伸到民间的一种娱乐游戏，并演变成一种扶正黜邪、祈求丰收的民俗活动。如《隋书·地理志下》曰：“二郡(南阳、襄阳)又有牵钩之戏，云从讲武所出，楚将伐吴，以为教战，流迁不改，习以相传，钩初发动，皆有鼓节，群噪歌谣，震惊远近，俗云以此厌胜，用致丰穰，其事亦传于他郡。梁简文(帝)，临雍部，发教禁止。”可见当时“牵钩之戏”传播之广泛，影响之深远。简文帝肖纲深恐酿成祸乱，曾一度下令禁止，但“禁止而不能绝”。后经秦汉、南北朝，一直在民间和军中流传，直到隋唐发展成鼎盛时期。

唐玄宗开元年间，过春节时就会召集皇家北军上千壮士举行拔河比赛，那个场景非常壮观，“震鼓叫噪，声动九天”“喧呼动地，蕃客庶士，观者莫不震骇”。唐朝时，“牵钩之戏”已命名为“拔河”。唐玄宗朝进士薛胜著《拔河赋》以记录唐玄宗宴请各国使节时盛大的千人拔河比赛场景，展示大唐强盛综合国力。

第二节　现代竞技拔河运动

拔河的形式多种多样，有两人对抗，也有多人对抗；有徒手对抗，也有利用器械进行对抗；等等。我们说的拔河通常是指多人平均分为两队进行的徒手对抗，是比较两个团队集体力量和耐力的一项运动，因其具有较好的观赏性和竞技性而为广大群众所喜爱，因为场地、器材简单，比赛容易操作而被许多单位和团体快速接受。随着拔河运动的不断发展与普及，拔河技术水平也在不断提高，现已成为竞技类体育项目。

竞技拔河的定义：拔河是比赛双方以绳子为器具，凭借身体素质和心理素质及技巧战术将对方拉至相应标记线的对抗性比赛。竞技拔河在欧洲开展得比较早，有近百年的历史，竞技水平较高。拔河分为硬地拔河(室内)和草地(室外)拔河两种。硬地拔河统称为室内拔河，在专用拔河道上进行。草地拔河是在平坦、柔软的草地上进行，其鞋子和在硬地上的要求不同，运动员可以将鞋后跟蹬入草地，比赛坚持时间更长，更具趣味性和观赏性。

曾经的奥运会项目：1896—1912 年连续 5 届，草地拔河作为奥运会比赛项目。

我国参加或举办了很多重要拔河比赛：世界拔河锦标赛，世界体育大会拔河比赛，亚洲拔河锦标赛，中国拔河公开赛，全国拔河锦标赛，全国拔河精英赛，全国农民运动会拔河比赛等大赛。我国从 1998 年开始举办第一届全国拔河锦标赛，赣榆拔河队从 2000 年开始组队参加全国拔河锦标赛。辽宁鞍钢女队在 2016 年世界拔河锦标赛上囊括了女子两个项目的冠军，实现历史性突破，也使我国进入世界拔河强国行列。

国际拔河运动开展：1960 年，国际拔河联合会(TWIF)成立，进行信息交流和技术研讨，举办世界拔河锦标赛、世界体育大会拔河比赛等国际级大赛。20 世纪 80 年代，亚洲的日本和我国的台湾对竞技拔河的研究和接触较早，技术水平较高。国内鞍钢、莱钢、冶金系统及石化系统、江苏赣榆等参与全国拔河比赛较早，技术水平较高。

拔河分为竞技拔河(限定公斤级，有固定的竞赛规则和裁判法)和群众性拔河(不限体重，规则自定)。

拔河比赛分为室内拔河比赛和室外拔河比赛两种。

室外拔河则在草地上进行比赛，参赛者穿着钉有铁片鞋跟的拔河鞋。在比赛时间方面，因室外拔河比赛规则许可选手在草地面上以鞋跟铲一小土坑以利于防守，故在比赛时间上，比在室内比赛更久。在赛制上而言，是以体重分级，例如：在男子方面有 560kg、600kg、640kg、680kg、720kg、无限制重量级等六个级数。室内拔河场地平整，比赛区为草地，场地黏而软，需备有专业的拔河鞋才能比赛，硬鞋跟用力能踏入草地中，比赛坚持时间较长，对运动员的耐力和技术的要求更高。其动作和技术也与硬地拔河有较大区别。目前，室外拔河在欧洲比较盛行，而我国目前也多次举办比赛，水平提高很快。

室内拔河比赛，顾名思义，它是在健身房或竞技场中进行的。室内使用垫子作为底座。在欧洲，邓禄普垫子是最常用的。它们作为板元件连接在一起并以这种方式相互连接。在亚洲，使用日本垫子，它更薄并卷起，并根据时间和污染程度定期清洁垫子。

一、拔河需要的器材

室内拔河比赛要求：在室内(多在体育馆)木地板上铺设橡胶拔河道(宽 1~1.2 米，长 36 米)，队员在拔河道上比赛。拔河道一种是用橡胶做的，另一种是用聚氨酯做的，具有较好的摩擦力。比赛尺寸按硬地拔河尺寸要求直接画在拔河道上。拔河道配合的专用鞋子具备一定摩擦力，因此，要求队员具有较好的技术。目前，室内比赛较室外草地比赛开展得多且水平较高。

二、拔河绳

拔河比赛用绳应是麻加工而成(不可用化纤)，长度不少于 33.5 米，周长为 10~12.5 厘米，没有打结，并配有 2 个标记，标记可以调整，宽度为 4 厘米。间距为中线开始到双方河界 2.5 米处各挂 2 种不同颜色的标记。

因此，归纳起来，现代拔河运动具有体重分级、规则明确、不受场地限制、节奏明快等特色。充分显示现代拔河运动是极具发展潜力且适合我国运动员体型的一项运动。

三、服装

比赛穿常规运动服，不得在服装内夹带任何配重物。运动服和绳接触部位内侧可缝保护层，保护层厚度不应超过 2 厘米。为保护队员不受伤害，比赛时可系腰带，腰带表面要光滑，不带有任何钩、槽等，腰带重量不应超过 1.5 千克。

四、鞋子

硬地比赛穿常规运动鞋，鞋底不得带有任何齿粒。草地比赛的鞋子，鞋底前部与鞋跟应齐平，鞋底前部不得带有金属片，鞋跟上允许带有厚度不超过 6.5 毫米的金属垫片。

五、摩擦剂

比赛时规定裸手不得戴手套，为了便于抓紧绳子，在被允许的情况下，可以在手上涂抹树脂或镁粉，现在大赛要求使用液体镁粉。

第三节 拔河基本技术动作

一、基本姿势

运动员依次在绳左侧站立，前后两人间距一臂距离，两脚距离与肩同宽，抬头挺胸收腹，两脚适当外展，两肩连线、两髋关节连线、两脚尖之间的连线与绳保持垂直，呈“三平一直”状态。

二、手位

裸手自然握绳，右手在前，左手在后，两手掌虎口相对，掌心向上，两手略带间隙，尽力将绳子向虎口压，双臂自然伸直，挺胸收腹，绳子置于肋骨下与胯骨上之间，绳子从身体和上臂之间穿过，左手略带力，左小臂贴紧腹部，将绳控制在腰部，两脚向前伸，身体呈直体后倒姿势。

在图 11-1 中，你可以很好地看到手的位置，在第一张照片中，双手紧紧地在一起。左手形成一种块状，使右手保持稳定；在第二张照片中，双手相距一小段距离。很容易看出，双手将绳索固定在臀部中央。

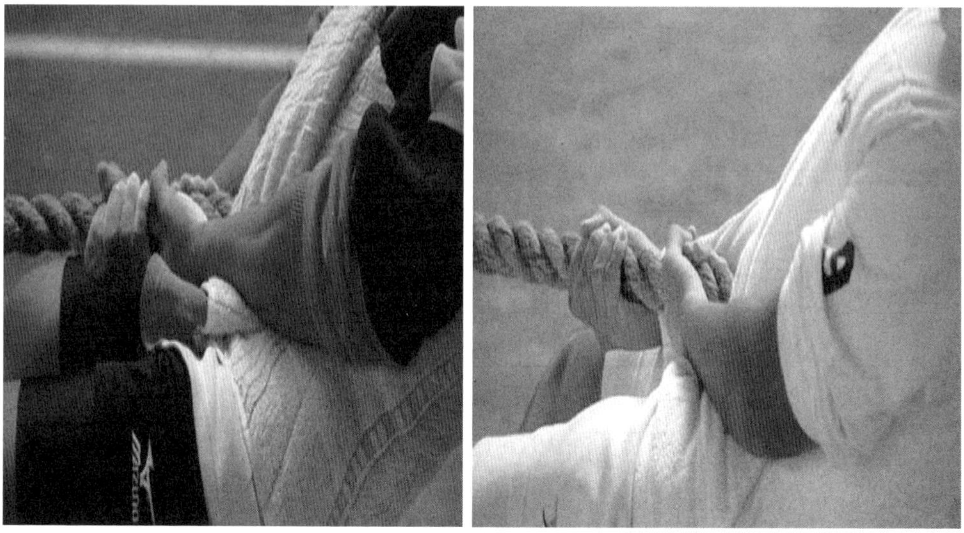

图 11-1　拔河时的手位示例

三、后抑角度

在脚下摩擦力足够的情况下，身体尽力后倒。后抑角度取决于运动员个人能力的大小、对手对抗力量的多少、鞋与拔河道摩擦力的多少。比赛中，根据进攻或防守策略的变化而改变后仰角度；按照防守姿势、进攻姿势变化选择中低位姿势。

四、个人拔河技术训练

（1）将绳子一头固定。针对初学者，运动员按标准做动作，前后移动双脚，感觉重心变化带来力的变化，体会随着身体重心及角度的改变，脚、小腿、大腿、腰部、背部、上臂、小臂、手支撑力也随之变化。在地面与鞋摩擦力较大情况下，身体与地面倾角越小，重心越低，拉力越大。体会三个基本姿势：高姿势、中姿势、低姿势。

（2）使用拉力器负重拉绳。

① 重量较轻时，训练运动员向后小退步，后退时保持两脚平行后退，两脚每一次撤脚的距离相等，体会身体随撤脚而发生的重心左右移动的感觉。

② 逐步加重量，体会身体重心下降及后撤步距离的减小。

③ 拖轮胎(可选择性负重)，长距离拉行。

（3）在动作逐步熟练后，进行一对一对拉，先选择体重大约相同的对拉，再选择体重小一点的对拉，可以体会进攻后退技术动作运用，最后选择比其体重稍大的对拉，让其体会防守时身体骨骼支撑的感觉。

（4）最后进行 8 对 8 的对拉，先对靠，后进攻、防守训练，接近实战。

五、整体配合技术训练

1. 整体站位

平时训练时建议每个人位置不要一直很固定，每个位置都要练(包括锚人)，赛前要根据参赛重量级需要，选择配合比较好、效率比较高的队员，确定最后站位。

（1）原则上，从第一位到第七位按身高依次排位，第八位(队尾)锚人一般选择体重较大、身高较高的队员。

（2）按能力大小排位，力量耐力和心理素质最好的放最前，如另 7 人中有体重较大的，可以考虑放在最前面。

2. 整体拉力器

遵循循序渐进、从轻到重的原则，逐步增加训练量和训练强度。

（1）可以 8 人及以上，总重量从每个人的最大拉力 60%开始，逐步往上加。3—4 次为一组，总量 6 组左右，每场间隙 10 分钟左右。可以拉起就回、拉起吊绳、进攻—防守—进攻。

（2）每个队员原则上每个位置都要练，包括锚人位置，以提高适应力和应变力，为以后挑选主力队员打下基础。从绳子固定到不固定，从防守到进攻，逐步掌握技术，通过训练使队员对绳有感觉，能有效控制住身体和绳子，提高身体应变感知能力，达到“人绳合一”，人动绳动，绳动人动。

3. 实战训练

（1）将本队分为两队对拉实战；（2）可以找队陪练；（3）也可以调节拉力器重量，模拟队伍进行战术训练；（4）进行实战训练和参加各级拔河比赛，是提高训练效率和训练强度的较好办法，能有效检验前期训练效果，强化教练与队员沟通配和水平，及时发现队伍弱点和不足，可以及时改进训练手段和方法，提高训练效果。

六、比赛中队员动作与注意事项

（1）起绳：运动员上道以后，头绳在第一标志线后站定，不轻易前后移动，其他人依次以一臂距离站定，锚人首先背绳，其他队员需在裁判员发出起绳手势和口令后才可以抓绳。

（2）拉紧：队员握绳上体后倒，双脚向前伸，动作不要过大。

（3）预备：运动员要集中注意力观察裁判员手势和口令，随时准备开始比赛。

（4）开始：用最短时间动员身体，抢绳动作整齐划一、一气呵成，做好前三步动作，试探对方实力。

（5）攻防转换：预防犯规，预防坐地及起身动作等注意事项。

七、比赛礼仪、程序

（1）入场：两队在拔河道一侧列队，手牵手齐步走到指定位置。

（2）介绍代表队及当场执裁裁判员：当介绍到自己队名时，同时手拉手举手示意，并先向主席台鞠躬，然后转身向观众席鞠躬。

（3）交换场地：一局比赛结束后，列队在裁判员交换场地哨音和手势后举起右臂，两队队员手背相互触碰加油。

（4）退场：本场比赛结束后，可以集体鞠躬感谢观众，两队集合在引导员带领下一起退场。

八、拔河运动的特点

集体主义精神：拔河运动是集体主义精神体现较强的一个竞技项目，只有团结一致、步调一致才能取得最后胜利，这对青少年阶段锻炼个人和团队的集体主义精神很有益处。

拔河运动最显著的特点就是体现团队的集体主义精神。只有在全体队员配合默契、齐心协力的情况下，才能取得最后胜利。倘若有一人分散注意力，步调不够统一，整个团队也将失利。这也就是拔河运动为一些学校、企业所重视的原因，通过拔河运动来加强青少年性格、意志培养，打造团队的集体主义精神，借以彰显企业文化，提高整个企业的团队精神。

顽强拼搏精神：拔河运动是一项集团力量和耐力的较量。进入比赛后，要全力以赴，人体几秒钟后就进入一个无氧代谢区，运动员须具备良好的吃苦精神、拼搏精神，才能战胜对方，不到终点不放弃。运动员在激烈的比赛中手掌皮会脱落，甚至在比赛中缺氧晕倒。所以说，没有拼搏耐劳的精神，很难成为一名出色的拔河运动员。

简便易行：拔河在众多的集体性体育运动中，是场地、器材比较简单的一项运动，机关、单位、学校等随处都可进行比赛。现在有条件的单位可以在塑胶地面、体育馆地板或铺设拔河道进行比赛，提高了安全性、竞技性和观赏性。

娱乐性强：越是容易操作的运动，群众的参与性就越强，越容易普及越具有娱乐性，得到大家欢迎。拔河运动就具备了这样的特点，大家共同参与、共同观赏、共同娱乐、共同拼搏，群众普及率非常高。

拔河运动的健身意义：拔河是一项全身运动，经常进行拔河训练，对人体运动系统能起到积极的促进作用，拔河可使肌肉纤维变粗，使身体更加粗壮、结实有力。肌肉工作能力加强，反应迅速，也使身体变得更加健美。经常拔河可使关节承受更大负荷，关节活动幅度得以加大，不易受伤。经常拔河可使人体循环系统的机能得到改善，使心脏得到较好的锻炼、收缩力加强，能改善心脏供血机能，血液输出量大大提高，同时也使血管保持良好的弹性。拔河可以改善呼吸系统功能，拔河时由于肌肉大强度运动，使得呼吸幅度加大，使肌肉承受更大的负荷，所以经常参加拔河的人呼吸肌强、肺活量大，工作持久而不易产生疲劳。

第十二章　射　　箭

第一节　射箭的起源发展

射箭起源于原始社会人类的狩猎和自卫活动，考古发现在距今 28000 多年前就已经出现射箭了，可谓是中国古代体育项目的鼻祖了。中国的射箭历史长久，早在旧石器时代晚期就创造了弓箭。随着箭头从石头到金属的发展，射箭的方式也发生了很多变化，譬如射箭在周代就被列入当时贵族教育——“六艺”的内容之一。六艺包括礼、乐、射、御、书、数，其中射箭就是一项很重要的内容。

射箭也是一种礼仪活动，活动中不仅要射箭，还要喝酒和奏乐。春秋战国时期的孔子、荀子以及墨子等，都是射箭爱好者，不止自己事必躬亲，同时也鼓励学生射箭。到了魏晋南北朝时期，射箭出现了专业的竞赛。

射箭在世界其他国家也极为盛行，据历史记载，欧洲射箭初次竞赛于中世纪在瑞士举行，瑞士的民族英雄威廉·退尔是射箭能手。现代射箭运动则始于英国，最早的射箭组织和首届射箭锦标赛就是在英国成立和举行的，自 1673 年起在英格兰约克郡举行的方斯科顿银箭赛一直延续至今。1900 年和 1904 年射箭被列为奥运会表演项目，1908 年被列为奥运会比赛项目。射箭运动曾在 1900 年至 1920 年光顾过奥运会几次，但随后就消失了 50 多年，直到 1972 年慕尼黑奥运会它才重新回来，之后射箭就一直是奥运会的正式比赛项目。

第二节　射箭的基本姿势

射箭运动是借助弓的弹力，有控制地瞄准一定的方向或目标，在一定的距离之内比赛准确性或比赛远度的竞技体育运动项目。目前，世界射箭锦标赛、奥运会等大型赛事多采用射准射箭比赛，即通过比赛看谁射得准，所以准确性成为射箭运动最突出的特点。射箭运动员技术动作的确立、器材的选择、训练手段的采用等都围绕着准确性而展开。

优秀的射手都非常重视射箭基本姿势的训练，它是提高射箭技艺的重要基础，这项基础打得越扎实，以后的动作才会更轻松、更一致、更持久。

一、合理、正确的射箭姿势——射箭技术的基础

正确稳定的基本姿势是保证每一支箭准确性的基础。射箭基本姿势的要求是：身体端正，体重平均落于两脚之上；沉肩舒胸，动作层次分明，左右用力对称；整个动作自然轻松、协调流畅、稳固持久。射箭技术由准备动作、基本动作和结束动作三部分组成。

二、射箭准备动作

准备动作的任务是做好一系列连贯的动作，使注意力高度集中，进入最佳竞技状态。准备动作包括审靶、选位、站立、搭箭、推弓、钩弦和转头等动作。

1. 审靶——观察要射的靶子

进入训练或比赛场地后，首先要仔细观察自己所要射的靶子，包括靶子周围的环境，如风向、光线等可能影响成绩的因素，在思想上做好充分的准备。

2. 选位——选择在起射线上的位置

在审靶的同时，还要选择好站位。根据射箭比赛规则的要求，单轮比赛或预赛(如采用世界锦标赛规则为排名赛)采用每靶位 2~3 名运动员在同一时间内发射的方法。同一靶位有靶中心线、中心线前及中心线后三个站立位置，站立位置将根据抽签决定，因此运动员应具备在前、中、后都能发射的能力。即使是在淘汰赛、决赛阶段，每个靶位只有 1 名运动员发射时，也同样存在运动员选择在起射线上站位的问题，射每支箭应站在同一位置上。

3. 站立——站立姿势及躯干姿势

(1) 站立姿势

站立姿势是射箭最基础的准备动作，也是射箭技术稳定性的基础。站立姿势一般采用侧立式、开放式和隐蔽式。优秀射箭运动员大多采用开放式站立姿势。开放式又称斜向站立式、强有力式，如图 12-1 所示。

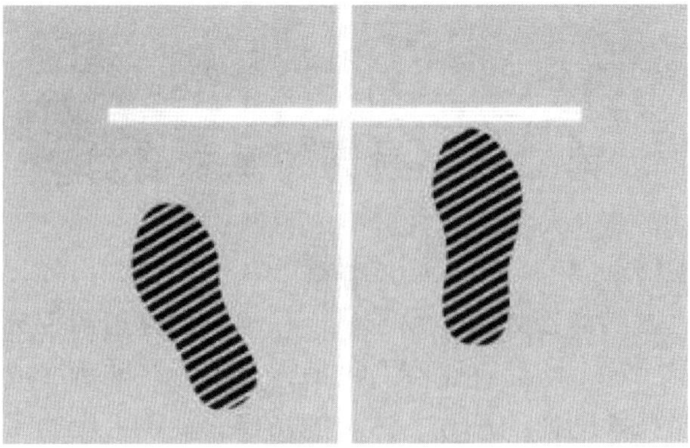

图 12-1　开放式站立

两脚分开站立在起射线的两侧。两脚脚尖连线与靶的中心成45°角，右脚与起射线平行，脚尖紧靠靶的中心线，左脚尖略外展。这种站立法双脚形成的稳定面较大，能够防止身体重心前后晃动，抗风能力强，看靶纸的视野较宽。同时，肩部动作较打开，对加强拉弓臂的后背肌群及腰背用力也有一定的作用。

（2）躯干姿势

射箭的准确性在很大程度上取决于射手身体的稳定性。规范的站立姿势能保证“人—弓”系统的稳定性，躯干姿势要稳定、一致、自然。身体垂直于地面，躯干的任何面（沿任何轴）都不过分屈曲或扭转，体重落于两脚，两膝稳固不动，眼睛平视前方，将整个身体摆正放稳，两肩下沉，呼吸均匀、充实。

4. 搭箭——箭上弦

搭箭是将箭搭上弓弦的动作，即将箭尾槽插入弓弦的箭口部位，把箭杆压入信号片下，将箭杆置于箭台上。

5. 推弓

推弓是指用推弓手推住弓把的动作。在现代射箭运动中，为防止运动员在放箭瞬间不由自主地“捏弓”，导致箭的偏差，绝大多数运动员持弓的动作不是握住弓，而是采取推弓，即直接将弓推出去。推弓手的拇指及食指和手腕形成Y形（见图12-2）。

6. 钩弦

钩弦也称扣弦，是由拉弓臂手的食指、中指与无名指完成。大拇指自然屈曲指向掌心，小拇指可自然屈曲或自然伸直靠在无名指上。手腕要放松，并同手背连成一条直线（见图12-3）。

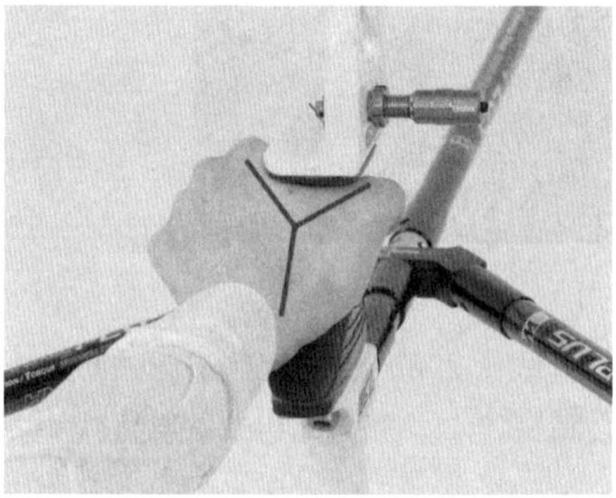

图12-2　推弓

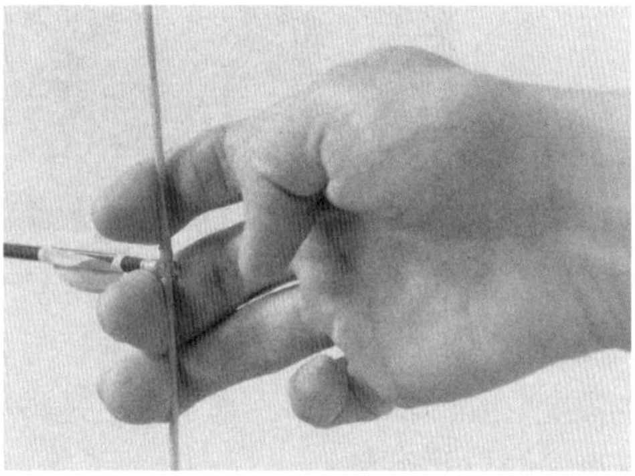

图12-3　钩弦

钩弦时弦位于三个手指末节指骨靠近关节处，箭夹在食指和中指之间，钩弦的三指形成一个钩子，拉弓的负荷均匀地分配到三个手指之间。钩弦分为深钩弦、中钩弦和浅钩弦三种。世界上优秀运动员绝大多数采用深钩弦。深钩弦手指钩得较牢，钩弦手可得到放松，使拉弓的力量更易集中于背部，有利于主动肌——背肌的用力，也有利于对抗肌的放松。

7. 转头

在完成推弓和钩弦动作后，将头自然地转向靶面，眼睛向箭靶自然平视，颈部动作自然放松。

准备动作使注意力高度集中，做好射箭前的一切准备，完成后即进入基本动作。

三、射箭基本动作

射箭基本动作由举弓、开弓、靠弦、瞄准、撒放等环节组成。正确的射箭动作应环环相扣、一气呵成，即一个动作的结束便是另一个动作的开始。

1. 举弓

左手持弓，右手钩弦(也有右手持弓，左手钩弦)，头部自然转向靶面，眼睛平视前方(见图12-4)。两臂举起，高度一般是拉弓臂在眼睛的水平线上，弓与地面垂直，箭要成水平并同拉弓臂连成一条直线。此时头部略上顶，两肩自然下沉，调整呼吸，将准星对准靶心(黄心)或靶心垂直线上方的某一个固定的位置。举弓通常有高位举弓和水平举弓两种。

图12-4　举弓

高位举弓是在举弓后，眼睛、准星与靶心垂直线上方的某一点连成一条直线，举弓的高度一般与眼睛持平；水平举弓是举弓后眼睛、准星与靶心连成一条直线，举弓的高度一般与下颌持平。

举弓一般有如下姿势要求：

(1) 持弓臂位置及手臂的正确转动。

(2) 持弓臂肩关节的准确调位和固定。

(3) 持弓臂的正确高度。

(4) 举弓时，保持准确的身体垂直和重心位置。

(5) 举弓时，保持准确的角度。

(6) 举弓时，颈、背部选择一个准确的位置。

(7) 举弓时，呼吸的调整。

(8) 举弓时，保持拉弓臂的关节柔韧性和角度。

(9) 举弓时，建立拉弓臂与持弓臂之间力量的准确对称。

(10) 举弓时，注意上体与下体之间的协调，保持直线。

2. 开弓

开弓是射箭基本动作的重要环节(见图 12-5)。在举弓稳定后，两肩带肌用力，持弓臂伸展，拉弓臂肩带(肩胛骨)内收，即采用“前撑后拉”，沿最短距离将弓拉开。开弓动作与举弓有关：如采用高位举弓，在开弓过程中，眼睛不离开准星，在开弓完成、弓弦到位的同时，准星也进入靶心；如采用水平举弓，在开弓过程中，除保持两臂沿水平方向用力外，还应保持准星在靶心内。开弓要做到两准：拉距要准和准星要准确进入靶心。

图 12-5　开弓

(1) 开弓应做到两准

开弓是射箭基本姿势动作的一个重要环节，因而应做到“两准”：

① 拉距要准。开弓后，信号片应压在箭头的一个固定位置上，一般压在箭头的1~3毫米处。否则，会在破坏射箭的整体动作或节奏。

② 准星要准确进入靶心。弓开满(即弓弦到位)时，准星瞄入靶心区域，不进行第二次移动瞄准。

(2) 开弓做到既稳定又果断

① 开弓要稳定。这是指弓举起后要有一个稳定过程。在开弓过程中，也要保持这种稳定状态，以保证开弓后的动作也是稳定的。

② 开弓要果断，即要大胆果断地拉开弓。开弓时，思想没有任何顾虑，这样才能保证拉弓准确到位。古人去“盖怒气开弓，则力雄而引满”，也有这方面的含义。

3. 靠弦

靠弦是开满弓后，将弓弦靠在嘴唇或嘴角(见图 12-6)，也是基本动作固定到位的标志。

靠弦的方法有两种：一种是颌下定位，即大拇指自然弯曲指向掌心，食指靠在颌骨下面，弓弦对正鼻、嘴和下巴的中央；另一种是侧向定位，基本方法与颌下定位相同，只是开弓后弓弦靠在嘴右角。靠弦动作的结束也是瞄准动作和继续用力的开始，这是射箭基本动作的重要一环。

图 12-6　靠弦

（1）靠弦的位置

弓弦应位于面部偏外侧而不是下颌的正中间，此时弦正好通过鼻子的中间。如果弦的位置不偏右而远离鼻子的中间，则弦在瞄准视窗范围内可见的直线位置就会偏外（要求头部有一个补偿动作）。因此，当满弓时，弦轻靠在下颌侧面，对高质量的撒放有很大帮助，因为这有助于形成一条水平面上的"拉力线"。

（2）靠弦的意义

在所有基本技术中，靠弦是重要的技术之一，这是因为当拉满弓时，靠弦点处于施力点的中心位置。由于个人的身体形态和姿势特点不同，其靠弦点和方法会有差异，但靠弦点在施力点的中心位置是不能变的。射手从学习射箭开始，就应掌握正确的靠弦方法，使每支箭的靠弦都精确一致。

运动员应学会用背部肌群带动肘部完成靠弦动作，而不是用手臂的肌肉来完成靠弦动作。如果运动员不是使用背部肌群带动肘部，则额外的力就会施加在手腕上，使钩弦手变得紧张，不能形成稳定的靠弦动作。

肘部在靠弦之前应高于箭杆的延伸线。靠弦动作完成后，肘关节应保持相应的高度，如肘关节低于箭的延伸线，则不符合生物力学的要求，那是错误的动作。此时应注意，无名指较短的运动员有可能出现手滑弦的现象。因此，在钩弦时，应适当深钩，以弥补这方面的不足。

4. 瞄准

弓的瞄准装置只有准星一个视点，选择和固定"参照点"十分重要。

（1）动作和器械的相对位置的固定，具体来说，就是眼睛和准星相对位置的固定与“参照点”是联系在一起的。

（2）上下位置的固定是通过钩弦食指、手掌或借助护指托板与下颌的吻合以及保持牙齿合拢状态来实现的。

（3）左右位置的固定是通过固定弦影和准星的相对位置来完成的。弦影应固定在瞄准窗附近，在瞄准的同时可以监视，最好把弦影放在瞄准窗相切的位置，这样容易掌握一致，弦影也可在瞄准窗的另一侧。

不论在哪个射程上，均应采取一次瞄准的方法。按规范运动的要求，在靠弦的同时，准星应进入瞄准区，不进行第二次瞄准。

5. 撒放

撒放是指箭离弦的一瞬间，其动作的好坏决定了箭的命中率，是射箭技术最关键的环节。射好一支箭的关键是，能否准确地捕捉撒放的时机。正确撒放要求：推弓和拉弓所产生的两个相反的力要平衡、协调，以钩弦点为中心，左右均匀分开，持弓臂随箭射出的方向沿射箭面向前运动，钩弦手沿射箭面向靶的相反方向运动，形成一个自然协调的动作。

四、射箭结束动作

一箭射出后，要有专门的结束动作，该动作由动作暂留和收势两部分组成。

动作暂留是撒放动作结束后将正确姿势保持不变，时间一般在 2 秒钟左右。它不仅是维持身体姿势，而且要求把正确的用力表现出来。动作暂留可以强化正确的射箭姿势和用力感觉，减少错误动作所造成的箭的偏差。

收势是指完成射出一支箭的全过程后，将弓收下，恢复到站立姿势，为射下一支箭做好准备。